111 Gründe, Juventus Turin zu lieben

Roman Mandelc

111 GRÜNDE, JUVENTUS TURIN ZU LIEBEN

Eine Liebeserklärung an den großartigsten Fußballverein der Welt

WIR SIND DER ZWÖLFTE MANN, FUSSBALL IST UNSERE LIEBE!

STORIA DI UN GRANDE AMORE – VORWORT **9**

1. KAPITEL: DIE ANFÄNGE **11**
Weil auch die Großen ganz klein anfangen – Weil der Begriff »Juventus« aus dem Lateinischen abgeleitet und der Name seit jeher Programm ist – Weil die schwarz-weißen Vereinstrikots auf einem Fehler basieren – Weil die erste Meisterschaft immer etwas Besonderes ist – Weil nach dem Ersten Weltkrieg das goldene Jahrfünft anbrach

2. KAPITEL: LA GRANDE JUVE **21**
Weil Kampfgeist und Durchsetzungsvermögen die Mentalität ausmachen und das schöne Spiel trotzdem wichtig ist – Weil das Sieger-Gen fest in der DNA verankert ist – Weil bei Nacht alle Katzen weiß-schwarz sind – Weil Stanley Kubrick nicht die beste Inspirationsquelle für Ultra-Bewegungen ist – Weil Juve gleichermaßen geliebt und gehasst wird – Weil es für keinen Verein schönere Spitznamen gibt – Weil im Duell mit Juventus jeder Gegner motivierter ist als in anderen Spielen – Weil Juve keine Unsummen für einzelne Spieler ausgibt und eigene Stars nur gegen galaktische Angebote abgibt – Weil es den berüchtigten Bayern-Dusel auch im Piemont gibt … oder doch nicht? – Weil fast alle Nationalitäten im weiß-schwarzen Trikot glänzen – Weil die Vereinshymne leider nicht aus der Feder Eros Ramazzottis stammt und trotzdem einzigartig ist – Weil La Vecchia Signora die einzig wahre Alte Dame ist – Weil der Erfolgsdruck nirgendwo größer ist – Weil Gewinnen nicht wichtig ist, sondern das Einzige, was zählt – Weil man von Juventus Turin nie genug bekommen kann

3. KAPITEL: DIE LEGENDEN VON EINST **51**
Weil der König von Turin ein Franzose ist – Weil sie Omar Sívori den Mann mit dem großen Kopf nannten – Weil der sanfte Riese von Turin einer der größten Männer war, die der Fußball je hatte – Weil eine verhängnisvolle Reise das Leben des Gaetano Scirea viel zu früh beendete – Weil es Ian Rush in Turin nicht leicht hatte und in Italien wie in einem fremden Land lebte

4. KAPITEL: HINTER DEN KULISSEN **63**
Weil Juventus in den Händen einer schrecklich netten Familie ist – Weil das Image wie ein Ferrari glänzt und auf die treibende Kraft von Geländewagen

setzt – Weil der Fußball in Turin einer universitären Ausbildung nicht im Weg steht – Weil selbst Fliegen nicht so sicher ist wie ein Besuch im Juventus Stadium – Weil das Stadionumfeld den höchsten Ansprüchen genügt – Weil ein Bahnangestellter zum einflussreichsten Mann Turins aufstieg – Weil Juve wirtschaftlich mit keinem anderen italienischen Verein vergleichbar ist – Weil die Fehler anderer gnadenlos ausgenutzt werden – Weil Sony die PlayStation erfand und lange Zeit die Trikots der Alten Dame verschönerte – Weil Juventus Turin mehr ist als nur ein Fußballverein – Weil Juventus nach dem Börsengang knapp an einem politischen Eigentor vorbeischrammte

5. KAPITEL: DIE LEGENDEN VON FRÜHER 83

Weil eine Spielerlegende nicht zwangsläufig als Trainer geeignet ist – Weil Mauro Germán Camoranesi kein Blatt vor den Mund nimmt und mit allen Wassern gewaschen ist – Weil Kavalier Alessandro Del Piero seine Dame nicht verlässt – Weil Trézégol Italien einen Stich ins Herz versetzte und in den Herzen der Juventini dennoch einen festen Platz hat – Weil Lilian Thuram in Turin ein neues Zuhause fand – Weil blonde Engel auch unzähmbare Furien sein können – Weil Juventus sogar auf einen Thierry Henry verzichten konnte – Weil eine orangefarbene Brille Edgar Davids dabei half, seine Opfer noch besser zu zermürben – Weil Didier Deschamps schon als Spieler wie ein Trainer dachte – Weil das göttliche Zöpfchen zum Buddhismus konvertierte und in Turin seine beste Zeit erlebte – Weil ein später Rückzieher den Lauf der Geschichte veränderte – Weil Zlatan Ibrahimović nur einen Zwerg braucht und auf Philosophen verzichten kann – Weil der letzte Auftritt von Gianluca Vialli eines Kapitäns würdig war – Weil der Name Vladimir Jugović ekstatische Gefühle hervorruft und die Weiße Feder das schönste Tor aller Zeiten schoss – Weil Zinédine Zidane in Turin zum Star wurde

6. KAPITEL: DIE TRAINER 111

Weil Trainer Antonio Conte selbst Andrea Pirlo mit Wasserflaschen abschießt – Weil Taktik und Technik nicht alles sind und Marcello Lippi der beste Lehrmeister der Welt ist – Weil Giovanni Trapattoni unsterblich ist und vor wilden Katzen Respekt hat – Weil Fabio Capello zwei Scudetti gewann und die Meisterpokale trotzdem nicht behalten durfte – Weil Carlo Ancelotti im UEFA Intertoto Cup das Pokal-Puzzle vervollständigte

7. KAPITEL: DIE LEGENDEN VON HEUTE 121
Weil Fernando Llorente nicht nur schön ist – Weil Arturo Vidal ein großes Herz hat – Weil Gentleman Giorgio Chiellini von seinen Mitspielern geliebt und seinen Gegnern gehasst wird – Weil Prophet Andrea Pirlo neuen Schwung in die schwarz-weiße Religion gebracht hat – Weil mit Gianluigi Buffon und Dino Zoff zwei der weltbesten Torhüter für Juve gespielt haben – Weil sich ein Doppelgänger von Pavel Nedvěd ins Team schlich und erst Jahre später aufflog – Weil niemand den geheiligten Greifarmen von Oktopus Paul I. ausweichen kann – Weil der kleine Prinz Marchisio das Volk verzaubert – Weil Carlos Tévez aus Juves Offensive nicht mehr wegzudenken ist – Weil der Thronfolger des großen Pinturicchio ein schweres Erbe antritt – Weil Kwadwo Asamoah der beste Brasilianer Afrikas ist und die Zukunft von Juve repräsentiert

8. KAPITEL: CALCIO E CULTURA 141
Weil die Juve eigentlich Teil einer großen Familie ist – Weil Turin Italiens erste Filmmetropole war und Juventus auch im Kino die Nummer eins ist – Weil auch der größte Fußballverweigerer Juventus etwas abgewinnen kann – Weil Juventus ein fundamentales Element der Gegenwartskultur ist – Weil Madrid nicht im Norden Italiens liegt, Turin und Mailand hingegen schon – Weil Juventus eine Religion ist

9. KAPITEL: DIE BESTEN IN ITALIEN 153
Weil keiner so spektakulär gewinnt wie Juve – Weil Juves herausragende Bilanz durch Ausschläge nach oben und unten versüßt wird – Weil niemand so viele Rekorde hält – Weil kein Duell der Welt so emotional ist wie das Derby d'Italia gegen Inter Mailand – Weil sich Juventus Turin und der AC Milan trotz aller Rivalität mögen – Weil alle Juventini am liebsten ein gegrilltes Rindersteak nach Florentiner Art serviert bekommen – Weil Juventus Turin und der SSC Neapel aus zwei verschiedenen Welten stammen und sich verbissene Zweikämpfe liefern – Weil das Derby della Mole eine Geschichte aus zwei Städten ist – Weil Rom gleich zwei namhafte Vereine hat und trotzdem nur die vierte Geige spielt – Weil jeder zu Juve wechseln will und nur der Weihnachtsmann einen Transfer verweigert

10. KAPITEL: TRAGÖDIEN, KONTROVERSEN UND KURIOSITÄTEN .. 173
Weil der Humor niemals zu kurz kommt – Weil die Beziehung zwischen Juventus und Adrian Mutu eine Geschichte voller Missverständnisse ist – Weil Juve und Inter die Macht der sozialen Netzwerke zu spüren bekamen und auf die wütenden Proteste der Fans reagieren mussten – Weil selbst die größten Skandale überstanden werden – Weil es mit Juventus im medialen Blätterwald niemals langweilig wird – Weil man sich den Neid anderer erst verdienen muss – Weil die musikalischen Auftritte der Juventini Gänsehaut garantieren – Weil sich niemand mit Leonardo Bonucci anlegen sollte – Weil der wahre Walk of Fame an der Corso Gaetano Scirea ist – Weil der erste Sieg im Pokal der Landesmeister das Blut in den Adern gefrieren ließ – Weil menschliche Tragödien alles andere in den Schatten stellen – Weil Gianluca Pessotto die Chance auf einen Neuanfang bekam – Weil Juve in der kulinarischen Tabelle noch einige Punkte auf die Europapokalplätze fehlen

11. KAPITEL: DIE BESTEN DER WELT 199
Weil man als erster Verein der Welt alle Titel gewonnen hat – Weil Juve den internationalen Fußball prägt und den klassischen Catenaccio neu definiert – Weil nur die Alte Dame aus Turin den rechtmäßigen Anspruch auf den Thron an der Seite von König Fußball hat – Weil Juventus Turin eigentlich viermaliger Fußballweltmeister ist – Weil Juve die besten Fans der Welt hat – Weil die Serie A die stärkste Liga der Welt ist – Weil kein anderer Verein so viele Gewinner des Ballon d'Or hervorbrachte – Weil die Liebe unter den Fans rasch zerbricht und Sympathien schneller die Richtung wechseln als eine Fahne im Wind – Weil Niederlagen nirgends so wehtun wie in Turin – Weil ein Bauchredner mit zu langem Schnurrbart nicht als einziger Deutsch spricht

12. KAPITEL: DIE ZUKUNFT 219
Weil Juve als einziger Verein Italiens ein eigenes Stadion besitzt – Weil kein anderer Verein der Welt vergleichbare Legenden hat – Weil das erste europäische Endspiel auf Turiner Terrain schön war und sich Juve trotz des verpassten Finales »in casa« als würdiger Gastgeber präsentierte – Weil der Frühling in Turin das ganze Jahr Einzug hält – Weil die Alte Dame weit davon entfernt ist, am Stock zu gehen

STORIA DI UN GRANDE AMORE

Vorwort

Eigentlich müsste dieses Buch nicht 111, sondern nur 102 Gründe enthalten, Juventus Turin zu lieben. In der abgelaufenen Serie A-Saison schaffte Juve das Kunststück, diese stattliche Punktezahl zu erzielen und einen neuen Rekord aufzustellen. Bis zu diesem Zeitpunkt erkämpfte sich kein anderer Vertreter einer europäischen Top-Liga diese Bestmarke.

La Juve, i Bianconeri, la Vecchia Signora – der Nobelverein aus dem Piemont im Nordwesten Italiens hat viele Spitznamen und eine noch größere Anzahl an Erfolgen vorzuweisen. Titel und Prestige sind nicht alles im Leben, ohne Menschlichkeit und klare Identität wäre Juventus nur eine gut geölte, roboterhafte Maschine. Außenstehende werfen dem italienischen Rekordmeister nicht selten vor, seine Spieler genau nach diesem Muster zu verpflichten: Soldaten im Dienste der Agnelli-Dynastie und des Autoherstellers Fiat. Diese Verbindung ist nicht von der Hand zu weisen, doch die Reduktion des Clubs auf diese Komponenten ist ein großer Fehler. Juve ist viel mehr als Fußball. Juve ist Religion, eine große Familie, die Garantie für Erfolg. Leidenschaft, Kampfgeist, Siegeswille und Herzlichkeit stehen für das Vermächtnis eines der größten Vereine unserer Zeit.

111 Gründe, Juventus Turin zu lieben ist eine Ode an die ruhmreiche Historie des einzigen europäischen Teams, das alle offiziellen Wettbewerbe der UEFA und FIFA gewinnen konnte. Juventus ist die Geschichte einer großen Liebe, *una storia di un grande amore*, die mich seit rund 20 Jahren in ihren Bann zieht. In zwölf Kapiteln entschlüssle ich die Faszination für diesen Verein, angefangen bei der Gründung bis zur hoffentlich glorreichen Zukunft. Inhaltlich werden die wichtigsten Eckpunkte und Daten angesprochen, ohne auf die trockene Struktur eines simplen geschichtlichen Abrisses zu setzen. Die interessanten Geschichten schreibt der Fußball zwar immer noch auf dem Platz, abseits des Spielgeschehens gibt es jedoch mindestens ebenso spannende Anekdoten und mitunter abenteuerliche Kuriositäten. Den wichtigsten Stars und Trainern von Juve werden wohlverdiente Zeilen gewidmet. Ein ausführlicher Blick hinter die Kulissen und eine Analyse der DNA, der einzigartigen Spielkultur, schärft das Verständnis für die Frage: Wie wurde Juve zu einer Institution des Weltfußballs? Der unumstrittene kulturelle Einfluss auf das tägliche Leben der Italiener entstand über viele Jahrzehnte, menschliche Tragödien und Kontroversen sind eng mit Juventus Turin verbunden. Trotz aller Triumphe gibt es auch Skandale und dunkle Flecken in der Vereinschronik.

Das vorliegende Buch ist ein Versuch, alle relevanten Facetten des Juve-Universums anzusprechen und sowohl den überwiegend positiven Attraktionen als auch den gelegentlichen Eskapaden Tribut zu zollen.

Abschließend möchte ich mich bei Ihnen, lieber Leser und liebe Leserin, herzlich bedanken. Ich hoffe, dass Ihnen mein Einblick in die Welt der *Juventini* als informative Lektüre dient und vielleicht sogar das ein oder andere Lächeln entlockt. Aber nun genug der langen Rede, viel Spaß beim Lesen, und um mit den engagierten Worten des Stadionsprechers im Juventus Stadium zu schließen: »FINO ALLA FINE! FORZA JUVENTUS!«[*]

Roman Mandelc

---

[*] *Zu Deutsch: »Bis zum Ende! Vorwärts Juventus!«*

1. KAPITEL

DIE ANFÄNGE

1. GRUND

Weil auch die Großen ganz klein anfangen

Eine unscheinbare Bank in der berühmten Straße *Corso Re Umberto* im Turiner Stadtzentrum ist der Geburtsort eines der größten Sportvereine unserer Zeit. An diesem geschichtsträchtigen Platz versammelte sich eine Gruppe Schüler, die gemeinsam das Gymnasium Massimo D'Azeglio besuchten, um einen lang gehegten Plan in die Tat umzusetzen. Sie alle teilten eine große Leidenschaft für eine Spezialität, die erst kürzlich aus England nach Italien importiert worden war. Am 1. November 1897, als die Freunde auf jener Bank über die Freizeitplanung diskutierten, war der heute alles überstrahlende Fußball nur wenigen ein Begriff. Erst viele Jahre später sollte sich der *Calcio*, zu Deutsch Fußball, in Italien und der ganzen Welt auch abseits Großbritanniens zur global dominierenden Sportart entwickeln.[1]

All diese Gedanken waren den Jungspunden egal, ökonomische Überlegungen oder die Vermarktung einer omnipräsenten Franchise spielten keine Rolle. In ihrer jugendlichen Sturm-und-Drang-Phase zählte nur eines: Spaß haben, Seite an Seite die magische Passion für das runde Leder ausleben und sich einfach dieser unwiderstehlichen Anziehungskraft hingeben. Und so kamen die Kinder auf die damals verblüffende Idee, einen Sportverein zu gründen, der auf den Tugenden des aus England stammenden Reglements fußt. Ohne die weitreichenden Konsequenzen ihrer Verabredung an jenem schicksalhaften Tag auch nur im Entferntesten zu erahnen, wurde damals der Grundstein für Juventus Turin gelegt.[2]

Heute ist *Juventus Football Club Società per azioni*[3], so die vollständige Bezeichnung des Vereins, ein börsennotiertes Unternehmen, das auf der ganzen Welt bekannt ist. Noch bevor die großen Zeiten hereinbrachen, musste sich die Clubführung um Enrico Canfari, den Nachfolger des ersten Juve-Präsidenten Eugenio Canfari, in der nationalen Meisterschaft unter Beweis stellen. 1900 gab die Alte Dame ihr Debüt in einem offiziellen Wettbewerb und konnte in den Anfangsjahren durchaus beachtliche Erfolge feiern, hatte aber mit der Zeit mehr und mehr Schwierigkeiten, sich ganz oben in der Tabelle festzusetzen. Die Fußball-Großmächte dieser Ära, Pro Vercelli und Casale, waren einfach zu stark und beherrschten den *Calcio* noch bis zu einem Ereignis, das nicht nur das sportkulturelle Leben der Bevölkerung grundlegend verändern sollte: Der Erste Weltkrieg warf bereits lange vor dem Ausbruch seine Schatten voraus. Das Ende der Kampfhandlungen ermöglichte einen Neustart des Fußballs und gilt als Wendepunkt der Geschicke von Juventus, es ist der Anfang einer unvergleichlichen Erfolgsgeschichte.[4]

2. GRUND

Weil der Begriff »Juventus« aus dem Lateinischen abgeleitet und der Name seit jeher Programm ist

Die Washington Redskins sind eine Macht im American Football, der Name ist eine weltweit bekannte Marke. Die *Rothäute* aus Washington haben gegenwärtig massive Probleme, die seit Jahren etablierte Bezeichnung ist anstößig und rassistisch, Menschenrechtsbewegungen und amerikanische Indianerstämme treten lautstark für eine Abänderung ein.[5] Aber der Club ist ja selbst schuld an der Misere, die Wahl einer unpassenderen Benennung für einen Vertreter der National Football League (NFL) ist kaum möglich. Aus Sicht der Washington-Fans wäre die geforderte Renovierung der unzeitgemäßen Titulierung ein Sakrileg, eine Entweihung der geheiligten Traditionen. Irgendwie ist es demnach verständlich, dass die Redskins immer noch die Redskins sind.

Die blutjungen Schüler des Gymnasiums Massimo D'Azeglio waren bei der Namensgebung von Juventus Turin glücklicherweise intelligenter und boten somit von Anfang an keinen Spielraum für derlei Diskussionen. Das lateinische Wort *juventus* hat viele Bedeutungen, insbesondere wird unter diesem Terminus das Lebensalter der Jugend verstanden. *Juventus*, oder auch *iuventus* und *juventutis*, ist ein Sammelbegriff für junge Personen und die Jugend im Allgemeinen. Gemäß Definition war Juventus Turin das Gedankenkonstrukt von Jugendlichen, die als heranwachsende Männer ritterlich auf dem grünen Rasen zur Tat schreiten und stolz gegen jeden Gegner in die Schlacht ziehen. Trotz dieser martialischen Formulierung blieben die kindliche Unbekümmertheit und der Spaß am neuartigen Sport Fußball sicherlich nicht auf der Strecke.[6][7][8]

Ungeachtet des ausgedehnten internationalen Scouting-Netzwerks hat der Club die Pflege von lokalen Talenten als wichtigen Vereinsgrundsatz konstituiert. Einen Beweis für diese historische Tatsache zeigt das italienische Nationalteam. Vor allem während den 1970er- und 1980er-Jahre bestand die Squadra Azzurra hauptsächlich aus jungen Spielern von Juventus. Der *Blocco Juve*, der Juve-Block, war das Rückgrat des Teams. Viele Legenden wie Roberto Bettega und Paolo Rossi waren allesamt ehemalige Mitglieder der Turiner Nachwuchsabteilung.

In der jüngsten Vergangenheit hat der Jugendsektor unzählige talentierte Spieler gefördert, die entweder für Juve spielen oder zumindest in der obersten italienischen Division engagiert sind. Für Borussia Dortmund in der deutschen Bundesliga stürmt Ciro Immobile, der in seinem Curriculum Vitae als Ausbildungsstätte auch den piemontesischen Rekordmeister stehen hat. Mit Antonio Nocerino, Claudio Marchisio und Sebastian Giovinco haben einige aktuelle Stars gar den Sprung in die nationale Auswahl geschafft.[9]

3. GRUND

Weil die schwarz-weißen Vereinstrikots auf einem Fehler basieren

Staunend saß ich als Kind vor dem Fernsehgerät und drückte jedes Mal aufs Neue Gregor die Daumen. Der kleine Junge mit viel Talent und unerschütterlicher Begeisterung für den Fußball stellte sich mit eisernem Willen seinen deutlich überlegenen Kontrahenten in den Weg. Er gab niemals auf und rang auch nach bitteren Niederlagen, dank seines sonnigen Gemüts, selbst dem mürrischsten Spielerkollegen ein Lächeln ab.

Wer sich noch an die gute alte Zeit des Schülerdaseins erinnern kann, weiß, wovon ich schreibe. Die *Kickers*, eine japanische Kult-Anime-Serie, war das Nonplusultra des täglichen TV-Konsums. Leider kann ich mich nur mehr an wenige Details erinnern, doch eines hat sich bis heute in mein Hirn gebrannt: Die knallroten Trikots der Teufel, einer übermächtigen Mannschaft mit den besten Spielern des Landes, signalisierten stets höchste Gefahr für Gregor und seine Klassenkameraden.

Auch als Erwachsener denke ich noch gerne an damals zurück, vor allem wenn ich mir reale Fußballspiele im Stadion oder im Heimkino ansehe. Speziell Manchester United, die wahren *Red Devils* mit ihren visuell bestechenden roten Dressen, zeigen sehr schön auf, welch visuelle Einprägsamkeit den Vereinsfarben zugrunde liegt und wie wichtig sie für die Image-Bildung der unterschiedlichen Fanlager sind. Man denke nur an das Weiße Ballett der Königlichen aus Madrid. Oder die bienenartige, stechend gelbschwarze Kleidung der Borussia aus Dortmund.

Juve, von den Anhängen liebevoll *Bianconeri* genannt, gehört zu den wenigen erlesenen Mannschaften, die eine stilistisch unverkennbare Farbkombination prägt. Der Spitzname verweist auf die legendären weiß-schwarz gestreiften Shirts. Doch beinahe wäre es gar nicht so weit gekommen und die Alte Dame würde heute womöglich der Farbe Pink eine ganz neue Bedeutung geben. Einst wollten die kindlichen Vereinsgründer frisch und adrett auftreten, denn in den Anfangsjahren spielten alle Kicker noch mit rosafarbenem Spieleequipment. In der Neuzeit mag diese Wahl eigentümlich erscheinen, doch bis in die 1920er-Jahre wurde dieser Farbton in erster Linie mit Jungen assoziiert und entsprach somit den damals gängigen Klischees einer farblich codierten Zuordnung nach dem entsprechendem Geschlecht.[10]

Einem besonderen Umstand ist es zu verdanken, dass alles ganz anders kam als gedacht. Ein englischer Fabrikant sandte 1903 eine für Notts County bestimmte Trikotlieferung versehentlich nicht nach Nottingham, sondern ins italienische Piemont. Angesichts der exorbitanten Kosten und der enormen Zeitverzögerung, die ein Rücktransport der Ware verursacht hätte, entschieden sich alle Beteiligten für eine ökonomisch sinnvolle Lösung: Die Ausrüstung blieb in Turin und fortan bestritt Juventus alle Spiele mit neuen Vereinsfarben.[11]

Eines haben Juventus, Manchester United und vergleichbare Teams desselben Kalibers jedoch alle gemein: Ihr Erfolg, ihr Wiedererkennungswert und ihr Prestige sind eng mit traditionsreichen Shirts verbunden. Es gibt viele Vereine mit schwarz-weißen Trikots, schließlich ist die Farbwahl nicht unbegrenzt, doch nur der Turiner Edelclub wird auf der ganzen Welt als *Bianconeri* erkannt.

Natürlich sagt eine Farbe nicht alles über einen Verein aus. So haben die Roten Teufel aus England zwar auch einige der besten Spieler und streben nach Erfolg, doch sind sie (vermutlich) gar nicht mal so böse wie die animierten Teufel in der Zeichentrickserie.

4. GRUND

**Weil die erste Meisterschaft
immer etwas Besonderes ist**

Erfolg in der italienischen Meisterschaft ist für Juventus keine Anomalie, am gelungenen Ende einer Spielzeit feiern Fans wie Verein ausgelassen das obligatorische Saisonziel. Und es ist immer wieder schön, den Team-Bus durch die Straßen Turins gondeln zu sehen. Die Gelegenheit dazu hatten die *Juventini* schon einige Male, und glaubt man dem selbst diktierten Erfolgsanspruch, sind im voluminösen Trophäenschrank Plätze für weitere Titel aller Couleur vorreserviert.

Aus heutiger Sicht lässt sich nur erahnen, welch einmaliges und erhabenes Gefühl der erstmalige Gewinn des nationalen *Campionato* im Jahre 1905 gewesen sein musste. Der Sieg kam ungewohnterweise wie aus heiterem Himmel, als Juve die harte Konkurrenz der abgeklärten Teams aus Genua und Mailand auf Distanz hielt. Die Rivalen waren erfahrener und viel besser organisiert – und trotzdem gelang der sensationelle Coup. Fürs Erste war es das mit der Herrlichkeit und dem bequemen Platz an der Sonne. Präsident Alfredo Dick aus der Schweiz verließ Juventus kurz danach, Beschwerden und die unüberwindbare Kluft in der Umkleidekabine trieben ihn zu einem folgenschweren Schritt. Er gründete den FC Turin und nahm auch gleich die besten ausländischen Spieler von Juventus mit. Heute pendelt Torino meist zwischen Serie A und B, damals hatte die Gründung schwierige und erfolglose Jahre für die *Bianconeri* zur Folge.

Auf den Shirts der europäischen Top-Clubs prangen oftmals viele prachtvoll glänzende Sterne oberhalb des Emblems. Sie stehen für eine Palette an Errungenschaften, die dem Prestige Rechnung tragen. Die Kriterien für die Erlaubnis eines weiteren Sterns auf der Brust sind nicht einheitlich. In Italiens oberster Spielklasse wird jedem Verein nach zehn gewonnenen *Scudetti* diese Ehre zuteil. 1958 war es Juventus vorbehalten, sich gegen die Fiorentina durchzusetzen und sich das Recht auf den ersten von bislang drei Sternen zu verdienen. Unter der Führung des Jugoslawen Ljubiša Broćić standen mit John Charles, Omar Sívori und Giampiero Boniperti heutige Legenden des *Calcio* in der Meisterelf. 1982 war es abermals Florenz, die in der Meisterschaft nach Juve nur den zweiten Platz belegten. Der 20. Meistertitel unter der Regie von Giovanni Trapattoni war kein Zufall, spielten doch einige der begnadetsten Kicker ihrer Zeit für die Alte Dame: Dino Zoff im Tor, Gaetano Scirea in der Verteidigung, Marco Tardelli im Mittelfeld, Roberto Bettega und Paolo Rossi im Sturm.

Den dritten Stern durfte sich Juventus offiziell 2014 auf die Spielkleidung nähen. In einer spannenden Saison wurde der spielstarke AS Rom in einem Zweikampf niedergerungen. Offiziell deswegen, weil die Turiner bewusst darauf verzichten. Die Reaktion ist eine logische Konsequenz auf die zwei annullierten *Scudetti* im Zuge des *Calciopoli*-Skandals vor einigen Jahren. Auf den Dressen der Fans waren bereits 2012, nach dem laut Statistik 28. Titel, drei Sterne aufgenäht. Eine gezielte Provokation des Fußballverbandes. Den *Tifosi* gefiel es, sind die Umstände der Ermittlungen doch auch nach vielen schmerzvollen Zeiten immer noch höchst umstritten. Juventus-Präsident Andrea Agnelli stellte nach dem jüngsten Erfolg unmissverständlich klar, die Trikots auch in absehbarer Zeit nicht zu ergänzen. »Es wird keinen dritten Stern geben, weil wir in unseren Augen 32 Scudetti gewonnen haben – auch wenn offizielle Belege uns nur 30 zugestehen. Von jetzt an entscheiden wir, wann wir den dritten Stern hinzufügen. Sobald andere Teams es schaffen, den zweiten Stern zu erreichen, werden wir den dritten hinzufügen um den Unterschied zwischen uns und den anderen zu zeigen.« [12-16]

5. GRUND

Weil nach dem Ersten Weltkrieg das goldene Jahrfünft anbrach

Der Erste Weltkrieg von 1914 bis 1918 und sportliche Misserfolge in jener Zeit machten Juventus zu schaffen. Es dauerte einige Jahre, bis sich die guten Leistungen auch in der Tabelle zeigten. Unter Präsident Corrado Corradini, ein Gelehrter und Poet, wurde das Fundament für eine glorreiche Zukunft gelegt. Doch erst mit dem Engagement von Edoardo Agnelli begann ein Umschwung in den Reihen der nach Triumphen lechzenden Turiner. 1923 war der damalige Fiat-Chef eine Partnerschaft mit dem Fußballclub eingegangen und fungierte als Sponsor. Als erste Maßnahme nach der geglückten Kooperation wurde Juve in ein reines Profiteam umgewandelt und konnte unter professionellen Bedingungen zum Seriensieger avancieren.

Noch im selben Jahr der Agnelli-Beteiligung wechselte Virginio Rosetta für 50.000 Italienische Lire von der damaligen Übermacht US Pro Vercelli zu Juventus Turin. Die Verpflichtung von Rosetta stellt den historisch ersten professionell transferierten Spieler Italiens dar, obendrein bekam er Geld für seine Tätigkeiten und wurde zum ersten Profifußballer im Land. Als er noch bei Pro Vercelli spielte, musste er gänzlich ohne monetäre Entlohnung auskommen, denn der Vereinspräsident sah es als Ehre an, für den Club überhaupt auflaufen zu dürfen.

Mit dem Titelgewinn 1931 läutete Trainer Carlo Carcano eine bis heute unvergessene Ära ein. Im goldenen Jahrfünft, dem *Quinquennio d'Oro*, konnte die Mannschaft ihre Trophäe in den nachfolgenden Jahren vier Mal verteidigen – bis heute ist dieser Rekord unerreicht. 1933 spielte Juve erstmals im Stadio Comunale, das bis 1990 die Heimat bleiben sollte. Die Arena wurde eigens für die Universitäten-Weltspiele errichtet und entstand auf direkter Anweisung des damaligen Anführers des faschistischen Regimes, Benito Mussolini.

Zum damaligen Zeitpunkt gab es nichts Besseres im italienischen Fußball, die internationalen Pokalturniere waren noch nicht so umfangreich und hochwertig organisiert wie in der Gegenwart. Auch das mit europäischen Titelgewinnen verbundene Prestige war nicht so ausgeprägt, wie es später der Meistercup und danach die Champions League suggerieren sollten. Juventus erzielte in dem Wettbewerb Achtungserfolge, kam viermal ins Halbfinale, das Glück war aber nicht aufseiten der Alten Dame, und so blieb es bei einer eher mageren Ausbeute.

National erlebten die *Bianconeri* nach dem nicht enden wollenden Aufschwung schwere Rückschläge. Edoardo Agnelli verlor bei einem tragischen Flugzeugabsturz sein Leben und der Zweite Weltkrieg (1939–1945) zog eine Spur der Verwüstung durch ganz Europa. An Fußball war nicht zu denken, trotz der Armut und des Leids unter der darbenden Bevölkerung wurden Meisterschaften ausgetragen. Wenn heutzutage ganze Saisons ausfallen, wie in der nordamerikanischen Eishockey-Liga NHL, ist meist die Gier nach mehr Geld die Triebfeder des für Zuschauer unverständlichen Streits zwischen Vereinen und Spielern. 1944 waren viel traurigere Gründe schuld an der nicht ausgetragenen Spielzeit. In den Kriegswirren wurde trotz allem der Ball über den Rasen getreten und der Gewinner im Rahmen einer Kriegsmeisterschaft ermittelt. Erst nach dem Ende der Kampfhandlungen nahm die italienische Liga wieder den regulären Betrieb auf.

Der AC Turin war in den Folgejahren die dominierende Mannschaft in der Stadt und in Italien. Mit der Übernahme des Präsidentenamtes durch Giovanni Agnelli änderte sich nach und nach das Bild an der Tabellenspitze der Serie A. Seine Verdienste werden retrospektiv nicht nur mit dem Gewinn der nächsten beiden *Scudetti* verbunden, sondern vielmehr mit der Verpflichtung von Giampiero Boniperti. Dieser geniale Schachzug sollte sich als Meilenstein in der Historie von Juventus Turin herausstellen.[17-23]

2. KAPITEL

LA GRANDE JUVE

6. GRUND

Weil Kampfgeist und Durchsetzungsvermögen die Mentalität ausmachen und das schöne Spiel trotzdem wichtig ist

> »Juventus war ein Vorbild für mein Manchester-United-Team. Ich zeigte meinen Spielern Videos von [Marcello] Lippis Mannschaft und sagte ihnen: ›Achtet nicht auf Taktik oder Technik, das haben wir ebenfalls, ihr müsst einfach ihren absoluten Willen zum Sieg lernen.‹« Sir Alex Ferguson (Manchester United)[24]

Die Facetten von Juventus Turin auf ein simples Wort zu reduzieren ist nahezu unmöglich. Zu komplex sind die Kleider der Alten Dame, abseits der Umkleidekabine im Juventus Stadium gibt sie sich adrett und zuvorkommend, im Herzen der Arena manchmal auch aufbrausend und leger. Eine lang gehegte Spielkultur geht mit wirtschaftlich cleveren Deals einher. Präsidenten kommen und gehen, Spieler wechseln Vereine wie morgens die Unterwäsche und jeder Trainer verfolgt ein eigenes Konzept. Die sich stetig verändernde Konstellation dieser Schlüsselpersonen formt seit Ewigkeiten die ausschweifende Garderobe der *Vecchia Signora*. Jede Saison kommen neue Gewänder hinzu, Altes wird aussortiert und am Ende bleiben nur wenige zeitlose Utensilien übrig.

Als Antonio Conte die Zügel der *Zebras* in die Hand nahm, musste er als Chef-Konstrukteur viele Baustellen gleichzeitig schließen. Juventus hatte zwei lange Jahre den Pfad des Erfolges verlassen und Conte dirigierte seine Spieler umgehend auf den richtigen Weg. Als Exspieler und verbissener Kämpfer wusste er umgehend Bescheid. Das wertvollste Stück im Sortiment der Alten Dame war verschwunden, der Verlust des prächtigsten Kleides schwächte das Selbstvertrauen und störte das Wissen um die eigene Schönheit.

Im Zuge seiner Verpflichtung als Trainer war überall dann doch dieses eine Wort zu hören. Dieser eine Ausdruck, der seit jeher mit den großen Erfolgen auf den Bühnen dieser Erde einhergeht. *La Grinta*. Der Kampfgeist. Die Entschlossenheit, jedes Spiel gewinnen zu wollen. Das Durchsetzungsvermögen, auch in ausweglosen Situationen alles für die Wende zu tun. Hartnäckigkeit und harte Arbeit, Konzentration und Hingabe. Dieser Kern war immer schon das Trumpfass im Spiel der Weiß-Schwarzen.

Das ist auch der Hauptgrund für die jüngste Renaissance, fast so als hätten sich die Fußballer an den Worten Fergusons orientiert, der sich seinerzeit Juventus als Vorbild nahm. Technik und Taktik waren nur kleine Problemfelder, die sich vergleichsweise mühelos verbessern ließen. Schön spielen und das Publikum begeistern ist der neuen alten Juve zwar wichtig, viel imposanter ist indes die Fertigkeit Contes, den Spielern *la Grinta* in kürzester Zeit einzuimpfen. Die Annäherung an das Spielverständnis – niemals und unter keinen Umständen zu verzweifeln – ist der Grund, weswegen andere Teams Juve in der Vergangenheit fürchteten. Dieser Teamgeist ist wieder allgegenwärtig: keine mentale Fragilität mehr, keine Panik nach Gegentoren. Die Zeiten, in denen die Spieler Blei in den Beinen hatten, sind vorbei. Die Alte Dame ist zurück und hübscher denn je.[25]

7. GRUND

Weil das Sieger-Gen fest in der DNA verankert ist

*»Juventus wird immer Juventus sein. Es gibt Teams,
die den Sieg in ihrer DNA haben, und Juventus gehört dazu.«*
Emilio Butragueño (Real Madrid)[26]

Juventus Turin propagiert sich als elegante Weltmarke mit uneingeschränktem Erfolgsanspruch. Tradition verpflichtet und ein zweiter Platz widerspricht dem Leitsatz als Italiens Vorzeigeclub und mondäner Lebensstil für die leidenschaftlichen *Tifosi* und Mitarbeiter auf der ganzen Welt. Ein zweiter Platz ist ein unerwarteter Fehler in der Matrix, Rang drei gar vollständig inakzeptabel und alle weiteren Positionen abseits des Podiums kommen einem Weltuntergang gleich. Niederlagen werden nicht in Betracht gezogen. Niemals und unter gar keinen Umständen. Wie bei allen Teams kommen sportliche Rückschläge vor, doch unmittelbar danach reckt die Alte Dame ihr Haupt empor und konzentriert alle Anstrengungen auf den nächsten Coup. »Juventus ist wie ein Drache mit sieben Köpfen: Wird einer abgeschlagen, taucht unmittelbar ein weiterer auf. Sie geben niemals auf und ziehen ihre Stärke aus der mannschaftlichen Geschlossenheit«, beschreibt Italo-Ikone Giovanni Trapattoni die magisch anmutende Fähigkeit, sich stets an der Spitze zu halten.[27]

Die eigentliche Zielsetzung von Juventus ist es, den Anhängern durch die Weiterführung der glorreichen Historie die höchste Stufe des Genusses zu ermöglichen. Dieses Vorhaben wird durch ein präzise formuliertes Set an Regeln umgesetzt, die im Verhaltenskodex des Vereines niedergeschrieben sind. Alle Angestellten und Berater haben dieser Richtlinie zu folgen. Bei Zuwiderhandlung agiert Juve streng nach der selbst auferlegten moralischen Verpflichtung, die ethischen Ansprüche und der Drang nach weiteren Triumphen lassen gar keinen Spielraum. Der Manipulationsskandal *Calciopoli* hat das Selbstbild des Clubs hart getroffen, ein angekratztes Image steht gewiss nicht auf der Agenda. Umso befriedigender ist die Auferstehung der *Bianconeri* wie der viel zitierte Phoenix aus der Asche.[28]

Ex-*Capitano* und Neo-Coach Antonio Conte ist sich der Tradition bewusst und will unter allen Umständen sicherstellen, dass die Juventus zugrunde liegende Erbinformation korrekt in die Köpfe der neuen Spielergeneration übertragen wird: »Das Wichtigste ist, zur Einstellung zurückzufinden, die Juve seit jeher ausgemacht hat: Wir sind Juventus und müssen die schwarz-weiße DNA zurückgewinnen.« Wer wenn nicht der ehemalige Leitwolf im Mittelfeld der Juve, mit der er auf Vereinsebene Champions League, den Weltpokal und zahllose Meisterschaften errang, ist sich der Bedeutung des schweren Erbes seiner glücklosen Vorgänger bewusst. Niemand anderem glaubt man ohne einen Funken Restzweifel, wie Conte bekräftigt, dass allein sein Atem die Juve-DNA versprüht.[29] [30]

8. GRUND

Weil bei Nacht alle Katzen weiß-schwarz sind

Ein Zebra ist das offizielle Vereinsmaskottchen von Juventus Turin. Flora und Fauna eröffnen bei der Wahl von Glücksbringern und Motivatoren nicht viele Alternativen, bauen Vereine aller Herren Länder doch traditionell auf niedliche oder kampflustige Tierchen. Juve ist weiß-schwarz, welch anderes entzückende Wesen hätte da schon infrage kommen können? Sie sind durch die typische Streifenzeichnung charakterisiert, unterscheiden sich in ihrem Äußeren jedoch deutlich. Für die evolutionäre Entwicklung der Streifen gibt es unterschiedliche Erklärungsversuche. Es wird vermutet, die farbliche Gestaltung wirke im hohen Gras oder bei heißer, flimmernder Luft als Tarnung. Genau wie im Stadion: Die Spieler sehen alle anders aus, tragen das gleiche Muster und können sich nach Niederlagen leichter im grünen Rasen verstecken als die Gegner. Das klingt plausibel.[31] [32]

Andere Hypothesen besagen, die Streifen dienen der Thermoregulation oder der Identifizierung der einzelnen Tiere untereinander und so dem Gruppenzusammenhalt. Auch das klingt nachvollziehbar. Zwar ist diese Erkenntnis nicht nur auf Juve bezogen, aber man stelle sich einmal bildlich vor, es gäbe keine einheitliche Kleidung auf dem Spielfeld. Franck Ribéry passt zu Cristiano Ronaldo und Andrea Pirlo spielt mit Lionel Messi Tiqui-taca. Die Harmonie im

Team geht flöten und Heißspornen wie Marco Materazzi und Luis Suárez platzt endgültig der Kragen.

Das enorme Lebensgebiet von Zebra-Gruppen ist eine der umfangreichsten bekannten Reviergrößen aller Pflanzenfresser. Mit einer imposanten Dimension an globalen Fanansammlungen zählt Juventus zu nur einer Handvoll Teams mit weltweiter Tragweite. Zebras leben in Herden und erschweren es Räubern – und somit den feindlichen Teams –, sich ein einzelnes Beutetier herauszupicken. Schon wieder eine Parallele: Juventus verliert so gut wie nie, weil sich die anderen Mannschaften nicht entscheiden können ob sie sich zuerst um Paul Pogba oder doch lieber Arturo Vidal kümmern sollen.[33]

Vor einigen Jahren wurde die Dominanz des Zebras als Galionsfigur der Alten Dame von einer wagemutigen Kreatur infrage gestellt. Ein zugelaufener Kater war kurzzeitig das – freilich inoffizielle – Maskottchen des Rekordchampions. Irgendein Widerling hat den süßen Fratz vor dem Trainingsgelände in Vinovo ausgesetzt, und die Mannschaft entschloss sich kurzerhand dazu, das arme Ding zu adoptieren. Der Kater beobachtete begierig das Training und schaute als willkommener Gast auch das eine oder andere Mal auf Pressekonferenzen vorbei. Das getigerte Fellknäuel erwies sich auch ratzfatz als Glücksbringer und sorgte durch seine Präsenz für einen 2:1-Sieg beim verhassten Tabellenführer Inter Mailand.[34]

9. GRUND

Weil Stanley Kubrick nicht die beste Inspirationsquelle für Ultra-Bewegungen ist

Wenn am Himmel die Sonne untergeht, beginnt für die Droogs der Tag. In kleinen Banden sammeln sie sich, gehen gemeinsam auf die Jagd. Auf dem Kreuzzug gegen die Ordnung und die scheinbar heile Welt, zelebrieren sie die Zerstörung, Gewalt und Brutalität. Erst wenn sie ihre Opfer leiden sehen, spüren sie Befriedigung. Es gibt nichts mehr, was sie jetzt aufhält, in ihrer gnadenlosen Wut.[35]

Die *Droogs*, das sind Mitglieder einer Jugendbande. Angeführt von Alexander DeLarge, dreht sich ihr aller Leben um Gewalt und Schlägereien mit anderen Gangs. Ein *Droog* ist ein Kumpel und ein Freund, der stets zu einem hält. Nur ist es so eine Sache mit diesen *Droogs*. Sie gibt es nämlich nicht. Sie sind eine Kreation des britischen Literaten Anthony Burgess, der in seiner Novelle *Uhrwerk Orange* von 1962 die fiktiven Erlebnisse einer Clique unter der strengen Regentschaft des Soziopathen Alex erzählt. 1971 schuf Regielegende Stanley Kubrick eine Verfilmung, die bis heute Kultstatus genießt. Popkulturelle Referenzen auf beide Werke finden sich in allen Kunstformen wieder, nicht anders verhält es sich mit dem eingangs bemühten Zitat aus einem Song der deutschen Punk-Band Die Toten Hosen. So konstatiert Sänger Campino, dass die Problematik, um die es in *Uhrwerk Orange* geht, heute aktuell ist wie eh und je.[36] [37]

Die Angehörigen der *Drughi* sind hingegen voll und ganz real. *Drughi* ist die selbst ernannte Bezeichnung für eine bedeutende Ultra-Gruppierung im Umfeld von Juventus Turin. Die Inspiration für diese Namensgebung stammt – wenig überraschend – aus *Uhrwerk Orange*. Die Geschichte der *Drughi* ist eine kuriose Episode für sich: Der Ursprung dieser Formation liegt im Jahr 1987, Differenzen innerhalb eines anderen Ultra-Lagers führten zu einer klaren Trennung. Anfang der 1990er schaffte es die kleine Gruppe, sich zur größten Anhängerschaft des italienischen Rekordmeisters zu mausern. Phasenweise hatten die *Drughi* über 10.000 Mitglieder, die einen beachtlichen Teil der Südkurve im Stadio delle Alpi als ihr Territorium ausriefen.[38]

Die Parallelen zu ihren Film-Helden gingen anfangs noch einen Schritt weiter. Die Gründer benannten die Formation *Arancia meccanica*, also direkt nach *Uhrwerk Orange* in der italienischen Übersetzung. Der Film ist von überbordender Aggressivität und Willkür geprägt, ein Umstand, der bei den Turiner Behörden alle Alarmglocken aktivierte. Die Verbrüderung von Hooligans unter dieser Prämisse hielt dem Druck nicht stand. *Arancia meccanica* als Symbolisierung von Gewalt und Anarchie wurde von der Juve-Führungsriege regelrecht verabscheut. Der Name wurde verworfen und durch *Drughi* ersetzt. Dass die neue Bezeichnung nur eine leichte Abweichung von der ursprünglichen Botschaft darstellte, wurde von offizieller Seite einfach viel zu spät erkannt.[39][40]

Neben den *Drughi* gibt es noch weitere organisierte Fangruppen: *Viking Juve, Arditi, Nucleo 1985, 06 Clan, Noi Soli, Gruppo Marche 1993, Bruxelles Bionconera, Gruppo Homer, Assiduo Sostegno* und *Bravi Ragazzi*. Heute nicht mehr im Geschäft, aber die ersten richtigen Fans von Juventus, die sich als Gefüge verstanden, waren Mitte der 1970er die *Venceremos* und *Autonomia Bianconera*. Beide sahen sich am extrem linken Rand des politischen Spektrums und waren schlecht organisiert. Erst 1977 gründete Beppe Rossi die *Gruppo Storico Fighters*. Er war eine der einflussreichsten Personen unter den jungen Ultras in Turin. In den 1980ern entstanden mit *Viking* und *Nucleo Armato Bianconero* zwei extreme Ultra-Bewegungen, die sich innerhalb und außerhalb des Stadions Respekt verschafften und die einzigen zwei Organisationen darstellten, die an richtige Hooligans erinnern. Der Grund dafür war, dass sie sich nie vor einem Kampf gegen Anhänger anderer Clubs fürchteten.[41][42]

Die Fangruppen der Alten Dame sind heute gemäßigter denn je. In den Straßen von Turin ist es meist ruhig, auch vor und im Stadion herrscht seit dem Neubau eine angenehme, familiäre Atmosphäre. Auch die *Drughi* machen im Stadion Stimmung und fallen weniger durch Gewaltexzesse auf. Gemäßigter heißt aber nicht gemäßigt, ein Außenstehender sucht beim Zusammenprall zweier verfeindeter Fanlager besser das Weite. Nach exzessiven Kämpfen zwischen Fans der Fiorentina und Juventus in den 1980ern, der

Heysel-Katastrophe in Belgien und anderen Fehden veränderte sich die Erscheinung der Hardcore-Juve-Ultras drastisch. Vereinigungen wurden aufgelöst, zusammengeführt und alte wiederbelebt.

Die *Drughi* sind nach wie vor die Leader der *Curva Sud*, der Südkurve, von der einstigen Ausrichtung ist nicht viel geblieben. Aber eine Sache wird sich wohl nie ändern: die Abneigung gegenüber englischen Anhängern des FC Liverpool und Engländern im Allgemeinen. Diese Abscheu entwickelte sich nach dem Angriff der Liverpool-Hooligans auf *Juventini* im Brüsseler Heysel-Stadion, der zahllose Todesopfer nach sich zog. Das Gebaren der *Drughi* ist kein Schauspiel, das Juve-exklusiv ist, die Ultra-Szene ist ein Nährboden für rational nicht erklärbare Phänomene. Die *Drughi* mögen keine Engländer, doch ihr Name geht aus einem höchst englisch geprägten Vorbild hervor. Das muss man nicht unbedingt verstehen.[43] [44]

10. GRUND

Weil Juve gleichermaßen geliebt und gehasst wird

Im Caffè Torino an der bekannten Piazza San Carlo gibt es den besten *Bicerin** der Stadt. Das traditionelle Heißgetränk aus dem Piemont ist ein Mix aus Espresso, Trinkschokolade und Milch.[45] Eine kleine Geschmackssensation. Der erste Schluck versprüht das Aroma feinsten italienischen Kaffees, herb im Abgang, nur um den Gaumen mit einer süßen Endnote zu überraschen. Nicht minder unerwartet ist das Gespräch mit dem redefreudigen Barista. »Halten Sie zu Lissabon oder Sevilla?«

Es ist der Tag des Europa-League-Finalspiels, Benfica hatte erst wenige Wochen zuvor Juventus eliminiert und ein Finale *in casa*,

---

* *Das Wort* »Bicerin« *stammt aus der Piemontesischen Sprache und bedeutet* »Kleines Glas«

das Endspiel *dahoam* sozusagen, verhindert und ganz Turin in einen iberischen Albtraum verwandelt.

»*Sono Juventino!*« – »Ich bin Juve-Anhänger!«

Wie aus dem Nichts vergisst er seine höflich-distanzierte Art und diskutiert mit mir leidenschaftlich über die verpasste Chance auf das so wichtige Heimspiel im eigenen Stadion. Ich hatte also Glück. Über ein cholerisches Schnaufen oder verächtliches Abwinken als Reaktion auf meine Aussage hätte ich mich nicht wundern dürfen. Selbst in der Juve-Bastion Turin hätte der Kellner ein passionierter *Tifoso* des Lokalrivalen AC Torino sein können. Mittlerweile ist in der Stadt das Kräfteverhältnis unter den Fans der beiden Clubs ausgeglichen. Trotz langjähriger Tristesse in der Tabelle liebte Turin den erfolglosen Bruder des reichen Nobelvereins immer ein bisschen mehr.

Geht es nach regelmäßigen Umfragen der Tageszeitung *La Repubblica*, wirkt diese Beschreibung nahezu grotesk. Juventus stellt ein Drittel aller italienischen *Calcio*-Liebhaber, in mehr als der Hälfte aller 20 Regionen des Landes ist der Verein unangefochten auf Platz eins.[46] Umso mehr wird Juve vom Rest gehasst. Keine Statistik kann belegen, wie sehr diese Ambivalenz in der Realität zum Vorschein kommt. Zwei Anekdoten, hautnah erlebt und in bleibender Erinnerung geblieben, zeigen das Leben eines ausländischen Juve-Fans auf italienischem Territorium.

Tarvis im nordöstlichen Teil der Region Friaul Julisch Venetien, an der Grenze zu Österreich, war früher berühmt für das ausschweifende Markttreiben. Händler boten Designerware und lokale Köstlichkeiten feil, Menschen aus Slowenien, Kärnten und Teilen Italiens strömten in Massen herbei. Als Juve die Meisterschaft holte und gerade die Champions League gewann, waren mein Vater und ich in feinsten Del Piero-Trikots unterwegs, um das Flair einzusaugen und durch die engen Gassen der Verkaufsstände zu stromern. Wir blickten gerade auf eine schicke Lederjacke, als plötzlich ein Händler auf uns zustürmte und die Vorzüge des Kleidungsstückes anpries. Wir verneinten höflich, konnten jedoch unsere österreichische Herkunft nicht verbergen. »Warten Sie!«, sagte er in gebrochenem Deutsch und sprintete wie von der Tarantel gestochen um die nächste Ecke. Dann kam er genauso schnell wieder, wie er verschwunden war, und präsentierte uns stolz ein Foto mit sich und den Juve-Kickern Alessandro Del Piero und Angelo Di Livio. »Diese Kopie ist für Sie«, sagte er sichtlich stolz und mit einem breiten Grinsen im Gesicht. »Forza Juve!«

Dass Weiß-Schwarz nicht gleich Weiß-Schwarz ist, musste ich Jahre später vor dem Stadion in Udine, ebenfalls im Nordosten des Landes, erfahren. Udinese Calcio empfing die verhassten Turiner und ich war natürlich live dabei. In Italien ziehe ich mich zu Fußballspielen immer neutral an, in diesem Fall vermied ich weiß-schwarze Kleidung, da beide Vereine *bianconero* als Clubfarben repräsentieren. Diese Paranoia mag übertrieben erscheinen, doch mein Fan-Dasein möchte ich lieber ohne Messer im Rücken ausleben.

So weit, so gut. Mein guter Kumpel und ich gehen also zum Verkaufsstand vor den Eingangstoren des geheiligten, leider ziemlich hässlichen, Prunkstücks der »falschen« *Bianconeri*. Ich brauchte unbedingt einen Schal als Erinnerung an die anstehende Partie. 20 Euro später hielt ich das weiß-schwarze Juve-Utensil in Händen und machte meinem Freund unmissverständlich klar, dass ich das gute Ding im Kofferraum verstauen wollte. Er verdrehte die Augen ob meiner übertriebenen Vorsicht und folgte mir. Das sollte sich als großer Fehler entpuppen.

Vor dem Auto holte ich den Schal aus meiner Tasche, um ihn zu verstauen. Dummerweise entging mir die Menschentraube aus Udinese-Ultras etwa 100 Meter abseits unseres Parkplatzes. Nebenbei bemerkt: Es war bitterkalt, und wir setzten uns in den Wagen, um uns vor dem Match noch etwas aufzuwärmen. Aus dem Augenwinkel sah ich einen mittelgroßen Mann mit Glatze, langsam, aber bestimmt auf unsere Location zumarschieren. Er hatte die Augen eines Adlers, anders kann ich es mir bis heute nicht erklären, wie er meinen Schal erblicken konnte. Es war doch kein Unterschied zwischen Juventus und Udinese zu erkennen! Wie eine Löwin, die kurz davor ist, ein armes wehrloses Zebra in den Steppen Afrikas zu reißen, umkreiste er seine Beute. Fasziniert bemerkte er das österreichische Nummernschild, klopfte unangenehm träge an meine Fensterscheibe und wies mir mit stoischer Mimik an, ich möge doch die Tür öffnen. Mein Herz pochte wie wild. Ich kurbelte die einzige Grenze zwischen ihm und mir runter: Sein starrer Blick, ein Auge unruhig zuckend, fokussierte mein Gesicht und er sagte in perfektem Deutsch: »Fahr weg. Du kannst hier nicht bleiben.« Ich nickte zustimmend und gab Gas. Das Fenster und die Kälte waren mir mittlerweile vollkommen egal. Ich blickte nicht zurück und parkte das Auto einige Reihen weiter hinten.

Ob Juve gewonnen hat oder nicht, weiß ich nicht mehr. Das Gesicht des Hooligans werde ich aber bestimmt nicht vergessen. Genauso wie das Bild des Händlers, welches noch immer bei mir an der Wand hängt.

11. GRUND

Weil es für keinen Verein schönere Spitznamen gibt

Zärtliche Kosenamen ergeben sich in Beziehungen zwangsläufig, sie sind das Resultat inniger Zuneigung zweier Liebender. Das Verhältnis eines Fans zu seinem Verein ist da nicht viel anders und gerade in Italien ist der Ausdruck dieser Hingabe zum Club leidenschaftlich wie nirgendwo sonst. Monogamie im *Calcio* ist für jeden *Tifoso* Pflicht, für einen zweiten Verein gibt es keinen Platz im Herzen. Niemals. Vielleicht wohlwollende Sympathien für andere Clubs, Toleranz aufgrund der Vergangenheit. Es ist wie im wahren Leben: Ein guter Freund findet die Liebe seines Lebens, mit der man selbst wenig Gemeinsamkeiten teilt. Ihm zuliebe bemüht man sich, einen freundschaftlichen Umgang aufzubauen, aber mehr ist da einfach nicht. Die eigene Flamme wird immer die Nummer eins bleiben, komme, was wolle.

Nicht umsonst ist Juventus landesweit die begehrenswerteste Frau. Als seinerzeit die süditalienischen Immigranten, speziell aus Neapel und Palermo, in Turin ankamen, um für FIAT zu schuften, entstand allmählich die Verbindung zum lokalen Team. *La Fidanzata d'Italia*, die Freundin und Verlobte Italiens, als Begriff entwickelte sich über die Jahre hinweg zu einem Synonym für die warmherzige Verbindung zur weiß-schwarzen Religion mit päpstlicher Residenz im Piemont.[47]

Juve wäre nicht Juve, wenn es nicht noch weitere Spitznamen gäbe. *Juve* selbst als offensichtliche Abkürzung des vollen Namens bedarf keiner Erklärung. Außer vielleicht, dass die Art der Reduktion der restlichen Buchstaben – das fehlende »ntus« – keinen Beinbruch darstellt, im Gegensatz zu anderen Teams des Weltfußballs muss man auch als Neubekehrter keinen Fauxpas im Beisein anderer Glaubensanhänger fürchten. Es ist beispielsweise weniger ratsam, in den Pubs von Manchester allen United-Hooligans vorzuschwärmen, wie toll *ManU* doch ist. Ein verächtliches Kopfschütteln dürfte wohl noch die angenehmste Reaktion sein. Diese Kurzform ist weltweit gebräuchlich, doch auf der Insel lehnt die Anhängerschaft von *Man United* diese Bezeichnung als beleidigend ab. Sie wurde vor allem früher von gegnerischen Fans verwendet, um dadurch die Nähe des Wortes zum englischen *manure*, also Dünger, zu betonen.[48] Ganz großer Mist für Unwissende, der bei Juve nicht passieren wird.

I bianconeri, die Weiß-Schwarzen, nennt man Juventus aufgrund der gestreiften Dresse. *Le Zebre*, die Zebras, nimmt ebenfalls auf die Farbkombination der seit Jahren etablierten Spielkleidung Bezug. Interessanter ist der Terminus *i gobbi*, die Buckligen oder auch Rundrücken, als Beschreibung von sowohl Spielern der Mannschaft als auch deren Fans. Wann diese Bezeichnung das erste Mal im

Wortschatz der *Juventini* auftauchte, wurde bis heute nicht mit absoluter Gewissheit eruiert. Die von weiten Teilen der Anhängerschaft akzeptierte Erklärung geht auf die 1950er-Jahre zurück, als Juventus an Spieltagen übergroße Jerseys trug. Vorne auf der Brust war eine kleine Öffnung mit Schnürbändern, während des Spiels entstand dadurch eine Ausbeulung am Rücken. Vergleichbar mit einem Fallschirm-Effekt, wirkten die Kicker während des Rennens bucklig, mit höchst eigenwilligen Bewegungsabläufen.[49]

Sinnbildlich für die Hassliebe der Italiener zu Juventus Turin steht der wohl bekannteste Nickname: *La Vecchia Signora*, die Alte Dame. Heute ausschließlich positiv konnotiert, geht die eigentliche Bedeutung auf ein Wortspiel mit dem Teamnamen zurück. Da Juventus von dem lateinischen Wort »Jugend« abgeleitet ist und Fans vor den 1930er-Jahren den Club warmherzig als »Dame« betitelten, lieferten diese Attribute genug Spielraum für dezent abfällige Bemerkungen. Aufgrund des Alters der Akteure wurden beide Worte kombiniert, »jung« durch »alt« substituiert und et voilà: Juventus wurde zur alten Frau des italienischen Fußballs.[50]

12. GRUND

Weil im Duell mit Juventus jeder Gegner motivierter ist als in anderen Spielen

Motivation als Quell des Erfolges ist für jede Branche unabdingbar. Diese Weisheit bedarf keiner näheren Erklärung, der Grund, warum manche Menschen erfolgreicher sind als andere, liegt auf der Hand. Der Wille zum Streben nach Perfektion, das Auspressen der letzten Kraftreserven kurz vor dem ultimativen Ziel. Diese Essenz macht den feinen Unterschied: Reicht das Notwendige aus oder soll, nein MUSS, es mehr sein? Der gewisse Funke Genialität, der Spagat zwischen Genie und Wahnsinn.

Lange Rede, kurzer Sinn: Die besonderen Teams auf dieser Erde haben besondere Spieler. Mit großem Talent gesegnet, reicht die bloße Begabung nicht aus. Ein Andrea Pirlo wurde nicht einfach so zu einem der Besten seiner Generation, er muss für die optimale Ausnutzung seines Naturells hart schuften. Vielleicht früher zum Training erscheinen als die anderen und am Ende des Tages länger bleiben. Seine makellosen Freistöße und glanzvollen Tore sind das Resultat von Hingabe und Liebe zur Profession. Die Historie des Fußballs ist voll von Geschichten über verschwendetes Talent, genauso voll mit Legenden über Spieler, die trotz ihrer limitierten Fähigkeiten bei den größten Teams sind und zu wahren Stützen avancieren. Keine Frage, Glück und andere Faktoren spielen selbstverständlich auch eine Rolle, wenn es um den Karriereverlauf geht. Doch die Motivation, Tag für Tag im Training und Spiel für Spiel in der Meisterschaft weit über seine Grenzen zu gehen, ist das wichtigste Attribut eines Champions.

Juventus ist eine der wenigen Mannschaften, die solche Ausnahmekönner magisch anziehen. Wie die Bayern in Deutschland oder Barcelona in Spanien. Ist die Juve zu Gast in einem der 19 anderen Stadien in Italiens erster Division, sind nicht allein hohe Zuschauerzahlen garantiert. Nur AC und Inter Mailand können mit leichten Abstrichen mithalten. Die Stimmung erreicht den Höhepunkt, die Magie auf den Rängen färbt auf die Akteure ab. Gegen keine andere Mannschaft sind die Teams der Serie A so motiviert wie gegen den Rekordmeister aus Turin. Jeder Spieler will glänzen, es den erfolgsverwöhnten Typen einmal so richtig zeigen. Während der Saison gibt es meist nur ein Heimspiel gegen Juve, außer es kommt noch ein K.-o.-Spiel in der Coppa Italia dazu. Dann steht das Stadion erst richtig kopf. In einem einzigen Play-off-Spiel kann viel passieren, und nichts wäre schöner, als die Alte Dame spielerisch bloßzustellen.

Für Spieler von Juventus läuft jedes Duell mit den gegnerischen Reihen wie in einem Videospiel ab. Schon die Wahl des Schwierigkeitsgrades im Hauptmenü kündigt die Herkulesaufgabe an. Wie wäre es mit »leicht«, »mittel« oder vielleicht nicht doch eher mit der höchsten Stufe »schwierig«? Nur dass die Wahl illusorisch ist, egal in welcher Tagesverfassung der Opponent agiert, die Motivation wird immer auf einer noch weitaus höheren Stufe sein. Der Herausforderungs-Level »*juventino*« als tägliches Brot in Diensten des besten Clubs des Landes.

13. GRUND

Weil Juve keine Unsummen für einzelne Spieler ausgibt und eigene Stars nur gegen galaktische Angebote abgibt

Juventus ist nicht auf die Verkäufe der Stars angewiesen. Das war sie noch nie, die Alte Dame. Wohlhabend dank der Fiat-Millionen, ergänzt eine gewiefte Scouting-Abteilung die bis ins kleinste Detail durchdachte Kaderplanung. 50 Millionen Euro für Arturo Vidal Pardo? Keine Chance. 70 Millionen für Paul Labile Pogba? Finger weg, der Jungstar bleibt, wo er ist. Neureiche Scheich-Clubs und russische Oligarchen können sich mit Geld alles kaufen, nur Prestige hat kein Preisschild. Das hält sie dennoch nicht davon ab, ordentlich Moneten zu verprassen und gute Spieler zu Mondpreisen zu erstehen. Das Marktgebaren wirkt wie auf einem Basar für Wohlhabende, das Mannschaftsgefüge des gerade eben erstandenen Vereins kommt einer edlen Gewürzmischung gleich. Freilich sind andere Vereine ohne Neo-Gönner nicht minder verschwenderisch und zahlen für Salz und Pfeffer Marktpreise jenseits von Gut und Böse. Die inflationäre Erhöhung der unverhältnismäßigen Summen wird durch die neuen Player noch viel schneller vorangetrieben. Fast 100 Millionen für Gareth Bale? Klar, sein Marktwert ist zwar um ein Vielfaches geringer, aber was kostet die Welt.

Juventus spielt in diesem regen Treiben eine tragende Rolle, die romantisierte Vorstellung einer noblen Lady mit hehren Motiven ist eine naive Illusion. Im Haifischbecken mit den größten Fischen des Business ist die Juve an der Spitze der Nahrungskette. Der einzige Unterschied zu ihren Artgenossen ist die Art und Weise der Transfers. Von sich aus würden die *Bianconeri* niemals so viel Geld ausgeben. Außer das Geschäft lohnt sich und die Tragweite bringt einen wirtschaftlichen und sportlichen Vorteil. Im Sommer 2001 war es so weit, Juventus zog alle Register und veränderte die Mannschaft von Grund auf.

Zinédine Zidane war damals 29 Jahre alt, am Höhepunkt seines Schaffens, und Real Madrid wollte den französischen Welt- und Europameister um jeden Preis haben. Für den lange Zeit unangefochtenen Rekord von fast 75 Millionen Euro entschied sich Juve zum Verkauf des genialen Spielmachers an die selbst ernannten Galaktischen. Der Transfer sollte sich als Glücksgriff erweisen, denn noch im selben Jahr tauchte Juve drei weitere Male in den Hitlisten der höchsten Ablösesummen auf. Nur dieses Mal auf der anderen Seite der Buchhaltung: Den Erlös reinvestierte der Verein umgehend in drei wichtige Neuzugänge, die nicht nur in Turin zu Ikonen wurden.

Der erst 23 Jahre junge Gianluigi Buffon kam für mehr als 50 Millionen Euro vom AC Parma und stieg in den Reihen Juventus' zum vierfachen Welttorhüter und Fußballweltmeister auf. Nachfolger Zidanes wurde der Tscheche Pavel Nedvěd (rund 40 Millionen) von Lazio Rom. In derselben Saison gab die Vereinsführung den Einkauf von Lilian Thuram aus Frankreich bekannt, der seinem Teamkollegen Buffon ebenfalls aus Parma nach Turin folgte. Etwas mehr als 30 Millionen flossen vom Piemont in die Region Emilia-Romagna.

Juve leitete nach dem Verlust des besten Spielers eine geschickte Restrukturierung ein. 120 Millionen Euro für nur drei Spieler in einer Wechselperiode hätten die Manager niemals riskiert, doch der Verkauf Zidanes gab die notwendigen finanziellen Garantien. Sollten Vidal und Pogba – als derzeit heißeste Aktien – unerwartet den Verein verlassen, werden dies die Verantwortlichen nicht ohne Hintergedanken erlauben.[51-53]

14. GRUND

Weil es den berüchtigten Bayern-Dusel auch im Piemont gibt … oder doch nicht?

Eines hat der FC Bayern München dem italienischen Rekordmeister aus Nordwestitalien voraus: einen Wikipedia-Eintrag. Nicht etwa den Hauptbeitrag über die Geschichte des Vereines mit all den Erfolgen und historischen Meilensteinen. Das hat Juventus auch. Die Süddeutschen haben es tatsächlich geschafft, sich einen separaten Artikel über den weit verbreiteten Fußballmythos des Bayern-Dusels zu verdienen.

Das unverdiente Glück in knappen Spielen, der Dusel, soll den Münchnern des Öfteren beistehen. In Wahrheit gibt es den Dusel gar nicht, die späten Tore und Triumphe sind das Ergebnis harter Arbeit. Das Glück muss man erzwingen – diese ausgelutschte Floskel hat schon so mancher Profi ausgestoßen. Doch recht haben sie allemal, umsonst wurde der Stern des Südens nicht so oft Meister und Pokalsieger. Der vermeintliche Dusel bei Auslosungen ist ein anderes Thema und gilt nicht nur für die Bayern. Dusel-Bayern hin, Dusel-Bayern her. Und nach dem Champions-League-Finale gegen Manchester United hat auch keiner den Bayern Dusel unterstellt. Eher Mitleid und Mitgefühl nach den beiden Schüssen in das Herz eines jeden Bayern. Der glückliche Sieg der Männer von Sir Alex »Fergie« Ferguson entsprach vielmehr dem englischen Äquivalent des Bayern-Dusels: der *Fergie Time* in all ihrer bittersüßen Schönheit. Die spöttische Bezeichnung für hinausgezögerte Spielenden, wenn Spitzenmannschaften zurückliegen, haben Teddy Sheringham und Ole Gunnar Solskjær in der Nachspielzeit auf dem Feld des Camp Nou eindrucksvoll bewiesen.

Nun hat Juve ja keinen entsprechenden Begriff, der ihre hart erarbeiteten Siege wenige Sekunden vor Schluss treffend definiert. Juve-Dusel liest man in deutschsprachigen Medien sehr gerne. Aber es ist einfach nicht dasselbe. *Conte Time* wäre nett, hat nur noch niemand verwendet. *Conte Recupero*, Conte-Nachspielzeit, das klingt auch schön. Gibt es leider auch nicht. Sicher ist nur, dass es einen Terminus geben sollte, denn Juventus hat in Italien denselben Ruf wie die Bayern und Manchester. Tore vor Abpfiff, günstige Umstände bei Schiedsrichterentscheidungen, Versagen der Gegner in Schlüsselmomenten – es ist alles da und in schöner Regelmäßigkeit zu bestaunen.

Manchmal hängen die Spielsituationen eine Ewigkeit nach, sowohl bei Spielern als auch Fans. Das obskure »Geistertor« des Sulley Muntari wurde Monate und auch noch weit bis in die darauffolgende Saison diskutiert. AC Milan und Juventus kreuzten die Schwerter im altehrwürdigen San Siro, es ging in die heiße Phase der Meisterschaft und beide wollten dem Gegner den Gnadenstoß verpassen. Milan startete mit furiosem Tempo und überrollte die Alte Dame wie ein Schnellzug mit 300 Kilometern pro Stunde. Antonio Nocerino traf zum 1:0 für die Lombarden und wenige Minuten später traf Muntari zum vermeintlichen 2:0. Nach einem Rebound versenkte er den Ball per Kopf, den Gianluigi Buffon erst weit hinter der Linie zurück ins Feld schlagen konnte. Weder der Schiedsrichter noch der Kollege an der Linie sah das überdeutliche Tor, es stand weiterhin 1:0. Milan war besser, verlor mit Fortlauf der Partie zusehends an Energie und stellte das konsequente Pressing ein. Juve ergriff die Chance und erzielte den so wichtigen Ausgleich, der weiß-schwarze Kopf entkam gerade noch so der Schlinge.[54–58]

15. GRUND

Weil fast alle Nationalitäten im weiß-schwarzen Trikot glänzen

Bayern und Dortmund haben sie. Manchester und London auch. Madrid und Barcelona sowieso. Turin in Italien steht den Fußballhauptstädten ihres Landes naturgemäß in nichts nach. Die besten einheimischen Spieler wissen nur zu gut, welche nationale Destination das höchste der Gefühle einer Profikarriere darstellt. Diese Erkenntnis ist keine bahnbrechende Entdeckung auf dem Gebiet der Fußballforschung, denn talentierte Jugendkicker der besten Nationen auf der Landkarte des Weltfußballs wagen nur selten den frühen Schritt ins Ausland. Warum auch in die Ferne schweifen, wenn das Paradies vor der Haustür liegt.

Interessanter ist ein Blick auf die ausländischen Spieler. Traditionell gibt es Länder, deren Vertreter in Turin mehr glänzen als andere. Rationale Erklärungen dafür gibt es keine, die Qualität hat ja nichts mit dem Reisepass zu tun. Im aktuellen Kader von Juventus stehen Italiener, Spanier, Argentinier, Brasilianer, Chilenen, Uruguayer, Franzosen, Schweizer, Montenegriner und Ghanaer. Die Südamerika-Connection ist unübersehbar und nicht erst in der Neuzeit entstanden. Im fußballverrückten Teil Amerikas ist Juve beliebt, der Spielstil setzt auf Spielstärke und Leidenschaft. Das ist die perfekte Ergänzung zum italienischen Spielstil, der Kreativität und luftigen Esprit vor dem gegnerischen Tor gut gebrauchen kann. Franzosen haben für Juventus immer großen Erfolg versprochen: Michel Platini, Zinédine Zidane, David Trézéguet und aktuell Paul Pogba sind die besten Beispiele. Auch Deutsche – sofern einige von ihnen den Weg zum italienischen Rekordmeister fanden – hatten positiven Einfluss und wurden von den *Tifosi* ins Herz geschlossen.

Keine Erfahrungswerte im Juve-Shirt geben die aufstrebenden Spieler der asiatischen Nationen. In Italiens Serie A erweitern sie durch ihr quirlig-impulsives Spiel die Vielfalt. Weniger glücklich wurden in der Regel die Briten und Brasilianer. Liverpool-Ikone Ian Rush und Ex-Werderaner Diego Ribas da Cunha konnten trotz großer Versprechungen nie ihr Glück im Dress der Juve finden. Ausnahmen gibt es freilich immer, John Charles und Emerson waren in ihrer Hochzeit unverzichtbare Stützen.

16. GRUND

Weil die Vereinshymne leider nicht aus der Feder Eros Ramazzottis stammt und trotzdem einzigartig ist

Italiens Vorzeige-Barde Eros Ramazzotti schrieb schon so manchen Welthit. Keiner kann so gefühlvoll über die Liebe und *la dolce vita* schmachten. Ein Konzert von ihm verbreitet eine Gänsehautatmosphäre, er zeigt immer vollen Einsatz und gibt seine größten Hits zum Besten. Jeder Besucher sollte ausreichend Zeit einplanen, zwei Stunden trällert er seine Schmusesongs, manchmal auch noch länger. Das ist wie ein Pokalspiel, nach 90 Minuten ist noch lange nicht Schluss. Und wenn Eros motiviert ist, gibt es auch noch ein packendes Elfmeterschießen als Zugabe. In den ersten Reihen, ganz nahe an der Seite ihres Idols, sind die Hardcore-Fans. Sie recken Plakate in die Luft, manchmal schmuggeln sich auch ein paar Juventus-Banner unter die ansonsten von Liebesbekundungen geprägten Botschaften. Wenn die Frauen voller Begeisterung auf die Bühne starren und der Sänger liebevoll zurückblickt, hat der Mann nur eine einzige Madame im Sinn: Denn diese speziellen Anhänger mit Fußballutensilien wissen, dass Eros selbst ein Fan ist: und zwar von der Alten Dame aus Turin.[59] Eigentlich schade, dass kein expliziter Fußballsong auf der Set List des Weltstars zu finden ist. Das Potenzial und die Leidenschaft dazu hätte er.

Als Musikprofessor Gigi Collino 1919 die erste offizielle Juventus-Turin-Hymne komponierte, war Eros Ramazzotti noch gar nicht auf der Welt. Für nur eine Lira* konnte jeder das Werk käuflich erwerben. Für so wenig Geld bekommt man heute nicht einmal die Quittung beim Kauf der teuren Konzertkarten. Basierend auf einer französischen Vorlage, setzte sich der Lobgesang unter Mitgliedern und Unterstützern durch. Die Wörter »*La gioventù di cui portiamo*

---
* Ehemalige italienische Währung

il nome«, also »Jugend, der Name unter dem wir bekannt sind«, begeisterte die Fans und etablierte sich als gelungene Motivationsspritze.

Juventus hatte seit Anbeginn der Vereinsgeschichte viele Anerkennungen in musikalischer Form, die vor Spielbeginn die Moral der Anwesenden heben sollten. Die zweite offizielle Hymne entstand jedoch erst im Jahre 1972, mit *Juve, Juve* ist der Titel nicht gerade Quell überbordender Originalität. 1991 wurde *Sempre Juve*, »Immer Juve«, das offizielle Lied. 1997 etablierte sich mit *Grande Juve, bella signora* ein weiterer Song als Anfeuerung durch die *Tifosi*. »Du große Juve, schöne Dame!«

Seit 2005 ist *Juve, storia di un grande amore* die bis dato neueste Hymne des Juventus Football Club. Sie ist das Resultat eines Wettbewerbs, aus dem Claudio Guidetti und Alessandra Torre als Sieger hervorgingen. Unterstützt durch den Gesang des lebenslangen Juventus-Fans und bekannten Musikers Paolo Belli gelang ihnen die Kreation einer unnachahmlichen Ode an den besten Verein der Welt. Rhythmische Pop-Elemente und ein mitreißender Refrain – das sind die Zutaten eines gelungenen Starts in jedes Heimspiel. Ertönen die ersten Klänge, weiß jeder im Juventus Stadium, dass es gleich losgeht. Eine Gänsehautatmosphäre ist die logische Konsequenz, die Stimmung steigt und alle singen mit. Italophile Zeitgenossen brauchen nicht lange, um lauthals in den Text einzusteigen, alle anderen sollten einen Blick auf die markantesten Lyrics werfen:

<u>Refrain:</u>
Juve, storia di un grande amore
bianco che abbraccia il nero
coro che si alza davvero … per te

Juve, die Geschichte einer großen Liebe
Weiß umarmt das Schwarze
Ein Refrain, der sich wirklich erhebt … für dich

Sollte dieses packende Liedgut noch immer nicht ausreichen, kennt das Hochgefühl spätestens dann keine Grenzen mehr, wenn der stürmische Stadionsprecher die Aufstellung bekannt gibt und die Gladiatoren die Arena betreten. Angus Young mit seinem legendären Gitarrensolo aus dem ACDC-Klassiker *Thunderstruck* ertönt aus den Lautsprechern und bringt die Menschenmassen zum Toben. Die Ekstase erreicht ihren Höhepunkt, nur ein Juve-Sieg toppt diese einzigartigen Emotionen.[60]

17. GRUND

Weil La Vecchia Signora die einzig wahre Alte Dame ist

Der Spitzname *La Vecchia Signora* ist eng mit Juventus Turin verknüpft, Fans wie Experten denken unweigerlich an den renommierten Club aus der Serie A. Die Erfolge sprechen für sich, und natürlich ist die hohe Popularität hilfreich, der Öffentlichkeit den einen oder anderen Kosenamen näherzubringen. So auch *Die Alte Dame*. Juve ist zwar die einzig wahre betagte Lady der Welt, doch beileibe nicht die einzige Seniorin im Fußballsport. Da gibt es etwa eine gewisse greisenhafte Frau aus Berlin, die mit vollem Namen als Hertha BSC in der deutschen Bundesliga vertreten ist. Deren Anhänger werden der eingangs konstatierten Schlussfolgerung mit Inbrunst widersprechen, ist die Hertha doch selbst eine Alte Dame.[61]

Eine Altmeisterin fördert die Recherche in den Annalen des weniger bekannten tunesischen Fußballs zutage. Espérance Sportive De Tunis, traditions- und ruhmreicher Club mit Stützpunkt in Tunesiens Hauptstadt Tunis, ist eine Institution. Benannt ist der Verein nach dem Café, in dem die Mitbegründer sich zu treffen pflegten. 1919 entstand schließlich der erste von Einheimischen ins Leben gerufene Fußballclub, ganz ohne die Hilfe französischer Kolonialisten. Die Alte Dame Tunesiens hat also auch schon ein paar Jahre auf dem Buckel.[62]

Die berüchtigte Hochnäsigkeit großer Vereine kann niemand ausstehen, aber jetzt mal Butter bei die Fische, sprich Klartext: Wer kennt noch ein anderes *Juventus*? Gar keines? Eben. Juventus ist ein vornehmer Titel für einen einzigartigen Verein. Na ja, zumindest fast einzigartig. Denn es gibt sie dann doch, die anderen *Bionconeri*. In Italien sind es gleich deren drei: Alma Juventus Fano 1906, ASD Fortis Juventus 1909 und SS Juve Stabia. Das Trio ist in den unteren Regionen der obersten Spielklassen zu Hause und wohl nur den hartgesottenen Italien-Experten ein Begriff. In der benachbarten Schweiz kicken die Burschen des SC Young Fellows Juventus. In Rumänien nahm mit Juventus Colentina Bukarest ein wenig prominenter Namensvetter erst vor wenigen Jahren den Spielbetrieb auf.[63]

Außerhalb Europas existiert in Brasilien der Clube Atlético Juventus, in Australien wurden die weiß-schwarzen Moreland Zebras 1948 von italienischen Migranten als Brunswick Juventus formiert. Juventus de Yopougon dominiert seit der Gründung die ivorische Meisterschaft der Elfenbeinküste. Der Juventus Football Club trägt seine Heimspiele in der Belize Premier League aus. Allzu viel mehr als den Club aus dem Staat in Zentralamerika offenbart die Landkarte des globalen Fußballgeschehens nicht.[64]

18. GRUND

Weil der Erfolgsdruck nirgendwo größer ist

Ich als eingefleischter, lebenslanger Fan der *Bianconeri* kann es mir nur sehr schwer vorstellen, wie sich Anhänger weniger erfolgreicher Vereine fühlen. Das ist gar nicht despektierlich gemeint, ganz im Gegenteil! Der Druck auf den Mannschaften im Tabellenkeller muss immens sein. Unvorstellbar für Juventus. Nicht einmal der Zwangsabstieg ist mit dem Kampf ums jährliche Überleben in der

Erstklassigkeit vergleichbar. Den Sturz haben ja die Behörden eingeleitet, im Klassement war Juve an der Spitze und frischgebackener Meister. Der Frust und die Trauer entsprachen einer Schmach, die nie auch nur im Entferntesten für möglich gehalten wurde! Als Champion zu einer Ehrenrunde in der Serie B verdonnert – ein Albtraum!

In jenem Sommer ließ ich meine Karriere als *Juventino* Revue passieren. Ich dachte an die schönen Zeiten und wusste, dass Juve erst in einigen Jahren wieder zu alter Stärke finden würde. Hach, acht Jahre später kommen die Erinnerungen manchmal immer noch hoch. Damals wurde mir klar, dass ich kein Erfolgsfan bin. Ich weinte im stillen Kämmerlein, war wochenlang deprimiert und hatte vom Fußball genug. Es waren nicht die Pokale und Triumphe, die mir abgingen. Nein, das war es gewiss nicht. Es gab Spielzeiten, da gewannen die Spieler die Champions League, dann verloren sie im Finale. In der Serie A dasselbe: Die Freudentränen nach großen Siegen sind genauso schön – und wichtig – wie jene entsetzte Gesichter, die ich nach Niederlagen habe. In jenem Sommer brach ein Tornado über Juventus herein, der Fans wie Angestellte durch die Szenerie wirbelte und keinen Stein auf dem anderen ließ. Ich musste sofort an einen Sonntag denken, was heißt hier einen Sonntag – es war DER bestürzende Sonntag im Mai 2000. Juve hatte die vergleichsweise einfache Aufgabe in Perugia zu gewinnen, um sich einen weiteren *Scudetto* einzuverleiben. Und dann passierte das Unglaubliche: In der Halbzeit öffnete der Himmel seine Pforten und verwandelte die Arena in ein unbespielbares Schlachtfeld. Der Schiedsrichter musste die Partie gar für über 80 Minuten unterbrechen. Der Druck auf den Schultern der Spieler war enorm. Konkurrent Lazio Rom hatte das Heimspiel locker gewonnen. Ein Perugia-Akteur versenkte irgendwie einen Ball im Netz und nahm den Spielern alle Hoffnungen auf den Gewinn der Meisterschaft.

Das gehört zum Sport, damit muss man als *Tifoso* umgehen können. Und ganz selten landet Juve auch mal nicht auf dem Podium der Serie A oder verabschiedet sich frühzeitig aus der Champions League. Macht nichts, Mund abwischen und weiter geht es in der nächsten Kampagne. Aber die Relegation war anders. Die Ohnmacht, nichts tun zu können, auf andere angewiesen zu sein und durch das existenzielle Fehlverhalten anderer zu leiden, war die bitterste Erkenntnis in diesen schweren Fanstunden.

Ich habe mir viele Gedanken darüber gemacht, warum die EIGENEN Clubverantwortlichen Juventus einen Schlag in die Magengrube versetzten. War es die Gier? Der unstillbare Durst nach mehr, mehr von allem? Stieg den mächtigen Managern ihr Einfluss zu Kopf? Ich weiß es nicht. Wahrscheinlich eine Mischung aus allem. Der unermessliche Druck, dem Spieler und Manager ausgesetzt sind, ist kolossal. Das ist freilich keine Entschuldigung für unlautere Methoden, denn andere Menschen müssen die Strapazen der Sehnsucht von Fans und Stakeholdern in gleichem Maße kanalisieren. Die Philosophie von Juve als Vorzeigeprodukt im Fußballbusiness diktiert eine Erwartungshaltung, der nicht jeder gewachsen ist. Juventus Turin bedeutet Prestige und Stolz, aber auch große Verantwortung.

19. GRUND

Weil Gewinnen nicht wichtig ist, sondern das Einzige, was zählt

Als Giampiero Boniperti in der Saison 1947/48 mit gerade einmal 19 Jahren zum jüngsten Torschützenkönig in der Geschichte des italienischen Fußballs aufstieg, ahnte er noch nichts von der ruhmreichen Zukunft als bis heute beinahe gottgleich verehrte Juve-Ikone. In seiner aktiven Karriere spielte er ausschließlich für die *Bianconeri*, den Verein seines Herzens, und traf in 444 Spielen 178 Mal ins gegnerische Tor. Er gehört zu den charismatischsten

Typen des *Calcio*, Entschlossenheit und Zweikampfstärke auf seiner geliebten Position als Mittelstürmer machten ihn neben Omar Sívori und John Charles zum elementaren Bestandteil des äußerst erfolgreichen Angriffstrios. Die furiosen Auftritte der drei Helden von einst bildeten den komplettesten Sturm der Alten Dame. Daran ändern selbst Größen wie Michel Platini, Paolo Rossi, Gianluca Vialli und Alessandro Del Piero nichts.

Im Alter von 33 Jahren erklärte Boniperti 1961 seinen Rücktritt vom Fußballsport und trat umgehend seinen neuen Posten als Manager von Juventus Turin an. Bis er dem italienischen Rekordmeister seinen Stempel aufdrückte, zogen noch einige Jahre ins Land. Erst als Boniperti 1971 neuer Juve-Präsident wurde – eine Funktion, die er nicht vor 1990 aufgeben sollte –, startete die neue Ära mit einem Knalleffekt. *La Vecchia Signora* triumphierte gleich zweimal nacheinander in der Serie A und läutete eine der erfolgreichsten Perioden der Vereinsgeschichte ein. Unter der Ägide des neuen Oberhauptes gelang Juventus der endgültige Aufstieg in der Riege der europäischen Großvereine. Die Mannschaft siegte im UEFA-Pokal, gewann den Pokal der Pokalsieger sowie den Pokal der Landesmeister. Boniperti war maßgeblich an der Verpflichtung von Trainer Giovanni Trapattoni und einiger der weltbesten Akteure beteiligt: Platini, Rossi, Gaetano Scirea, Dino Zoff, Marco Tardelli und Zbigniew Boniek.

Als Spieler, Manager und Präsident verantwortete Boniperti 14 Meisterschaften und unzählige (inter-)nationale Pokalsiege. Auch nach seinem Rücktritt hatte er maßgeblichen Einfluss auf die Geschicke des Clubs. Als Aktiver in der Vereinsführung und langjähriger Ehrenpräsident holte der Mann aus Barengo im Piemont 1993 einen gewissen Jungspund namens Alessandro Del Piero nach Turin. Dieser Transfer stellte die Weichen für Bonipertis legitimen Nachfolger als Rekordhalter für die meisten Spiele und Tore im Trikot von Juventus. Del Piero setzte nach mehr als 40 Jahren neue Maßstäbe und krönte sich 2010 zum alleinigen Spitzenreiter in beiden Disziplinen.

Edson Arantes do Nascimento, besser bekannt als der große Pelé, adelte Giampiero Boniperti als einen der besten Fußballer aller Zeiten. Sein Vermächtnis wird für immer die Essenz der Mentalität prägen, die Juventus heute ausmacht. Ohne seinen Einsatz für das Wohl der Turiner wäre Juve mit an absoluter Sicherheit grenzender Wahrscheinlichkeit nicht ein Verein von internationalem Renommee. Boniperti ist der letzte verbliebene Kämpfer einer alten Garde früherer Juve-Granden, nachdem sowohl Giovanni als auch Umberto Agnelli schon vor langer Zeit verstarben. Seine Philosophie prägt die Juve-DNA, den unbändigen Willen zum Sieg, stellte er doch selbst trocken fest: »Gewinnen ist nicht wichtig, es ist das Einzige, was zählt.«[65–69]

20. GRUND

Weil man von Juventus Turin nie genug bekommen kann

Von etwas Gutem kann ich nie genug bekommen. Juve ist wie eine Droge, sie macht süchtig und man kann sich nur schwer auf etwas anderes konzentrieren. Die Abhängigkeit von Juve verläuft glücklicherweise nicht tödlich, hat keinen körperlichen Verfall zur Folge und Nebenwirkungen gibt es auch keine. Puh, also kann ich weiterhin Woche für Woche die Spiele verfolgen und muss dabei kein schlechtes Gewissen haben.

An jedem verdammten Sonntag – manchmal auch Samstag, Dienstag und Mittwoch – brauche ich meine Dosis. Sonst fehlt mir etwas in meinem Leben. In der spielfreien Zeit zwischen Ende der alten und Beginn der neuen Meisterschaft muss Ersatz her. Welt- und Europameisterschaften sind fantastische Events, ich ziehe mir alle zwei Jahre jedes einzelne Spiel rein. Sogar den sinnlosen Wettkampf um den dritten Platz vor dem großen Finale. In der

Hoffnung, etwas an Zeit zu gewinnen, bis die Serie A ihre Pforten öffnet, fiebere ich als Österreicher bei jedem Spiel meiner geliebten Italiener mit. *Juventini* sind in Massen vertreten und in der Regel erzielt die *Squadra Azzurra* ein gutes Resultat. Aber es nützt ja alles nichts, die Spiele der Nationalteams strahlen auf mich nicht die gleiche Faszination aus wie der Vereinsfußball. Vielleicht bin ich als Österreicher nicht gerade spannende Duelle auf Augenhöhe mit den Topteams gewohnt? Vielleicht ist es aber auch mein Mangel an Verständnis für überschwänglichen und manchmal grenzwertigen Patriotismus? Ich weiß es nicht. Am Ende des Tages empfinde ich die großen Turniere als unnötige Streckung, bis der italienische Verband mir mit dem offiziellen Terminkalender der Serie A ein Datum für die nächste Juve-Lieferung mitteilt.

Alle ungeraden Jahrgänge machen es mir noch schwerer, die Abstinenz meiner präferierten Freizeitbeschäftigung zu ertragen. Dann gibt es im Sommer gar keinen Fußball. Ich mache mich in schöner Regelmäßigkeit auf den Weg in den italienischen Blätterwald, steuere als Ziel eine besonders faszinierende Destination an: den örtlichen Kiosk mit topaktuellen Ausgaben der Sporttageszeitungen *Tuttosport* und *La Gazzetta dello Sport* im Sortiment. Beide Vertreter ihrer Spezies sind Revolverblätter vor dem Herrn, dennoch befindet sich in den Artikeln der zarte Hauch der Wahrheit. Größtmöglichen Spaß bieten mir in dieser Zeit die Seiten über den *Mercato*, den Markt. Die wildesten Transfergerüchte und manchmal auch gesicherten Fakten werden fein säuberlich nach Vereinen und Spielpositionen sortiert, täglich um neue Einträge ergänzt, um infolgedessen die potenziellen Mannschaftsaufstellungen für die kommende Saison zu präsentieren. Inklusive Formation und taktischer Ausrichtung.

Beim ersten offiziellen Auftritt der *Bianconeri* sind sie dann wieder da, das unausweichliche Herzrasen und die innere Anspannung vor dem Kick-off. Es gibt sie also doch, die Nebenwirkungen der Juve-Droge. An dieser Stelle enden jedoch die Analogien zu den illegalen Substanzen. Dieses Thema ist gewiss kein humoristisches und der Fußball in seiner ganzen Pracht ist um Welten gehaltvoller, als es je ein Suchtmittel zu erreichen imstande wäre. Juventus zu genießen ist wie ein nüchterner Rausch. Kein Widerspruch in sich, vielmehr eine einzigartige Erfahrung, die mit einem klaren Kopf ihre beste Wirkung entfaltet.

3. KAPITEL

DIE LEGENDEN VON EINST

21. GRUND

Weil der König von Turin ein Franzose ist

Michel Platini war ein Meister des schönen Spiels, Bewunderer nannten ihn wegen seiner eleganten Auftritte für Frankreichs Nationalteam und Juventus Turin den Mozart des Fußballs. Virtuos, bahnbrechend und unbeschwert wie die Melodien des begabten Komponisten sei seine Interpretation der offensiven Mittelfeldrolle. Der Maestro ist selbst lange nach seinem Rücktritt im Jahr 1987 eines der größten Sportidole der Grande Nation und gewann mit den *Bianconeri* alle wichtigen Titel. Dreimal nacheinander war Platini Europas Fußballer des Jahres und *Capocannoniere* (bester Torschütze) der Serie A.

Der exzellente Techniker und präzise Schütze war ein geborener Torjäger. Außergewöhnlich talentiert erwies er sich bei Kopfbällen und bestach, sofern es die Situation erforderte, durch Kämpferqualitäten. Seine technischen Fertigkeiten spielte er nicht aus reinem Selbstzweck aus. Vielmehr war *Platoche*, wie er von seinen Landsleuten warmherzig genannt wurde, am mannschaftlichen Erfolg interessiert. Erste Zeichen seiner besonderen Künste zeigte er bei seinem regionalen Verein AS Nancy, später folgte die französische Meisterschaft mit dem AS Saint-Étienne. Richtig glücklich wurde er trotz dieser Erfolge nicht, hatte er doch einige Querelen zu überstehen: Vor seinem Wechsel kürzte der Präsident von Nancy kurzerhand das Gehalt des Nachwuchs-Pelé. Kurz nach seinem Einstand für Saint-Étienne bekam er Probleme mit dem Leitwolf der Mannschaft, da dieser aufgrund Platinis Qualitäten als Herr auf dem Platz weichen musste. Der junge Franzose biss sich durch und suchte erst aufgrund des bitteren Ausscheidens bei der Weltmeisterschaft 1982 nach neuen sportlichen Zielen. Platini selbst sagte einst, dass er zuerst beim stärksten Verein der Region gespielt habe, dann beim großartigsten des Landes und schließlich beim besten Club der Welt. Denn als Juve-Geldgeber und -Mäzen Giovanni Agnelli sich für den Fußball-Genius interessierte, bildete sich schnell eine Liaison bis zu Platinis Karriereende.

Den Status als *Le Roi*, der unumstrittene König des Piemonts, musste sich Platini hart erarbeiten und die Gunst seiner Mitspieler erst mühselig verdienen. Denn der Verdienst war ursprünglich das große Problem und sorgte für Streitereien in der Mannschaft. Platini bekam ein ordentliches Gehalt und sorgte so für Neid und Missgunst im Mannschaftsgefüge. Italien war gerade Weltmeister geworden und frischgebackene Champions wie Marco Tardelli und Claudio Gentile erschwerten die Integration in die Startelf, da sie ein deutlich geringeres Salär bekamen. Beinahe wäre Platini nach nur einer Saison wieder gegangen, doch auch hier kämpfte er sich durch und erwarb sich den nötigen Respekt. Gemeinsam mit dem Polen Zbigniew Boniek drückte *Platoche* eine andere Taktik durch und läutete eine weitere Erfolgsära ein.

Michel Platinis formvollendeter Fußball rang seinem Körper alles ab. Immer häufiger störten langwierige Verletzungen, wie ein geschwollener Knöchel, seine Performance. Als der König Turin verließ, sprach Agnelli von einem traurigen Tag und adelte ihn als einen der größten Spieler von Juventus, der ewig in Erinnerung bleiben wird. Stefano Tacconi, Torhüter von Juve, machte dem Franzosen ein beinahe noch größeres Kompliment: »Das war ein ganz besonderer Spieler, dem der Erfolg nicht zu Kopf gestiegen ist. Wenn man so erfolgreich ist, dreht man manchmal durch, so wie es bei Maradona der Fall war. Platini ist hingegen immer ruhig, bescheiden und umgänglich geblieben.«[70-74]

22. GRUND

Weil sie Omar Sívori den Mann mit dem großen Kopf nannten

»*Ich stelle mich auf niemandes Seite. Ich bin auf Juves Seite, das ist etwas anderes.*« Omar Sívori[75]

Sie nannten ihn Linksfuß, den großen Linksfuß. *El Gran Zurdo* war trotz seiner zierlichen Statur schon zu Zeiten bei River Plate in Buenos Aires als kaltschnäuziger Torjäger par excellence gefürchtet. Sie hätten ihn auch den linken und den rechten Fuß des Teufels nennen können, oder seine zwei Füße für ein Halleluja lobpreisen. Omar Sívori war ein ganz Großer des Fußballs. 1957 ging der Mann mit dem großen Kopf, *Il Cappocione*, nach Europa und trumpfte im Gewand von Juventus auf wie ein Ass. Im Sturm bildete er mit Giampiero Boniperti und John Charles eine der besten Angriffsreihen in der langen Historie von Juve und der Serie A. Drei Himmelhunde außer Rand und Band, drei bärenstarke Ritter ohne Furcht und Tadel. Sie alle waren exzellente Vollstrecker und nützten jeden Fehler, den ihnen der Gegner offerierte. Vor dem Tor kannte er kein Erbarmen, quasi Gott vergibt … Sívori nie!

Ältere Semester haben die wenig subtilen Anspielungen auf die sagenhaften Italowestern mit Bud Spencer und Terence Hill vielleicht erkannt. In den 1950ern starteten die unter den bürgerlichen Namen Carlo Pedersoli und Mario Girotti wenig beachteten Schauspieler langsam durch und avancierten zum ikonischen Komiker-Duo Spencer/Hill. Den Höhepunkt der Popularität erreichten die beiden kongenialen Darsteller zweifelsohne erst in den 1970er- und 1980er-Jahren. Als Enrique Omar Sívori 1969 seine Profilaufbahn beim SSC Napoli ausklingen ließ, ging der internationale Aufstieg von Spencer und Hill erst richtig los. Der gebürtige Argentinier aus San Nicolás de los Arroyos hätte ob seines markanten Aussehens in so manchem Filmhit als Antagonist für die zwei Ohrfeigenspezialisten auftreten können. Vielleicht sogar an der Seite der Leinwandhelden: *Banana Omar* und *Omar, der Verteidigerschreck* wären mit Sicherheit Kassenschlager geworden! Und so abwegig ist er nicht, dieser Gedankengang. In zwei italienischen Filmproduktionen spielte sich der Angreifer selbst und auch lange nach seiner Zeit als Fußballer war er als Sportreporter aktiv.

Sívoris Spielstil war waghalsig und brillant. Er setzte auf Dribbling-Manöver und nicht selten hebelte er den Ball durch die Beine seiner verdutzten Gegenspieler. Hauptsächlich links stark, münzte Sívori seine Fertigkeiten auch mit rechts und seinem Kopf in Tore um. Aufgrund seiner relativ kleinen Größe bekam er durch seine kompromisslose Spielweise den einen oder anderen Tritt ins Gesicht. Boniperti erklärte einmal, dass das Spielen an der Seite von Sívori puren Spaß bedeute. Charles war der Knipser, während Sívori den Platz zwischen den Verteidigern nutzte, um diese in Schwierigkeiten zu bringen. Er spielte gerne mit nichts als Socken an den Knöcheln, ohne irgendeine andere Form des Schutzes, um zu zeigen dass er keine Angst vor den Abwehrspielern hatte.

Wegen seiner Spielanlage, Herkunft und rebellischen Natur auf und abseits des Sportplatzes wird Sívori retrospektiv mit einem Spieler verglichen, der lange nach ihm die Weltbühne betrat: Diego Maradona. Der Maradona der Sechziger, wie er von Medien gerne bezeichnet wird, schaffte etwas, was heute undenkbar ist: Vor seinem Transfer zu Juventus Turin war er fester Bestandteil der argentinischen Nationalmannschaft. Rechtzeitig zur Weltmeisterschaft 1962 nahm Sívori die italienische Staatsbürgerschaft an und bestritt den Wettkampf als integraler Part der *Squadra Azzurra*.

Seinen Lebensabend verbrachte der einstige Juve-Star in seiner alten Heimat Argentinien. 2005 verstarb er in seiner Geburtsstadt San Nicolás an den Folgen eines Krebsleidens.[76–78]

23. GRUND

Weil der sanfte Riese von Turin einer der größten Männer war, die der Fußball je hatte

»Juventus bedeutet Sieg. Das ist die leichteste Art, Juventus zu beschreiben. Ich habe es oft gesagt, als ich in England nach meiner Erfahrung in Italien gefragt wurde und nicht gerade in der Stimmung war zu reden. ›Es ist einfach‹ – antwortete ich – ›mit Juventus gewinnst du.‹« John Charles[79]

Mit 188 Zentimetern war William John Charles ein Mann von beachtlicher Statur. In seiner ersten Serie A-Saison wurde er mit 28 Toren Topscorer und erzielte gleich bei seinem Debüt für die Alte Dame, am 8. September 1957 gegen Hellas Verona, den entscheidenden Siegestreffer. In seinen ersten drei Spielen war er sogar dreimal der Matchwinner und errang am Ende der Saison den Titel »Spieler des Jahres«. In Turin verbrachte er fünf erfolgreiche Jahre, gewann drei *Scudetti* und traf in 155 Matches 93 Mal ins gegnerische Netz. Seine herausragenden Leistungen brachten ihm 1959 den dritten Platz bei der Wahl zu Europas Fußballer des Jahres ein. 1997, 34 Jahre nach seinem letzten Auftritt in Italiens Liga, wurde er zum großartigsten Ausländer gewählt, der jemals in der Serie A gespielt hat. Noch vor Zinédine Zidane, Marco van Basten, Michel Platini und dem unvergessenen Diego Armando Maradona. 2001 wurde er der erste Nicht-Italiener, der in die Azzurri Hall of Fame aufgenommen wurde.

John Charles war etwas Besonderes. Ein Unikat. Statistiken geben nur einen Bruchteil dessen wieder, was das Wesen des stets lächelnden Walisers ausmachte. Für eine damalige britische Rekordtransfersumme in Höhe von 65.000 Pfund wechselte Charles als einer der ersten Briten überhaupt ins europäische Ausland zu Juventus Turin. Heute nahezu undenkbar, war Charles auf zwei grundverschiedenen Positionen zu Hause: Als gelernter Innenverteidiger mutierte er später zum Stürmer. Er erhob zeitlebens etwas zu seiner Maxime, was im modernen Profifußball unmöglich scheint: Tritt niemals zu und verletze keinen Gegenspieler. Das war kein leeres Gewäsch, Charles wurde kein einziges Mal in seiner langen Karriere verwarnt, Rote Karten kannte er nur vom Hörensagen.

Seiner charismatischen und vorbildhaften Art ist es zu verdanken, dass ihn auch die rivalisierenden Fans von Torino verehrten und ihm Respekt zollten. Offensichtlich wurde dies in seinem ersten Spiel für Juventus gegen das Team von der anderen Seite der Stadt: »Ich hatte nicht geplant, ihre Unterstützung für mich zu gewinnen, aber in meinem ersten Turin-Derby hab ich den Innenverteidiger unabsichtlich mit meinem Ellbogen ausgeknockt. Ich musste nur mehr den Goalie überwinden aber ich fand das nicht fair und kickte den Ball ins Aus, so dass der Bursche behandelt werden konnte.«

»Jedenfalls, von diesem Zeitpunkt an behandelten mich die Torino-Fans mit sehr viel Respekt. Ich erinnere mich an einen Sonntagnachmittag, als sie uns 3:2 schlugen und ich einen Elfmeter vergab – vielleicht war ich ja gerade deshalb so populär – und wurde gegen drei Uhr früh von einem unglaublichen Hupkonzert geweckt. Als ich auf den Balkon hinausging, waren da rote Fahnen schwingende Massen von Torino-Fans.«[80] Und was macht ein Kicker eines Vereins, wenn die Fans des verhassten Erzfeindes vor der eigenen Haustür stehen? Richtig, er bat sie alle in sein Wohnzimmer. Typisch John Charles, andere schreien herum oder holen die Polizei, doch der herzensgute Brite lässt die *Tifosi* seinen Weinkeller plündern.

Nicht umsonst bekam er den Spitznamen *Il Gigante Buono*, der sanfte Riese, verpasst. Über den hochgeschossenen Mann aus Swansea gibt es zahllose Anekdoten. Für Charles war das neue Leben in Italien gleichbedeutend mit einem Kulturschock. In Leeds war er ein einfacher Kicker, die Erinnerungen an seinen Beginn als 16-jähriger Schuhputzer der lokalen Mannschaft Swansea Town allgegenwärtig. In Turin wurde er wie ein eleganter Gentleman behandelt. Charles war als »*messy eater*«, als schlampiger Esser, berüchtigt und so soll er einmal gesagt haben: »Als ich mit einem Teller Spaghetti konfrontiert wurde, landete das Zeug überall, statt mir den Hals runter.«

Sir Bobby Robson, englische Trainer-Ikone, schrieb über den Waliser: »John war nicht nur einer der besten Fußballspieler, die jemals lebten. Er war einer der größten Männer aller Zeiten, die es je im Fußball gab.«[81] Im Januar 2004, kurz vor einem Interview für das italienische Fernsehen, erlitt er einen Herzinfarkt, und die Ärzte mussten Teile eines Fußes amputieren, um sein Leben zu retten. Der gesundheitliche Aufschwung währte nur kurz. John Charles starb am 21. Februar 2004.[82][83]

24. GRUND

Weil eine verhängnisvolle Reise das Leben des Gaetano Scirea viel zu früh beendete

»*Gaetano Scirea ist ein Engel, der auf dieser Erde wandelt.*«
Enzo Bearzot (Trainer)[84]

Auf seiner Position als Libero bestach Gaetano Scirea durch sein faires Spiel. Nie wurde er des Feldes verwiesen oder fiel durch Eskapaden aus der Reihe. Zusammen mit Franz Beckenbauer und Franco Baresi zählt der nur 178 Zentimeter große Verteidiger zu den besten Vertretern seiner Zunft und hat in seiner Karriere nicht nur alle Gegenspieler abgeräumt: Mit Juventus und der *Squadra Azzurra* triumphierte er in allen wichtigen Turnieren, gewann Champions League und Weltmeisterschaft. Scirea war lange Zeit Rekordhalter im Dress der Alten Dame mit den meisten Spielen, die er von 1974 bis zum Ende seiner aktiven Zeit im Jahr 1988 absolvierte. Seine größte Stärke war die Fähigkeit, das Spiel zu lesen wie kein anderer. Scirea war der Chef auf dem Platz, koordinierte seine Abwehr in erschreckend souveräner Manier. Er verdiente sich innerhalb der Mannschaft und unter all seinen Gegenspielern höchsten Respekt. Als einer der komplettesten Verteidiger steht Scirea in den Geschichtsbüchern des Fußballs bei den Allzeitgrößen.

Nach Platinis Rücktritt dauerte es eine Weile, bis Juve den Entwicklungsschritt zu einem neuen Siegeszyklus vollziehen sollte. Scirea selbst führte seine Nationalmannschaft als Kapitän zur WM-Endrunde in Mexiko und entschied sich wenige Jahre später, im Alter von 34 Jahren, vom aktiven Fußball zurückzutreten. Auf Wunsch seines langjährigen Freundes Dino Zoff nahm Scirea den Posten als Co-Trainer bei seinen *Bianconeri* an. Wichtige Aufgaben, die der ehemalige Aktive zu erledigen hatte, umfassten Scouting-Missionen. Nachdem viele Stars nicht mehr für Juve spielten und den Ruhestand genossen, trat der Club in jenem Jahr im UEFA-Cup an. Die Auslosung verlangte ein Duell zwischen Juventus und dem polnischen Vertreter Górnik Zabrze.

Die politische Situation Polens war Ende der 1980er heikel. Auf den weitläufigen Straßen des Landes wussten selbst alteingesessene Bewohner nicht, welch absonderliche Dinge auf den schlecht gepflasterten Straßen warteten. Am 3. September 1989 fuhr ein Fiat von Warschau nach Kattowitz, er war auf dem Weg zum nächsten Gegner der Alten Dame. In dem Wagen befanden sich Gaetano Scirea und ein Dolmetscher, der ihm seinen beruflichen Alltag erleichtern sollte. Juve spielt schließlich nicht jeden Tag gegen polnische Mannschaften. Pflichtbewusst hatte der einheimische Fahrer schon vor der Abreise in Richtung des vereinbarten Ziels einen bis zum Rand gefüllten Benzinkanister eingepackt. Anscheinend wollte er kein Risiko eingehen und einen unerwünschten Aufenthalt auf offener Straße so kurz wie möglich gestalten. Der Mann musste sehr vorsichtig und zuverlässig gewesen sein, eine reibungslose Fahrt hatte oberste Priorität. Die drei Insassen waren also irgendwo zwischen Warschau und Kattowitz, als sich die Vorsicht des Chauffeurs rächen sollte. Das Auto des ungleichen Trios prallte mit einem Lastwagen zusammen und ging sofort in Flammen auf. Es gab kein Entkommen, sie starben noch an Ort und Stelle.

Nach dem Tod Scireas stand Juventus unter Schock. Jugendturniere und Fair-Play-Preise wurden nach dem legendären Libero benannt. Nur wenige Monate später wurde das damals neue Stadio delle Alpi eingeweiht und der Verein entschied sich, die Südkurve dem stets geliebten Gaetano Scirea zu widmen.[85–87]

25. GRUND

Weil es Ian Rush in Turin nicht leicht hatte und in Italien wie in einem fremden Land lebte

Ian Rush war nur ein Jahr in Turin. Auf die Frage, warum der Waliser sich nicht an das Umfeld in Italien gewöhnen konnte, soll er einmal geantwortet haben: »Es war, als ob ich in einem fremden Land lebte.« Mitte der 1980er war Rush im roten Dress des großen FC Liverpool längst zum Weltstar aufgestiegen. Er war der Typ Spieler, den kein Club leichtfertig verkauft. Dann kam Juventus und bot Liverpool die britische Rekordablöse von 3,2 Millionen Pfund an und der englische Gigant geriet ins Wanken. Nach der Heysel-Tragödie musste Liverpool jahrelang ohne europäischen Fußball auskommen und finanzielle Einbußen hinnehmen. Barcelona und Juventus waren an Rush interessiert, doch die Zuneigung blieb vorerst einseitig. Als ihn seine Vorgesetzten über den geplanten Transfer informierten, war Rush schockiert. Er liebte alles an Liverpool und wollte sein geregeltes Privatleben nicht für einen Wechsel ins Ausland aufgeben.

Rush fand sich schnell damit ab, denn die Aussicht auf italienischen Fußball war zu verlockend. Damals waren die besten Spieler der Welt in Italien, und hätte sich Wales für ein wichtiges Turnier qualifiziert, wäre Rush nach eigenen Angaben wahrscheinlich nie nach Italien gegangen: »Ich wollte nur sehen, wie es ist, gegen die besten ausländischen Fußballer der Welt zu spielen.«

Für etwas weniger als die ursprüngliche Ablösesumme ging Ian Rush nach der ersten Saison wieder zurück zum FC Liverpool. Seine Karriere als *Bianconero* ging viel zu früh zu Ende, doch nicht alles war schlecht. Rushs Zeit im Piemont war entgegen aller Annahmen erfolgreich. Gleich bei seinem Debüt gegen Lecce verletzte er sich und fiel wochenlang aus, nur um in seinem dritten Spiel zwei Tore zu schießen, die exakt seinem Profil entsprachen: Das erste staubte Rush eiskalt ab, beim zweiten Treffer machte er seinem Nachnamen alle Ehre, indem er nach einem schönen Pass seines Mitspielers auf den Kasten zusprintete und den Ball ins obere Eck hämmerte. In allen Wettbewerben traf er 14 Mal (sieben davon in der Serie A). Topscorer der Liga war Diego Maradona mit 14 Treffern, Marco van Basten mit acht Toren in seinem ersten Jahr in Italien erzielte nur eines mehr als Rush. In diesem Kontext war seine Leistung beachtenswert und weit davon entfernt, der öffentlichen Wahrnehmung als Desaster zu entsprechen. In Wahrheit war er zum falschen Zeitpunkt beim richtigen Club: Juventus war am Ende eines höchst erfolgreichen Zyklus angelangt, der Übergang gestaltete sich schwierig. Sprachprobleme und gelegentliches Heimweh trugen schlussendlich zu seiner Entscheidung bei, nicht länger in Turin bleiben zu wollen.

Die Liverpool-Ikone ist für einige markante Sprüche gut, doch so amüsant sich sein eingangs präsentierter Kommentar liest, so falsch ist er letzten Endes auch. Das berühmte Zitat war ein Witz eines Teamkollegen, der eine gewisse Eigendynamik entwickelte. Die Saison 1987/88 ist in Wirklichkeit ein Schritt in seinem Leben, den Rush nie bereute: »Meine Zeit bei Juventus verbesserte mich in jeder Hinsicht, sowohl als Mensch als auch als Spieler. Ich habe mich nicht so schlecht geschlagen, wie es viele versuchen darzustellen.« Und auch dieser Ausspruch ist kein Scherz: »Zu Juventus zu gehen war eines der besten Dinge, die ich je getan habe.« [88-91]

4. KAPITEL

HINTER DEN KULISSEN

26. GRUND

Weil Juventus in den Händen einer schrecklich netten Familie ist

Wie Lämmer wurden sie zur Schlachtbank geführt. Keine Gegenwehr. Keine Siegermentalität. Kein *Grinta*. Juventus war am Boden, zwei aufeinanderfolgende siebte Plätze in der Serie A die grausame Realität. Neue Eckpfeiler im Mannschaftsgefüge, Antonio Conte und Giuseppe Marotta als Dream-Team an der Spitze brachten die erhoffte Wende. Endlich wieder schöner und in erster Linie erfolgreicher Fußball, das wollen die Leute sehen! Die wichtigste Neuerung war indes nicht der Austausch einer Mannschaft oder die Restrukturierung der Hierarchie im Umkleideraum. Vielmehr wendete das Blatt dann doch ein Lamm, das sich nicht gerne abschlachten lässt. Andrea Agnelli, Erbe der traditionsreichen Industriellenfamilie, übernahm endlich die Führung von Juventus. Denn die Alte Dame ist seit Äonen eng mit dem einflussreichen Clan verbunden und kann auf die Unterstützung der Fiat-Eigentümer bauen.

Lammfromm ist der junge Andrea Agnelli, dessen Nachname zu Deutsch »Lämmer« bedeutet, nicht. Beim neuen Personal griff er beinhart durch und versorgte den Verein mit dem altbekannten Sieger-Image. Für *Juventini* ein Segen, Außenstehende werden die *Bianconeri* wohl noch weniger ausstehen können als zuvor. Das gewohnte Selbstbewusstsein ist zurück. Agnelli wird nicht nur in Turin mit Macht und Anerkennung assoziiert, ganz Italien weiß über die Agnelli-Dynastie Bescheid. Giovanni Agnelli Senior war 1899 Mitbegründer des Automobilherstellers Fiat. Mit dem Engagement des Sohnes von Agnelli Senior, Edoardo, begann die enge Bindung zwischen Juventus und Fiat. Edoardo wurde Vizepräsident in der Firma seines Vaters und ab 1923 Gönner und später als erster Agnelli zum Präsidenten von Juventus ernannt.

Andrea ist der vierte Agnelli, der die Geschicke von Juventus leitet. Schon sein Vater Umberto war Präsident des Vereines und übernahm seinerseits von seinem Bruder Giovanni Junior das Amt. Andrea Agnelli, der in Oxford studiert hat und gerne die eine oder andere Zigarette zwackt, ist seit dem Tod seines Onkels Giovanni der letzte lebende männliche Nachfahre der Agnelli-Linie. Er macht keinen Hehl um seine ehrgeizigen Pläne und rüstet Juventus für die Zukunft. Kleine Schönheitsfehler in seiner Vereinsführung nimmt ihm keiner übel, nur einen unverzeihlichen Patzer erlaubte sich der Juve-Oberboss: Bei einem Shareholder-Meeting, quasi in einem Nebensatz, verkündete er das Ende von Alessandro Del Piero im weiß-schwarzen Trikot. Das war stillos und so gar nicht Ihre Art, Signore Agnelli! [92-95]

27. GRUND

Weil das Image wie ein Ferrari glänzt und auf die treibende Kraft von Geländewagen setzt

Fiat und Juventus halten zusammen wie Pech und Schwefel, das sollte nach Grund Nummer 26 niemanden mehr überraschen. Insbesondere gilt dies für den Sponsoring-Bereich. Aktueller Geldgeber ist die US-amerikanische Automarke Jeep. Millionen fließen jährlich auf das Konto der Alten Dame, dafür prangt das schlichte Firmenlogo des für Geländewagen bekannten Herstellers auf den Trikots. Im Paket inbegriffen sind brandneue Firmenwagen des Modells Grand Cherokee in der Topausstattung Summit – persönlich überreicht durch Mitarbeiter der Fiat Group. Selbstredend gehört Jeep zur niederländischen Holding-Gesellschaft Fiat Chrysler Automobiles, einem Zusammenschluss der Konzerne Fiat S.p.A. und Chrysler Group LLC. Vor Jeep zierte viele Jahre New Holland die stolze Brust. Als einer der weltweit größten Hersteller von Landmaschinen und Baufahrzeugen hat Fiat auch bei diesem Konzern die Finger im Spiel. Mit Fiat Industrial, einer ehemaligen Abspaltung des Autokonzerns, die mit CNH fusionierte, hatte Fiat historisch und kooperationsbedingt enge Geschäftsbeziehungen.

Wer weiß, welche Tochtergesellschaften von Fiat als Nächstes auf den Sponsorenzug aufspringen. Ferrari, die Schmiede der noblen Sportwagen, gehört zu 90 Prozent dem Fiat-Konzern, eine Kooperation mit Juventus läge da förmlich auf der Hand. Das Emblem der *Bianconeri* glänzt immerhin schon wie ein Ferrari, vielleicht funkelt eines Tages das Firmenlogo an der Seite des Juve-Symbols.

Grundlegend, und unabhängig von der Fiat-Connection, ändert sich für Juventus die Zusammenarbeit mit dem Sportartikelausrüster. Beginnend mit dem Kick-off der 2015/16-Kampagne, wird der deutsche Gigant adidas die Spielkleidung bereitstellen und für zumindest sechs Jahre Abermillionen in den Verein investieren. Dieser Deal beendet die jahrelange Kooperation von Juve mit dem US-amerikanischen Konkurrenten Nike. Die Deutschen haben den Amerikanern Juventus als Werbeträger dank einer spektakulären Offerte weggeschnappt. Juventus wird mit weit über 30 Millionen Euro jährlich das Doppelte der alten Bezüge verdienen.[96-104]

28. GRUND

Weil der Fußball in Turin einer universitären Ausbildung nicht im Weg steht

Eine Karriere ist schnell vorbei, oft bevor sie überhaupt begonnen hat. Der Druck lastet mit jeder Partie erneut auf den Schultern der Spieler. Gerade in jungen Jahren gestaltet sich das Ziel Profifußball als Herausforderung, eine schulische Ausbildung sollte nicht außer Acht gelassen werden. Schließlich schaffen nur die Besten den Aufstieg in die erste Mannschaft, der Prozentsatz der Allerbesten aus dem ohnehin schon kleinen Pool an herausragenden Akteuren ist verschwindend gering. Juventus ist einer der Clubs mit dem härtesten medialen Umfeld und die Chance auf eine Nominierung für die großen Jungs im Team der Serie A ist wie ein Sechser im Lotto. Juve ist wie der FC Bayern in Deutschland oder Real Madrid in Spanien. Das Auswahlverfahren ist knüppelhart: Die *Primavera*-Jugendabteilung zählt zu den größten Sprungbrettern im Fußball, nicht nur in Italien. Wer sich dort durchsetzt, hat es fast geschafft. Garantien gibt es dennoch keine, die ominöse Formkurve, die Strapazen des täglichen Drills und eine schwere Verletzung kann jederzeit über einen schnellen Aufstieg und den Sturz in eine der niederen Spielklassen entscheiden.

Juventus Turin ist ein Pionier unter den mondänen Clubs. Die *Juventus University* ist nicht nur die erste Fußballuniversität der Welt, die lokale *Università degli Studi di Torino* unterstützt diese Initiative und sorgt für eine professionelle Aus- und Weiterbildung von Trainern und Managern. Als eine der ältesten Universitäten in Europa spielt die Lehranstalt auch heute noch eine wichtige Rolle in der Forschung. Regelmäßige Kurse für eine begrenzte Teilnehmerzahl an in- und ausländischen Fachkräften folgen dem *Juventus Soccer School*-Modell (JSS).

Die *Juventus National Academy* lanciert ein Netzwerk aus Juventus-nahen Fußballschulen- und Akademien in ganz Italien und ist explizit auf acht- bis zwölfjährige Jungen fokussiert. Das *Juventus College* als Institution wurde aufgebaut um den Jugendspielern mehr Struktur in ihrer Entwicklung als Menschen und Fußballer zu ermöglichen. Ziel ist der Spagat zwischen schulischer Bildung und den Verpflichtungen an den Profisport, den Jugendlichen soll ein gesunder Mittelweg eine verbesserte Perspektive bieten. Das *Juventus College* ist vom Schulamt offiziell anerkannt und als Institut für angewandte Wissenschaften klassifiziert. Die Schule befindet sich im Juventus Training Center und adaptiert zahlreiche experimentelle Lehrmethoden, die erheblichen Gebrauch von den neuesten Technologien machen – sowohl im Hintergrund als auch im Klassenraum. In Absprache mit den Eltern sind die Trainer der wichtigste Ansprechpartner, um den Spaß am Fußball nicht zu verlieren und gleichzeitig die Motivation für das Lernen aufrechtzuerhalten. Der Kern dieser innovativen Strategie zur Erziehung ist es, die acht Schlüsselkompetenzen auf Basis der EU-Gesetzgebung zu gewährleisten. Dazu zählen neben sprachlichen Fertigkeiten auch grundlegendes naturwissenschaftlich-technisches Wissen und soziale Umgangsformen des täglichen Lebens.[105–108]

29. GRUND

Weil selbst Fliegen nicht so sicher ist wie ein Besuch im Juventus Stadium

Ein Blick in den strahlenden Himmel über dem Juventus Stadium reicht aus, um ins Grübeln zu kommen. Nur wenige Kilometer über dem sicheren Boden, vielleicht sogar nur einige Hundert Meter, passieren in regelmäßigen Abständen Flugzeuge die Fans auf ihrem Weg zum Stadionrund. Ein wahrhaft erhabener Anblick. Majestätisch folgen die Maschinen ihrer Route zum nahe gelegenen *Aeroporto di Torino-Caselle »Sandro Pertini«*.[109]

Die Turiner sind diesen Anblick gewohnt, ebenso wie Italiener den seit einigen Jahren beschränkten Zutritt zu allen Stadien im Land als selbstverständlich wahrnehmen. Auch wenn der erstmalige Besuch im hochmodernen Komplex im nördlichen Teil der Stadt höchst spektakulär ist, wird der nachdenkliche Gesichtsausdruck beim Bewundern der Flieger für die Einheimischen nicht nachvollziehbar sein. Spätestens vor den Toren der Arena, und sicherlich noch weniger plausibel für Kenner der italienischen Fußballszene, drängt sich dieses grüblerische Bild wieder prominent in den Vordergrund. Doch was haben die Luftfahrt und die Tore der Arena gemein? Eine absurde Frage, die erst dann logisch erscheint, wenn man die rigiden Anforderungen an den Eintritt in das Herz der Juve-Gemeinde kennt.

Die simple Antwort lautet: die exorbitanten Sicherheitskontrollen. Kein Flughafen der Welt fordert die Passagiere, wie es die Stewards am Matchday hinter den Gitterzäunen am ersten Gate praktizieren. Und am zweiten Gate. Und auch am dritten. Okay, vielleicht ist dieser Vergleich ein bisschen zu dick aufgetragen. Nacktkontrollen und riesige Metalldetektoren wie an großen amerikanischen Flughäfen gibt es nicht. Zumindest noch nicht. Denn Miniaturen dieser Gerätschaften im Handformat sind nur die Spitze des Eisberges und stets präsent.

Doch zurück zum ersten Gate: Ohne Personalausweis und Ticket, auf dem Name und Nummer mit den Werten des Passes abgeglichen werden, kommt kein Fan zum nächsten Kontrollpunkt. Dort überprüfen Sicherheitsleute alle mitgeführten Utensilien. Als Nächstes geht es auf zum zweiten Gate, ein weiterer Mensch exerziert wieder dieselbe Prozedur. Pass, Ticket, Gegenstände. Alles wird überprüft und manchmal kommt auch der Mini-Detektor zum Einsatz. Und als wäre das noch nicht genug, kontrollieren die restlichen Sittenwächter vor den Sektoren nochmals die Eintrittskarten. Uff. Das war ein hartes Stück Arbeit, um den Sitzplatz zu erreichen.

Diese strenge Struktur ist auch zwingend notwendig, denn die Gewalt in und um die Stadien Italiens ist seit vielen Jahren problematisch. Dies ist auch ein gewichtiger Grund für die mauen Besucherzahlen. Welche Familie hat schon Lust, zwischen die Fronten verfeindeter Ultra-Gruppierungen zu geraten? Die Atmosphäre in Turin ist eine gänzlich andere. Väter mit ihren Frauen und *Bambini* strömen wieder zuhauf zu einem friedlichen Fußballspiel. Das Stadion ist nahezu jedes Mal ausverkauft, leere Plätze sind eine unerwartete Anomalie.

Das System hinter dieser sukzessiven Änderung der Mentalität auf Italiens Plätzen beschränkt sich nicht nur auf die Security, Juventus Turin stellt durch das umfangreiche Membership Program sicher, genügend *Tifosi* im In- und Ausland den Stadionbesuch zu ermöglichen. Gegen einen jährlichen Obolus reicht die Bandbreite der Vereinsmitgliedschaft von finanziellen Vorteilen bei Merchandise-Artikeln über Meet-and-Greet-Bewerben mit Kickern des Vereins bis hin zum Vorkaufsrecht von Tickets.[110]

30. GRUND

Weil das Stadionumfeld den höchsten Ansprüchen genügt

Wer sein Team regelmäßig anfeuert, bevorzugt auswärts, kennt das Problem: Wie komme ich zum Stadion und was mache ich dort bis zum Anpfiff? Entertainment wird meist nur selten geboten. Die beeindruckende Allianz Arena in München etwa thront majestätisch auf einer leichten Anhöhe am äußersten Rand der schönen Stadt. Die Windräder und das süße Rauschen der Blechlawinen auf der angrenzenden Autobahn sind die größten Attraktionen, mehr ist da einfach nicht zu holen. Die legendäre Wembley-Arena in London bezieht den Reiz aus der Stadion-Architektur, das verfallene San Siro in Mailand besticht vornehmlich durch in die Jahre gekommenes Interieur. Doch es geht auch anders. Im Nordwesten Lissabons begrüßt das imponierende Estádio da Luz den staunenden Fan: Eine wuchtige Statue porträtiert Adler-Dame Victoria, die vor Heimspielen Benficas die Arena umkurvt, und eine riesige Mall lädt zum längeren Verweilen ein.

Am frisch renovierten Bahnhof Torino Porta Susa im Herzen Turins startet das Abenteuer Juventus Stadium. Charmante Busse aus dem letzten Jahrhundert rattern durch die schöne Innenstadt, passieren idyllische Gärten und halten direkt am Stadiongelände. Der brandneue Stolz des Vereins leuchtet wie ein Stern am von Industrieanlagen geprägten Firmament, direkt dahinter zeichnen sich die traumhaft schönen Alpen ab. Spätestens jetzt wird klar, warum die alte Spielstätte *Stadio delle Alpi* getauft wurde.

In Turin hat Juves Management dafür gesorgt, dass sich die *Tifosi* schon lange vor dem Anpfiff nicht langweilen. Den Kern bildet das Stadion, rund um die Anlage befinden sich Shops und Restaurants. Jeder, der immer schon einmal wissen wollte, wo Andrea Pirlo den von Trainer Antonio Conte geworfenen Wasserflaschen ausweicht, sei die rund einstündige Stadiontour empfohlen. Spielerkabinen, Presseräume oder eine kurze Berührung des gepflegten Rasens stehen ebenso auf dem Programm wie ein Blick auf die Entmüdungsbecken, in die viele der Star-Kicker ihre geschundenen Körper hieven.

Unbestrittenes Highlight und ein wahrer Zeitfresser ist das J-Museum, ein interaktiver Tribut an die glorreiche 117-jährige Geschichte mit Erinnerungsstücken, Trikots, Pokalen und umfangreichen Statistiken. Ein auf Leinwand projizierter Giovanni Trapattoni in Lebensgröße antwortet auf vorgefertigte Fragen der Besucher. Dass der legendäre Coach recht klein erscheint, ist noch die geringste Überraschung: Nicht minder skurril ist eine Computersimulation eines auf 70 Jahre gealterten Gianluigi Buffon. Die Endstation dieser Reise ist ein sphärischer Raum, der jeden Besucher für einen kurzen Augenblick in die Haut der Spieler auf dem Platz versetzt.

31. GRUND

Weil ein Bahnangestellter zum einflussreichsten Mann Turins aufstieg

Man könnte meinen, Luciano Moggi ist der Leibhaftige, eine teuflische Fratze in Menschengestalt. Die zentrale Figur im italienischen

Fußballskandal *Calciopoli* wurde von den Medien zum ultimativ Bösen hochstilisiert – irgendwer muss ja den Kopf hinhalten. Und das war 2006 Luciano Moggi, als Pate von Turin tituliert und seit dem Prozess als Persona non grata des *Calcio* stigmatisiert.

Durch seinen unlauteren Einfluss hat er sich selbst demontiert und Juve in sein tiefes Loch mitgerissen. Dafür musste er vor Gericht geradestehen und wurde konsequenterweise bestraft. Moggi ist das Symbol eines kaputten Systems, die Reduktion auf ihn als Schlüsselfigur ist nicht gerechtfertigt. Da wäre auch noch zum einen die linke und rechte Hand des Teufels, Juventus-Sportdirektor Antonio Giraudo. Auch er wurde vom Gesetzgeber zurechtgestutzt und mit empfindlichen Konsequenzen belegt. Der Präsident des italienischen Fußballverbandes, die Schiedsrichter, Moggis Sohn – sie alle waren Teil des Systems. Und dann kommen noch die anderen Vereine hinzu, die großen wie die kleinen. AC Milan, Lazio Rom und der AC Florenz gerieten in den Dunstkreis der kriminellen Energie, um es nett zu formulieren. Sie hätten eine Revolte anzetteln können, stattdessen nahmen sich die Clubs ihren Teil vom saftigen Betrugskuchen und schlemmten die Brocken mit einem feisten Grinsen. Milan grapschte sich ein besonders saftiges Stück und konzentrierte sich auf die Beeinflussung der Linienrichter. Auch sie wurden bestraft, leider viel zu milde. SEHR viel zu milde. Aber wofür hat man schließlich einen Silvio Berlusconi als Mogul und Clubchef. Hach, Italien. Man muss das Land einfach lieben. Die machen gleich kurzen Prozess und alles geht mit rechten Dingen zu.

So wie im Falle von Inter Mailand. Die Lombarden wurden zu Helden in strahlenden Rüstungen auserkoren. Schließlich waren keine Inter-Funktionäre an *Calciopoli* beteiligt. Ehrenwort! Deswegen hatte der Sonderkommissar Guido Rossi eine besondere Schnapsidee … pardon … einen famosen Geistesblitz. Er gab Inter doch glatt den Scudetto der Saison 2005/06 als Geschenk mit auf den Weg. Sehr nett, der Signore Rossi. Da der Prozess hochgradig fair und lückenlos ablief, müssen die Saubermänner blöd aus der

Wäsche geglotzt haben, als 2009 auch Inter-Funktionären – unter anderem Präsident Massimo Moratti – ein reger Gesprächskontakt mit den Schiedsrichterkoordinatoren nachgewiesen werden konnte. Als konkrete Beweise auftauchten, brachte das auch nichts mehr. Juventus beantragte die Aberkennung der lächerlichen Meisterschaft von Inter Mailand und blitzte erwartungsgemäß ab – der Fall ist juristisch längst verjährt und die plötzlich aufgetauchten Argumente somit wertlos. Was für ein Zufall ...

Wirklich gebüßt haben nur Juventus Turin und Luciano Moggi. Lange Zeit vor seiner Rolle als mächtiger Fußballgeneral arbeitete Moggi als Angestellter bei der staatlichen Bahn. Dank seiner Privilegien konnte er günstig mit dem Zug reisen, um alle möglichen Landstriche nach talentierten Nachwuchs-Fußballern abzugrasen. Seiner Akribie verdankt er seinen Einstieg als Spielervermittler Mitte der 1970er-Jahre. Seit 1994 war er bei Juventus und etablierte den Verein als beste Mannschaft der Welt – völlig legal (zumindest vorerst). Er schaffte den Sprung aus der Provinz, wurde zu einer der renommiertesten Persönlichkeiten des *Calcio* und riss, ohne Not, sein hart erarbeitetes Denkmal eigenhändig ein. Jetzt ist er wieder da, an einem Ort wo er nie hinwollte: in der Abgeschiedenheit, fernab des Fußballs.[111-113]

32. GRUND

Weil Juve wirtschaftlich mit keinem anderen italienischen Verein vergleichbar ist

Italien ist weltweit eine der besten Fußballadressen, hat indes einige eklatante Problemfelder. 20 Teams in der Liga sind zwei zu viel, durch die europäischen Verpflichtungen gibt es noch mehr Spiele und letztendlich leidet darunter die Qualität. Deutschland macht es richtig, England und Spanien hingegen bauen auf mehr Mannschaften. Die Stadien sind marode und unsicher, der Nachwuchs wird sträflich vernachlässigt. In der Serie A gibt es zu viele ausländische Spieler, die nicht mehr als Durchschnitt sind.

Juventus prescht in einer Vorreiterrolle allen anderen davon, hat ein eigenes Stadion, forciert die Jugendarbeit und baut auf internationale Stars. Es gibt Grenzen, die ein Verein alleine nicht einreißen kann. Dazu müssen andere nachziehen. Nach dem Debakel in der letztjährigen Champions-League-Saison und dem Vorrunden-Aus der *Squadra Azzurra* bei der Weltmeisterschaft in Brasilien läuten alle Alarmglocken. Es muss etwas unternommen werden, um wieder Glanz und Glorie in die historisch beste Liga der Welt zu bringen.

Um Juventus' Ambitionen verstehen zu können, ist die Zielsetzung der Vereinsführung ein Gradmesser: Nicht nur sportlich zu den besten Marken der Welt zu gehören, sondern vor allem in finanzieller Hinsicht. Auf dem Platz ist die Auferstehung nach *Calciopoli* geglückt, national gibt es keinen besseren Verein und international gehört die Alte Dame auch wieder zur Elite. Ab sofort wird der Champions-League-Sieg als ultimatives Saisonziel ausgerufen, wie es sich für Juventus einfach gehört. Das ist kein Wunschdenken, sondern die Realität: Kaum ein anderer italienischer Club wird in den nächsten Spielzeiten um die UEFA-Krone buhlen, Rom und Neapel haben nur Außenseiterchancen. Inter Mailand und AC Milan müssen ihre eigene Restrukturierung durchführen und das wird noch einige Jahre dauern. Das weitaus schwierigere Unterfangen stellt der Anschluss an die wirtschaftlich stark aufgestellten Wettstreiter dar. Noch fehlt die Konkurrenzfähigkeit im Sinne der Umsatzerlöse, um auch auf ökonomischer Ebene mit den Marktführern mithalten zu können. Juventus forciert gleich eine Vielzahl an Projekten, die den Abstand zu den Serie-A-Konkurrenten schon jetzt weit aufreißt (bis auf einige Abstriche kann nur der AC Mailand mithalten) und den eigenen Rückstand auf ausländische Clubs binnen drei Jahren schließen soll.

Durch das Juventus Stadium nahm der Verein bereits in der Premieren-Saison (2011/12) 32 Millionen Euro ein, ein Jahr später wurde die Summe auf 38 Millionen gesteigert und eine weitere Verbesserung ist die logische Konsequenz – alles dank der glorreichen Infrastruktur. Das Continassa-Gebiet kostete den Verein zwar elf Millionen Euro und verlangt für eine sinnvolle Nutzung gleich Hunderte Millionen an Investitionen, wird indes nach Fertigstellung die Modalitäten für Geschäftsquellen in der Serie A neu definieren. Juventus ist der erste Verein des Landes, der sich mit dem Besitz von Immobilien rühmen kann. Neben den bereits fixierten Räumlichkeiten werden abseits des Trainingszentrums und des Hauptquartiers vor allem Entertainment-Angebote und Hotels für weitere Einnahmequellen sorgen.

Die Expansion ist auch bitter notwendig, denn Italiens Vereine verlassen sich auf die garantierten Einnahmen der TV-Vermarktungsrechte. Allein in der Serie A verdient Juventus rund 90 Millionen Euro, während Mittelständler mit weitaus weniger auskommen müssen. Juventus ist auf dieses Geld nicht mehr so stark angewiesen, wie es andere Vereine immer noch sind. Aufholbedarf hat Juve hingegen bei der Vermarktung der Shirt-Sponsoren.

Der finanzielle Aufschwung nach der fokussierten Planung der eigenen Zukunft zeigt sich bei den Gesamteinkünften. 2012 waren es 199 Millionen Euro, 2013 stiegen die Einkünfte auf 280 Millionen. Weitere Projekte werden diesen Trend in Zukunft anhalten lassen und Juve in kürzester Zeit auch wirtschaftlich nach ganz vorne katapultieren.[114][115]

33. GRUND

Weil die Fehler anderer gnadenlos ausgenutzt werden

»Fauxpas« ist nicht gerade ein Hauptwort, das mit Sir Alex Ferguson assoziiert wird. Aufschwung und Triumphe – das entspricht schon eher seinem Naturell. Adriano Galliani und Silvio Berlusconi, die zwei unbestrittenen Größen des AC Milan, entsprechen in der Regel auch nicht der Definition von Misserfolg. Ganz im Gegenteil, ohne ihr Schaffen wäre der Mailänder Vorzeigeverein nicht dort, wo er heute ist. Oder zumindest bis vor zwei, drei Jahren war. Mittlerweile ist der siebenfache Champions-League-Sieger weit vom einstigen Glanz entfernt. Die stolzen Basken von Athletic Bilbao und der VfL Wolfsburg aus der Bundesliga lassen internationales Renommee zwar vermissen, sie befinden sich mit Ferguson, Galliani und Berlusconi dennoch in bester Gesellschaft. Sie alle haben einen Fehler begangen, den Juventus eiskalt ausnützte.

Die große Stärke von Manager Giuseppe Marotta, seinem Team und Trainer Antonio Conte ist seit Jahren die unfassbar fokussierte Beobachtung anderer Vereine und deren Spieler. Erkennen sie eine Chance, schlagen sie erbarmungslos Kapital aus ihren Möglichkeiten. Wie ein Prädator in freier Wildbahn, der den kleinsten Fehltritt seines anvisierten Opfers erkennt und den Angriff mit chirurgischer Genauigkeit einleitet. Juve ist finanziell nicht so wohlhabend wie viele der neureichen Vereine aus der englischen Premier League und der französischen League Un. Die Wahnsinnstransfersummen von Real Madrid ist der Turiner Verein auch nicht bereit, für einzelne Spieler auszugeben. Das Budget ist begrenzt, clevere Deals mit Spielern und Konkurrenten müssen den Mangel an monetärer Kampfkraft wettmachen.

Andrea Barzagli hatte in Wolfsburg seinen Stammplatz an Arne Friedrich verloren, überzeugte auf der Innenverteidigerposition viel zu selten. Ein halbes Jahr vor Vertragsende schnappte Juve zu, überwies etwa eine halbe Million Euro an die Wölfe und holte den Italiener Ende Januar 2011 zurück in seine Heimat. Barzagli wurde dreimal Meister und ist im Verein wie in der *Squadra Azzurra* ein integraler Bestandteil, steht nahezu immer in der Startelf.[116] Bilbao dürfte über die Transfermodalitäten beim Verlust von Fernando Llorente noch immer einen Kloß im Hals haben. Juve wollte den talentierten Angreifer unbedingt haben, doch für einen Deal verlangten die Spanier zu viel Geld. Marotta und Conte beschlossen, einfach die restliche Dauer seines Vertrages (ein Jahr) abzuwarten und den großen Nationalspieler ablösefrei zu holen und somit Kapazitäten für andere Operationen am Spielermarkt freizuschaufeln.[117]

Den größten Coup landete Juve mit den Verträgen für Paul Pogba und Andrea Pirlo. Der junge Franzose Pogba galt in Manchester unter der sportlichen Leitung von Alex Ferguson als Talent. Fehlende Einsatzzeiten und seine gewaltige Ambition führten ihn nach Turin, wo er eine bessere Perspektive erwartete. In Fergusons Autobiografie findet sich kein Wort über den Mittelfeldspieler. Das sagt einiges aus: Entweder blieb seine Zeit in der Premier League nicht im Gedächtnis des United-Bosses oder die Umstände seines Abgangs waren keine Zeile wert. Möglicherweise wollte Ferguson Pogba einfach nicht erwähnen. Bis heute sind die Umstände seines Wechsels nach Italien nicht zu 100 Prozent geklärt. Wurde er durch interne Querelen aus dem Verein gedrängt oder verließ er das sinkende Schiff? Fakt ist, dass viele kritische Stimmen von Fergusons größtem Fehler in seiner langen und glanzvollen Karriere sprechen.[118][119]

Der AC Milan hatte gerade den *Scudetto* gewonnen und beschloss, den Kontrakt eines der wichtigsten treuen Diener in Trainer Massimiliano Allegris Meistermannschaft nicht zu verlängern. Nach zehn Jahren verließ Andrea Pirlo den Verein und heuerte beim Rivalen aus Turin an. Ob Allegri, Galliani und Berlusconi ahnten, dass Pirlo im Mittelfeld der *Vecchia Signora* einschlägt wie eine Bombe?[120]

Alle vier Spieler sind auch in der Saison 2014/15 unabdingbare Elemente im System und in der Startelf von Juventus Turin. Llorente ist der kongeniale Sturmpartner von Carlos Tévez, Pirlo und Pogba ziehen die Fäden im Mittelfeld und Verteidiger Barzagli hält die Gegner in Schach. In Zeiten absurder Transfersummen wirkt die Integration dieser Stützen grotesk: Sie kosteten Juve insgesamt rund eine halbe Million Euro.

34. GRUND

Weil Sony die PlayStation erfand und lange Zeit die Trikots der Alten Dame verschönerte

Es gibt gute Gründe, warum die meisten Teams von Versicherungsagenturen, chinesischen Kasinos und arabischen Fluglinien gesponsert werden. Nicht, dass dieser Trend gezwungenermaßen positiv ist, ganz im Gegenteil, es ist eine furchtbar unmodische Entwicklung. Geldgeber zahlen Dutzende, manchmal sogar Hunderte Millionen für das Privileg, ihr Produkt auf der Brust der besten und ohnehin schon wohlhabenden Spieler zu präsentieren. Den Fans ist das meist egal, die eigenen Vereinsfarben, als Ausdruck ihrer Zugehörigkeit zum geliebten Team, sind ohnehin wichtiger als die Verunstaltung der Vorderseite des ansonsten schicken Accessoires. Verübeln kann man es den Clubs nicht. Die Sponsoren zahlen gutes Geld, und die Bosse wären dumm, galaktische Angebote der reichen Mäzene abzulehnen. Der modische Anspruch bleibt auf der Strecke, aber hey, es gibt Schlimmeres als diese störenden Flecken auf den Dressen.

Es war einmal vor langer Zeit, in einem weit entfernten Land. Firmenchefs wollten ihre Produkte einer Weltöffentlichkeit präsentieren und suchten nach lukrativen Optionen. Der europäische Fußball war jener sagenumwobene Garten Eden, der die garantierte Erfüllung aller Träume und Sehnsüchte versprach. Die historische Phase, in der die Front der Trikots noch nicht auf irgendwelche nichtssagenden Gönner angewiesen war. Alles begann im Land der aufgehenden Sonne, Japan, als die aufstrebenden Videospielurgesteine im Fußballsport eine Märchenwelt ausmachten. Die Logos auf den Gewändern der weltbesten Vereine würden schon dafür Sorge tragen, den Status als aufstrebendes Medium für digitale Erzählungen von Fabeln und Poesie zu festigen.

So oder zumindest so ähnlich dürfte sich die romantisiert dargestellte Entstehung der engen Bande zwischen Serie A-Vereinen und den japanischen Computerspielriesen abgespielt haben. In den 1990er-Jahren waren Nintendo, Sega und Sony die Platzhirsche auf dem am schnellsten wachsenden Markt der Entertainment-Branche. Nintendos Konsole SNES, Segas Dreamcast und Sonys PlayStation schrieben Geschichte. Gabriel Batistuta in der Montur der Fiorentina war nie weit weg vom Zusammenschnitt der besten Szenen jedes Spieltages. Von seiner Brust lachte das Nintendo-Logo. Dumm nur, dass Südeuropa fest in der Hand von Sony war. Ein Versuch, an dieser Vormachtstellung zu rütteln, war mit der Unterstützung von keinem absoluten Topteam von Beginn an zum Scheitern verurteilt. Segas Dreamcast auf Sampdoria Genuas Spielkleidung war überdies noch weitaus weniger Erfolg versprechend.

Sony hatte von allen dreien den besten Riecher und setzte auf die Strahlkraft der Alten Dame aus Turin. Über mehrere Jahre prangte das Sony-Logo von Alessandro Del Pieros Juventus-Shirt und bugsierte den japanischen Elektrogiganten ins Rampenlicht. Nationale und internationale Matches der italienischen Großmacht – und die damit verbundene Präsenz auf den TV-Schirmen – taten der Popularität sicherlich keinen Abbruch.

Seit 2014, nach langer Durststrecke, ist Sony mit der PlayStation 4 wieder die Nummer eins im Business, Juve immerhin auf dem besten Weg dorthin. Eine erneute Kooperation wäre doch etwas Schönes, die Wiederbelebung der alten Zeiten. Juventus und Sony sind nüchtern betrachtet auch nur Firmen mit Fokus auf wirtschaftlichen Erfolg, doch zumindest wären die Trikots schöner.[121][122]

35. GRUND

Weil Juventus Turin mehr ist als nur ein Fußballverein

Fans des FC Barcelona mögen doch bitte die Anlehnung an das Vereinscredo nachsehen, denn auch Juventus ist freilich mehr als nur ein

Club. Erhebliche Verpflichtungen für eine ausgedehnte Bandbreite an humanitären Projekten und Initiativen zur Stärkung der sozialen Solidarität zeichnen die Bemühungen abseits des Fußballs aus.

Den Kampf gegen Rassismus und die Unterstützung der Opfer von Naturkatastrophen strebt Juventus in enger Zusammenarbeit mit der UNESCO an. Speziell den Bemühungen, um der Ausländerfeindlichkeit entgegenzuwirken, widmet der Turiner Vorzeigeclub diverse Projekte. Promotion-Videos mit Kwadwo Asamoah, Claudio Marchisio und Arturo Vidal werden vor jedem Heimspiel auf der Großleinwand im Juventus Stadium gezeigt. Internationale Medienorganisationen wie CNN greifen diese Programme auf und setzen ein Zeichen gegen den Rassismus.

Kinder am Rande der gesellschaftlichen Ausgrenzung erhalten die Chance, an den Akademien der Juventus Soccer School zu partizipieren. Jedes Jahr ermöglicht das UNESCO-Center 22 Kindern, denen aufgrund sozialer oder finanzieller Probleme die Perspektiven fehlen, an einem dreijährigen Programm teilzunehmen. Von September bis Juni sind die Kinder voll in das System integriert und erhalten Unterstützung von fachlich ausgebildeten Coaches der Juventus University.

Lokale Aktivitäten für Mütter in Not, Kooperationen mit Krankenhäusern und das Engagement einzelner Stars des Teams werden ebenso forciert wie die Förderung der piemontesischen Stiftung zur Verbesserung der Krebsforschung. Die Gebiete umfassen alle Bereiche des täglichen Lebens und erheben Juventus Turin nicht nur wirtschaftlich zum Leader im Land des viermaligen Weltmeisters, sondern auch zu einer wichtigen Stütze fernab des sportlichen Lebens.[123–125]

36. GRUND

Weil Juventus nach dem Börsengang knapp an einem politischen Eigentor vorbeischrammte

Muammar al-Gaddafi war ein Furcht einflößender Mann. Der libysche Revolutionsführer bestimmte mehr als 30 Jahre lang diktatorisch die Politik des Landes. Er war der am längsten regierende Herrscher in Libyen und einer der am längsten amtierenden Oberhäupter fernab von Monarchien überhaupt. Ende 2011 wurde al-Gaddafi gemeinsam mit einem seiner Söhne und dem Geheimdienstchef von Interpol zur Fahndung ausgeschrieben. Nach dem Fall von Tripolis verbarrikadierte sich Gaddafi in seiner Heimatstadt Sirte und versuchte, die belagerte Stadt alsbald via Autokonvoi zu verlassen. Nachdem die Wagenkolonne heftig von NATO-Flugzeugen beschossen wurde, nahmen Rebellen Gaddafi gefangen und misshandelten ihn. Eine zweifelsfreie Darstellung der Todesumstände blieb bisher aus, fest steht lediglich, dass Muammar al-Gaddafi an den Folgen eines Kopfschusses verstarb.

Nach dem Börsengang von Juventus Turin Ende 2001 erhoffte sich der Nobelclub aus dem Piemont wirtschaftliche Vorteile. In etwa 35 Prozent des Gesellschaftskapitals werden seitdem frei an der Mailänder Börse gehandelt. Damals saß Muammar al-Gaddafi fest im diktatorischen Sattel und kaufte noch im selben Jahr überraschend mehr als fünf Prozent auf, später sollte er noch etwas nachlegen und zum zweitgrößten Aktionär der *Bianconeri* aufsteigen. So richtig glücklich über diese Beteiligung konnte Juventus nicht sein, aber wer sollte den Libyer davon abhalten? Rechtlich gesehen war vorerst alles legal und die Clubverantwortlichen mussten mit dem hausgemachten Problem umgehen.

Und wie das nun einmal so ist mit diesen wohlhabenden Anteilseignern, ließ auch Muammar al-Gaddafi nicht lange mit »Wünschen« auf sich warten. Oder besser gesagt sein Sohn Al-Saadi

Gaddafi, der 2002 in den Aufsichtsrat der Alten Dame einzog und von einer Karriere als Profifußballer träumte. Gottlob blieb den *Juventini* ein Engagement im Kader erspart, war der Libyer doch nur ein unterdurchschnittlich begabter Kicker. Al-Saadi al-Gaddafi glänzte mehr als Bonvivant mit Hang zum ausschweifenden Lebensstil, der Sohn des gefürchteten Diktators pflegte null Interesse an politischen Dingen zu demonstrieren.

Den Kelch des Verderbens empfing alsbald der AC Perugia. Der berühmt-berüchtigte Präsident Luciano Gaucci, später durch Veruntreuung und die unmittelbare Flucht in die Karibik in den Schlagzeilen, ergriff die Chance beim Schopf: Fast so als hätte er Pelé und Maradona aus der Pension geholt, setzte Gaucci eine Pressekonferenz im großen Stil an. Der damals 30-jährige Spross der Diktatoren-Familie wurde den Medien als Neuzugang präsentiert und verblüffte Italiens Blätterwald. Der schillernde Gaucci sollte nicht nur einmal für Kopfschütteln sorgen, später war er felsenfest davon überzeugt, die deutsche Weltklasse-Spielerin Birgit Prinz als erste Frau im männlichen Profifußball auflaufen zu lassen. Natürlich scheiterte er und zog Häme im Land des vierfachen Weltmeisters auf sich.

Im Mai 2004 war es dann so weit für al-Gaddafi junior und er bestritt sein erstes Ligaspiel ausgerechnet gegen Juventus Turin. Ganze 15 Minuten schaffte er es, sich nach seiner Einwechslung höchst unauffällig zu präsentieren. Als sein Trainer nach Udine geht, nimmt er den libyschen Fußballexoten mit und verhilft ihm zu weiteren elf Minuten auf dem Rasen, der die Welt bedeutet. Es sollten seine ersten und letzten Gehversuche als Profi bleiben. Fortan genoss er als großzügiger Funktionär in seiner Heimat das süße Leben, bis 2011 der Gaddafi-Klan ein schnelles und brutales Ende fand. Ohne verbündete Befürworter aus Wirtschaft und Politik floh Al-Saadi Gaddafi in den Niger. Obwohl er Asyl gewährt bekam, wurde er nach Libyen ausgeliefert und wartet dort auf seinen Prozess.[126–130]

5. KAPITEL

DIE LEGENDEN VON FRÜHER

37. GRUND

Weil eine Spielerlegende nicht zwangsläufig als Trainer geeignet ist

Und dann ward Licht, und sie sahen, es war gut. Ciro Ferrara übernahm das Zepter des glücklosen Claudio Ranieri zwei Runden vor Schluss als Interimscoach von Juventus. Manche sagen, die Mannschaft habe sich gegen ihn gestellt und die wichtige Qualifikation für die Champions League stünde auf dem Spiel. In Ferrara sahen die Clubbosse den Heilsbringer. Als Assistenztrainer von Marcello Lippi am Gewinn der Weltmeisterschaft entscheidend beteiligt, hatte der gebürtige Neapolitaner zudem vereinsinterne Erfahrung als Jugendkoordinator. Das reichte für eine Einstellung und Ferrara brachte das sinkende Schiff auf Kurs. Juve wurde immerhin Vizemeister und der junge Trainer gewann seine beiden einzigen Spiele in jener Saison. Mit ihm am Steuer wurde die Alte Dame runderneuert und startete furios in die neue Spielzeit. Vier Siege und zwei Unentschieden mit feuriger Performance förderten voreilige Meisterschaftsambitionen zutage.

Und dann ging das Licht aus, und sie sahen, es war gar nicht gut. Gegen unterklassige Teams versagten die hoch bezahlten Stars und fanden in der Niederlage gegen Nachzügler Catania ihren traurigen Tiefpunkt. Der katastrophale Aussetzer gegen die Münchner Bayern mündete nicht nur in der »Schande von Turin« – oder »Wunder von Turin« aus deutscher Sicht –, sondern auch im vorzeiten Aus in der Königsklasse. Lange konnte der neue Juve-Zampano Jean-Claude Blanc den ehemaligen Abwehrspieler nicht mehr als Headcoach verteidigen. Und so kam es dann auch kurz nach Jahreswechsel. Das Feuer war endgültig erloschen und Ferraras Kurzaufenthalt auf der Trainerbank nahm ein unrühmliches Ende.

Erst Antonio Conte – nach den von Fans verdrängten Intermezzi mit Alberto Zaccheroni und Luigi Delneri – brachte als ehemaliger Juve-Spieler wieder Schwung in das gebeutelte Innenleben des Rekordmeisters. Mittlerweile haben die *Tifosi* dem Juve-Urgestein Ciro Ferrara sein Scheitern längst verziehen. In Neapel aufgewachsen, lebte der Innenverteidiger zeitweise in derselben Wohnanlage wie der argentinische Ausnahmekönner Diego Armando Maradona und erkämpfte sich früh einen Stammplatz beim SSC Napoli. Nach zehn fruchtbaren Jahren wechselte Ferrara 1994 ins Piemont und eroberte in weiteren elf Spielzeiten alle belangvollen Trophäen des Vereinsfußballs. In der Blüte seiner Schaffensphase war Ferrara ein technisch versierter und kopfballstarker Verteidiger.

Ende der 1990er bildete er zusammen mit Paolo Montero einen der besten und gefürchtetsten Abwehrverbunde der Welt. Ferrara war kein Kind von Traurigkeit, doch sein Partner übertrat beharrlich die Schwelle des Zumutbaren. Montero hält in der Serie A den Rekord für die meisten Platzverweise – insgesamt 16-mal wurde der Uruguayer mit Rot vorzeitig vom Feld beordert.[131-133]

38. GRUND

Weil Mauro Germán Camoranesi kein Blatt vor den Mund nimmt und mit allen Wassern gewaschen ist

»Ich fühle mich noch immer als Argentinier, und das hat nichts mit meiner persönlichen Selbstfindung zu tun. Es ist eine Fußballfrage, nichts anderes«, war die lapidare Antwort auf die Frage, warum er denn die italienische Nationalmannschaft der argentinischen vorzog. Mauro Camoranesi spielte viele Jahre erfolgreich für die *Squadra Azzurra*, entschied sich nach der Nicht-Nominierung durch den Coach der *Albiceleste,* dem Ruf von Giovanni Trapattoni zu folgen. Dass ihn viele Menschen als Fremdkörper identifizierten und er vor offiziellen Spielen nie in die *Inno di Mameli*, die Nationalhymne, mit einstimmte, störte ihn nie. »Ich akzeptiere

Kritik, aber die Hymne singen im Fall der Fälle meine Kinder, die in Italien geboren sind. Ich kenne den Text nicht – nicht einmal von meiner«, ergänzte der Mittelfeld-Allrounder nüchtern. Camoranesi hat beide Staatsbürgerschaften und verbarg die Gründe seiner Wahl nie hinter scheinheiligen Plattitüden. Sehr sympathisch.

In den acht Jahren bei Juventus spielte sich der versatile Camoranesi in die Herzen der Juve-Fans. Quirlig im Spielaufbau, stets ein Auge für die Mitspieler und mit der notwendigen Kaltschnäuzigkeit im Zweikampf ausgestattet. Dabei war es ihm egal, ob er als Spielmacher im Zentrum, hinter den Stürmern oder auf dem rechten Flügel auflief. Camoranesi war immer gefährlich und avancierte durch seine vorbildliche Einstellung zu einem der besten Mittelfeldakteure seiner Zeit. Mit ihm auf dem Platz änderte sich der Rhythmus des Spiels. Das wusste schon sein erster Trainer bei Juve, und so war es wenig verwunderlich, dass der Neuzugang von Ligakonkurrent Hellas Verona sich umgehend in die Startformation spielte. Auch bei seinem ehemaligen Arbeitgeber war Camoranesi für die Harmonie im Spielaufbau wichtig, dank seiner Anwesenheit wurden die Abläufe harmonischer und das Team agierte umgehend besser. Camo, wie ihn die *Tifosi* nannten, war nie so spektakulär wie ein Pavel Nedvěd oder Zinédine Zidane, aber für den Erfolg mindestens genauso wichtig. Nach Calciopoli haderte er mit dem Abstieg in die Serie B und wollte Juve verlassen. Die Fans waren außer sich und stellten seine Loyalität infrage. Beim Wiederaufbau auf Zlatan Ibrahimović verzichten? Sicher! Auf Fabio Cannavaro? Kein Problem! Aber ohne Mittelfeldmotor Camoranesi? Undenkbar! Und dann blieb er doch und erkämpfte sich mit leidenschaftlichen Leistungen in Italiens zweithöchster Klasse die Gunst der *Juventini* zurück. Vorbildlich und abermals sehr, sehr sympathisch.

Mauro Germán Camoranesi ist einer jener Typen, die es im modernen Fußball kaum noch vor die Mikrofone der Reporter schaffen. Nicht, dass er es je vorzog, mit Medienvertretern zu sprechen, nein, solche Konfrontationen mied er auch bei Juventus, wo er nur konnte. PR-Berater würden ohnehin an konstanten Schweißausbrüchen leiden, also war seine Abstinenz gar nicht so verkehrt. Heutzutage langweilen die meisten Fußballer mit Standard-Floskeln und lassen Persönlichkeit missen. Camoranesi war alles, nur nicht langweilig. Ergriff er eine der wenigen Möglichkeiten des Zwiegesprächs, mussten Journalisten gar keine süffisant-provozierenden Fragen stellen, um ihn aus der Reserve zu locken. Beispiel gefällig? Wer sei denn der bessere Spieler gewesen, sein Landsmann Diego Maradona oder Juve-Idol Michel Platini, wurde er einmal gefragt. Seine Antwort: »Was ist das denn bitte für eine Frage? Platini war gerade gut genug, Diego die Fußballtasche zu tragen.«

Nicht jeder mochte seine direkte Art, doch wenigstens war er ehrlich und stand zu seinen Worten. Einer vom alten Schlag, der die Schlitzohrigkeit als Mantra auf dem Platz auserkor. 2014 beendete er bei Racing Club in Argentinien seine lange Karriere, bei Juventus war er zum richtigen Zeitpunkt am richtigen Ort und erlebte seine besten Momente. Mit all den (regel-)technischen Neuerungen könnte er in Zukunft ohnehin nicht mehr viel anfangen: »In den 1950er-Jahren ging es auf dem Rasen drunter und drüber und keiner hat etwas gesagt. Heute gibt es die Zeitlupen und TV-Beweise: Ich würde beides sofort abschaffen.« Das passt zu ihm. Ehrlich, kontrovers – und sympathisch.[134–136]

39. GRUND

Weil Kavalier Alessandro Del Piero seine Dame nicht verlässt

Am 8. November 1998 riss sich Alessandro Del Piero im Spiel gegen Udinese Calcio ein Kreuzband im rechten Knie. Ich werde diesen Tag nie vergessen. Als junger Bub war ich schon lange waschechter Fan von Juventus und Del Piero war mein unumstrittener Lieblingsspieler. Udine liegt nur etwas mehr als eine Stunde Fahrzeit von meiner Heimat entfernt, ein Katzensprung über die österreichische Grenze und schon war man da. Damals waren die Kontrollen an den Grenzposten noch weitaus strenger, heute ist es hingegen viel aufwendiger, ins Stadion zu kommen als nach Italien – die Tickets müssen personalisiert werden und ohne eine strenge Passinspektion geht rein gar nichts. Ich weiß noch, als wäre es gestern gewesen, da wurde ich spontan von meinem Vater und Freunden mit den Tickets für den Schlager der Runde überrascht. Juve zu Gast im Stadio Friuli, Weiß-Schwarz gegen Weiß-Schwarz. Ein Traum wurde für mich wahr. Zwar hatte ich bereits das Vergnügen gehabt, diese Paarung live zu sehen, aber jedes weitere Spiel blieb für mich etwas Besonderes. Das Match hatte auch einiges zu bieten. Es war spannend bis zum Schluss und meine *Bianconeri* gaben den sicher geglaubten Sieg her und spielten nur 2:2. Das war mir zu diesem Zeitpunkt indes vollkommen egal, denn Del Piero hatte sich schwer verletzt und mich in einen Schockzustand versetzt.

So ähnlich wird es den meisten *Tifosi* ergangen sein, denn Alessandro Del Piero ist selbst bei Anhängern des Gegners beliebt. Seine Karriere in Turin begann wie im Bilderbuch. Unter Giovanni Trapattoni verdrängte der aufstrebende Jungstar binnen zwei Jahren den alternden Roberto Baggio aus der Mannschaft. Wenige Spielzeiten nach seinem Debüt 1993 holte er mit Juventus jeden Titel: Champions League, Superpokal, Weltpokal, Serie A und Coppa Italia. Der neue Stern am italienischen Fußballhimmel war zeit seiner langen Karriere im Trikot der Alten Dame zurückhaltend, höflich und ernst. Sein Sportsgeist und die stets gelebte Fairness brachten Del Piero mehrere Auszeichnungen ein.

Der Symbolfigur von Juventus verlieh Giovanni Agnelli den Spitznamen *Pinturicchio*, in Anlehnung an den gleichnamigen italienischen Maler. Del Pieros Kreativität mit dem Ball an seinen Füßen suchte seinesgleichen, Tore aus dem Spiel heraus erzielte er mit spielerischer Leichtigkeit und Freistöße trat er in unnachahmlicher *Pinturicchio*-Manier: Kunstvoll angetragen, zielsicher und majestätisch im gegnerischen Tor versenkt. Nicht viele Kicker können von sich stolz behaupten, dass gleich ein Teil des Spielfeldes nach ihnen benannt wird. Del Piero legte seine Bälle mit derartiger Präzision vom linken Strafraumeck in die rechte Torecke, dass der Wirkungsradius des langjährigen Kapitäns ehrfurchtsvoll zur *Zona Del Piero* erklärt wurde. Pfiff der Schiedsrichter an jener Stelle des Feldes Foul, brannte der Strafraum und die Gegner rechneten mit dem scheinbar sicheren Einschlag im eigenen Netz.

Seine Treffer waren nicht nur sehenswert, sondern oft spielentscheidend. So schoss er sein Team zum 1:0-Sieg über River Plate im Weltpokal, der seinerzeit noch deutlich mehr Ansehen genoss, als er es heute auszustrahlen vermag. Durch seinen Esprit und sein begnadetes Talent nennen ihn die *Juventini* auch nach seinem Abgang gerne *Il Fenomeno Vero*, das wahre Phänomen. Zu jener Zeit spielte der Brasilianer Ronaldo großartigen Fußball und erhielt den Kosenamen *Il Fenomeno* (Das Phänomen). Die Vergleiche waren nicht abwegig, schließlich steigerte sich Del Piero von Saison zu Saison.

Dann riss sich *Pinturicchio* das Kreuzband. Juve vermisste seinen Ideenreichtum und rutschte in der Tabelle ab. Ewig lange zehn Monate dauerte die Rekonvaleszenz nach dem operativen Eingriff, sogar seine Zukunft als aktiver Fußballer war in Gefahr. Die Bosse der Juve waren davon überzeugt, dass Del Piero sein gewohntes Niveau mit Leichtigkeit wiedererlangen würde und erhöhten seine Bezüge, obwohl er noch lange nicht im Vollbesitz seiner Kapazitäten war. Es dauerte eine quälend lange Zeit, bis das wahre Phänomen zu alter Stärke fand. Innerhalb der Mannschaft wirkte er isoliert, der agile Angreifer ließ seine gewohnte Beweglichkeit vermissen. Vor allem die Medien warfen ihm vor, nicht mehr der Del Piero aus der Prä-Verletzungs-Ära zu sein. Er selbst kommentierte derlei Analysen nüchtern: »Als ich mir die Zahlen und Fakten angeschaut habe, fand ich heraus, dass ich nach der Verletzung sogar öfter getroffen habe als davor.« Viel schlimmer für den jungen Mann aus Conegliano war der Tod seines Vaters im Februar 2001. Del Pieros Welt brach zusammen und vorerst verstärkte der Verlust seine Schwierigkeiten im Verein nur noch mehr. Wenige Tage nach dem Begräbnis saß er wieder auf der Bank des Rekordmeisters und wurde während der Auswärtsbegegnung in Bari eingewechselt. Del Piero wirkte abwesend, der Schicksalsschlag steckte ihm offensichtlich in den Knochen. Kurz vor dem Abpfiff startete Del Piero einen furiosen Sololauf und überhob den starken Torhüter mit seinem linken Außenrist. Der Siegtreffer löste einen seiner raren emotionalen Ausbrüche auf dem Platz aus und endete unter Tränen in den Armen seines Mitspielers Gianluca Pessotto.

Die Renaissance des genialen Offensivzauberers war wie ein Befreiungsschlag für Juventus. Erfolg um Erfolg reihte sich nahtlos an die Rekordleistungen Del Pieros an. Bereits lange bevor *Calciopoli* alle *Juventini* ins Tal der Tränen beförderte, war *Pinturicchio* eine lebende Legende in Weiß-Schwarz. Mit einer einzigen Aussage, die nur der ewige *Capitano* aus Turin tätigen konnte, machte sich Del Piero endgültig unsterblich. Noch vor dem Urteilsspruch und kurz vor der Abreise nach Deutschland zum WM-Endturnier schwor er seinem Herzensclub mit berührenden Worten die ewige Treue: »Ein Kavalier verlässt seine Dame nicht.«

Del Pieros Vermächtnis besteht aus einer ganzen Reihe an Bestmarken für die Ewigkeit: 705 Auftritte in allen Wettbewerben und 290 Tore bedeuten Vereinsrekord. Seine charmante und professionelle Art des Fußballs brachte ihm eine unbezahlbare Ehre ein, die man für kein Geld der Welt kaufen kann: Nach herausragender Leistung im Estadio Santiago Bernabéu gegen Real Madrid wurde er unter Standing Ovations beider Fanlager ausgetauscht. Nur den ganz Großen wird diese Wertschätzung zuteil. Nach 19 Profijahren verließ Del Piero seine Dame dann doch und suchte in Australien beim FC Sydney eine neue Herausforderung. Für einen anderen Serie A-Verein hätte er sowieso niemals auflaufen können.[137–140]

40. GRUND

Weil Trézégol Italien einen Stich ins Herz versetzte und in den Herzen der Juventini dennoch einen festen Platz hat

In der Verlängerung des Europameisterschaftsfinales 2000 war es ausgerechnet David Trézéguet, der das *Golden Goal* zum 2:1-Sieg der Franzosen über Italien schoss. Die *Squadra Azzurra* hatte viele gute Möglichkeiten vergeben und der damals 22-jährige Jungstar vom AS Monaco vernichtete mit einem schönen Treffer alle azurblauen Hoffnungen. Game Over. Das Spiel war vorbei. Um die Jahrtausendwende gab es noch die *Sudden Death*-Regel, sprich nach dem ersten Einschlag im Gehäuse pfiff der Schiedsrichter ab. Trézéguet war Teil der goldenen französischen Generation, die Titel um Titel gewann und ansehnlichen Fußball praktizierte.

Juventus bewies wieder einmal einen guten Riecher und verpflichtete den Angreifer als Sturmpartner für Alessandro Del Piero. Und was das für ein Näschen war! In seinen zehn Jahren in Weiß-Schwarz stieg das dynamische Duo zu einem der weltbesten Angriffe auf, sicherte der Alten Dame zahllose *Scudetti* und viele unvergessene Spielzüge. David Trézéguet ist der vierthöchste Torjäger von Juve und blieb beim Verein in guten wie in schlechten Zeiten. Seine Qualität und das sympathische Auftreten sicherten ihm nicht nur die Gunst der Fans, sondern gleich in seinem zweiten Jahr den Titel als bester Fußballer der Serie A.

Trézéguet ist eine besonders einflussreiche Person, wenn es um den Niedergang und die Renaissance von Juventus Turin geht. Es kann gar nicht oft genug betont werden, dass Trézégol einer jener wenigen Stars war, die in der Serie B spielten. Seine Führung und die der Teamkameraden waren entscheidend, um den jüngeren Spielern in der eigenartigen Situation zu helfen. »Unser Shirt repräsentiert eine Geschichte und die Juventus-Youngster haben das verstanden«, sagte er einmal. Seine Loyalität rechnen ihm die Fans noch heute hoch an.

Der Franzose mit argentinischen Wurzeln ging nach einem erfolglosen Abstecher in die Vereinigten Arabischen Emirate nach Buenos Aires zu River Plate. Auch dort konnte er sich auf den beinahe unheimlichen Torinstinkt verlassen, wurde jedoch alsbald von Verletzungen zurückgeworfen und konnte fortan nicht mehr an seine Glanzzeiten anschließen. Die hatte er im Piemont, wie er stolz verkündet: »Das war das Beste, was mir je passiert ist, weil ich dort den wahren Fußball kennenlernte. Bei einem ambitionierten Verein mit ambitionierten Spielern.«[141–143]

41. GRUND

Weil Lilian Thuram in Turin ein neues Zuhause fand

Lilian Thuram war ein gefürchteter Abwehrrecke. In seinen fünf Jahren bei Juventus stieg er binnen kürzester Zeit zur Führungspersönlichkeit und unumstrittenen Stammkraft auf. Thuram gilt als einer der besten Verteidiger des französischen Fußballs und ist mit 142 absolvierten Spielen Rekordhalter der Équipe Tricolore. Egal wer an seiner Seite in der Defensivkette stand, mit Thuram als Chef auf dem Platz konnten die Fans beruhigt durchatmen.

Pointe-à-Pitre, die französische Stadt auf Guadeloupe, liegt im Westen der Insel Grande-Terre und ist Thurams Geburtsort. Guadeloupe ist ein vollständig integrierter Teil Frankreichs und somit auch Mitglied der Europäischen Union. Leichter wird es für die Auswanderer dennoch nicht, wenn sie in der Pariser Vorstadtzone ihr Glück versuchen und auf ein besseres Leben hoffen. Die stigmatisierten Großwohnsiedlungen der *Banlieue* sind als Orte der Armut und des Verfalls verschrien, seit den 1990er-Jahren auch zunehmend als Orte von Unsicherheit und Kriminalität. In dem Problemviertel sehen die Franzosen einen Ort der kulturellen Andersartigkeit, die Förderung der Viertel durch den französischen Staat zeigt nur vereinzelt Wirkung. Zu komplex sind die Problemlagen, als dass die Sanierung von Hochhäusern oder derlei Maßnahmen die tatsächlichen Missstände zielführend bekämpfen. Lilian Thuram ist für sein großes Engagement gegen den Rassismus bekannt und wurde von seiner Regierung in den Integrationsrat berufen. Vor dem Höhepunkt der Unruhen in der *Banlieue* des Großraums Paris (2005) wandte sich Thuram sogar gegen den damaligen Innenminister Nicolas Sarkozy, der gewisse Jugendliche aus den Vororten als »Gesindel« tituliert hatte und meinte, dass man »die ganzen Banlieues mit einem Hochdruckreiniger von diesen Menschen reinigen müsste.« Für Thuram ein Unding, stammt er doch selbst aus einer dieser *Banlieues* und weiß, wie hart das Leben dort sein muss.

Vor diesem Hintergrund ist es umso schockierender, welch absurdes Meeting Thuram vor seinem Wechsel zu Juventus Turin erlebte. Der gefragte Verteidiger wusste 2001 nicht so recht, welchen Dress er künftig überstreifen wollte. Juve, Lazio Rom, Manchester United, Real Madrid – der 29-Jährige war auf dem Höhepunkt seines Schaffens und hatte die freie Wahl. Letzten Endes ist das Ergebnis bekannt und Thuram ging nach Turin. Doch beinahe wäre es anders gekommen, ein Transfer in die Ewige Stadt zu Lazio war kein unmögliches Szenario. Thuram wusste indes um die radikalen Elemente der Fanszene und sagte: »Aber bevor ich einen Wechsel zu Lazio akzeptiere, muss ich gründlich nachdenken und brauche weitere Garantien.« Dann ergänzte er: »Ein farbiger Spieler muss es sich zweimal überlegen, ob er zu Lazio geht.«

Wow. Dass solche Gedanken in der modernen Zeit überhaupt noch notwendig sind, ist ein starkes Stück. Thurams Aussagen war ein Treffen mit Vertretern der Gruppierung *Irriducibili* vorangegangen, in dem einige Mitglieder den Franzosen davon überzeugen wollten, er möge doch unbedingt nach Rom kommen und andere Angebote ausschlagen. Eigentlich wären sie ja keine Rassisten. Sie versicherten ihm, dass die verachtenden Gesänge gegenüber dunkelhäutigen Spielern »nur« dazu dienen würden, die Gegner zu destabilisieren. Thuram äußerte sich zwar positiv über die konstruktive Zusammenkunft, dürfte am Ende dennoch mehr verstört als aufgeklärt nach Hause zurückgekehrt sein. Welch eine Überraschung: Thuram hielt sich von Rom fern und ging ins Piemont – zu Lazios Pech und Juves Glück![144–148]

42. GRUND

Weil blonde Engel auch unzähmbare Furien sein können

Sein bleicher Gesichtsausdruck sagte alles. Noch an Ort und Stelle begann Pavel Nedvěd zu weinen, eine Welt war für ihn zusammengebrochen. Kurz vor Ende der intensiven Partie gegen Real Madrid sah der Juve-Antreiber nach einem unnötigen taktischen Foul im Mittelkreis die Gelbe Karte. Er wusste sofort, dass ihn die Verwarnung das Champions-League-Finale gegen den AC Milan kosten würde. Es war das Jahr seines Lebens, und er musste von außen mitansehen, wie sich andere einen Traum erfüllten und im *Theatre of Dreams* den Pokal gewannen. Der AC Milan war nach dem Elferschießen im Old Trafford in Manchester obenauf, Juve ließ die genialen Momente seines tschechischen Regisseurs sträflich vermissen. Nedvěd war damals der beste Spieler der Welt und dieser Fauxpas wird ihn wohl ewig verfolgen.

Abgesehen von diesem bitteren Finalspiel war Pavel Nedvěd zeit seiner aktiven Karriere ein Musterprofi und Champion von Weltformat. Er zeichnete sich durch blitzschnelle Antritte aus, hatte als beidbeiniger Distanzschütze einen hammerharten Präzisionsschuss. Mit 177 Zentimetern nur durchschnittlich groß, war er ein Kraftpaket und vielseitiger Spielmacher. Früher lief er oft im Zentrum auf, bei Juve meist links oder rechts. Wo er seine Fäden zog war prinzipiell egal, Nedvěd verkörperte den Prototypen eines All-rounders und hatte immer und überall den größten Spaß am Fußball. Auf die Frage, was ihm denn seit seinem Rücktritt fehle, sagte er: »*Die Umkleidekabine, das Umfeld, die Späße und die Arbeit.*« Und das kann unmöglich gelogen sein, jubelte er doch nach jedem Treffer wie ein Kind, das zum ersten Mal selbstständig mit dem Rad fährt.

Nedvěd ist ein Unikat, und dass er die Arbeit vermisst, ist kein Zufall. Während seiner langen Karriere hatte der Blonde Engel mit der langen Mähne keine einzige Muskelverletzung. Im Training gab er immer alles und agierte diszipliniert, Extraschichten gehörten für ihn zum Standard-Repertoire. Sein explosives Spiel und konstanter Einsatz brachten ihm viele Spitznamen ein, in den Stadien Italiens wurde er oft als *Furia Ceca*, die tschechische Furie, bezeichnet.

Nur wenige Stars seines Kalibers identifizieren sich so mit einem Verein und leben diese Treue auch aus. Er sagte José Mourinho umgehend ab, als dieser ihn zu Inter Mailand lotsen wollte. Für diesen Rivalen könnte er niemals spielen. Nedvěd beendete seine Karriere bei der Alten Dame und zog sich größtenteils aus der Öffentlichkeit zurück. Doch dann machte ihm Andrea Agnelli das Angebot, im Management aktiv an der Kaderzusammenstellung mitzuwirken. Er konnte einfach nicht ablehnen. Pavel Nedvěd ist eine der bekanntesten Allzeitgrößen und brachte das Gefühl eines jeden Juventino auf den Punkt: »*Man kann ohne Fußball leben, aber nicht ohne Juventus.*«[149–151]

43. GRUND

Weil Juventus sogar auf einen Thierry Henry verzichten konnte

Thierry Henry war ein fantastischer Spieler. Eine Arsenal-London-Legende und für den FC Barcelona höchst erfolgreich. Eine Herabwürdigung seiner herausragenden Fähigkeiten als Stürmer ist unangebracht. Der Jung-Weltmeister vom AS Monaco ließ sein Genie am Ball und den unnachahmlichen Torriecher schon in Frankreich aufblitzen und war Teil jener Èquipe Tricolore, die 1998 die WM und 2000 die EM gewann. Juventus war nicht der einzige Club, dem seine Talente nicht verborgen blieben. Im Januar 1999 verließ Henry Monaco und übersiedelte ins nur wenige Autostunden entfernte Turin. Der ehrgeizige Angreifer aus Les Ulis im französischen Essonne war damals noch blutjung und konnte sich in der Offensive nicht durchsetzen. An Alessandro Del Piero kam er nicht vorbei, an dessen Sturmpartner – kein Geringerer als Abstauber-König Filippo Inzaghi – biss sich der 21-Jährige die Zähne aus. Zum Glück nur bildlich gesprochen, denn ein energischer Blutsauger wie Luis Suárez war Henry nicht. Auch niemand anderer im Juve-Kader, soweit es die Geschichtsbücher überliefern. Obwohl, Henry legte schon in jungen Jahren eine Verbissenheit an den Tag, die selbst Suárez als zahnloser Ketchup-Vampir erblassen lässt. Okay, schon gut – irgendwann muss Suárez als Opfer medialer Verunglimpfungen auch mal in Ruhe gelassen werden. Er wird diese Zeilen wohl nie zu Gesicht bekommen, und eine anonyme literarische Schmähung verdient er auch nicht, der quirlige Vampir von der Liverpooler Anfield Road. Obwohl er Juventus-Verteidiger Giorgio Chiellini im azurblauen Shirt bei lebendigem Leib verspeisen wollte, ist Suárez ein grandioser Spieler und auch abseits seiner Es(s)kapaden ein sympathischer Kerl. Genug der Abschweifungen, schließlich geht es hier um Thierry Henry.

Henrys Scheitern im weiß-schwarzen Trikot ist nicht nur seine Schuld. Der Trainer-Wechsel von Marcello Lippi zu Carlo Ancelotti half seinem Standing innerhalb der Mannschaft nur bedingt. Von einem jungen Spieler kann kein Verein erwarten, in Krisenzeiten die Karre aus dem Dreck zu ziehen. Vor allem, wenn er erst wenige Wochen mit der Mannschaft trainiert. Auf der Außenbahn kamen Henrys Stärken jedenfalls nicht zur Geltung, als ihn der Neo-Coach auf dem Flügel einsetzte. Henry ist im Zentrum am effektivsten, schon beim AS Monaco musste das auch sein langjähriger Mentor Arsène Wenger einsehen. Gegen die disziplinierten Defensiv-Asse der Serie A machte Henry keinen Stich, seine natürliche Ballkontrolle und Geschwindigkeit verpufften.

Nach nur einem halben Jahr verkaufte Juve Thierry Henry nach London und der Rest ist Geschichte. Die *Bianconeri* rissen sich aus der sportlichen Talfahrt und holten viele Titel, Thierry Henry wurde woanders zu einem der besten Stürmer aller Zeiten.[152][153]

44. GRUND

Weil eine orangefarbene Brille Edgar Davids dabei half, seine Opfer noch besser zu zermürben

Ein bisschen sieht er ja schon aus wie der *Predator* aus dem gleichnamigen Film mit Arnold Schwarzenegger. Lange Dreadlocks hängen bis weit über die Schultern, eine markante Protektionsbrille ziert sein Gesicht. Auf dem Platz schmunzelte der Mann fürs Grobe niemals. Abseits des Fußballs vermutlich auch nicht, denn Bilder mit einem lächelnden Davids würden auf Auktionen Höchstpreise erzielen. Zu seiner aktiven Zeit war er der Typ Spieler, den jede fantastische Mannschaft brauchte. Davids kämpfte bis zum Umfallen, teilte aus wie kein Zweiter, und wenn er mal selbst hart einstecken musste, gab es kein Jammern und Lamentieren. Vorne unterstützte der Niederländer die Stürmer mit genauen Vorlagen, hinten holzte er alles um, was bei drei nicht auf den Bäumen war.

Die kompromisslose Interpretation seiner Mittelfeldrolle brachte ihm den Spitznamen *Pitbull* ein oder auch, noch weniger liebevoll gemeint, *Piranha*. In Amsterdam holte er Titel um Titel, nach seinem Wechsel zum AC Mailand kam er in der Serie A überhaupt nicht zurecht. Erst als er ein Jahr später zu Juventus Turin ging, blühte der bekennende Sammler von Roten Karten erst so richtig auf. Bei keinem anderen Verein in seiner langen Karriere sollte er so stark auftrumpfen wie an der Seite von Zinédine Zidane und Pavel Nedvěd. Edgar Davids' äußere Erscheinung trieb jedem Gegenspieler den Angstschweiß auf die Stirn. Denn wäre im Duden noch Platz unterhalb der Definition des Wortes »Kampfhund«, Davids hätte einen Eintrag sicher.

Über den in Suriname geborenen *Pitbull* ist nur wenig bekannt. Seine einstigen Kollegen von Juventus sagten einmal, Davids habe sich sogar über die Geburt seines eigenen Kindes ausgeschwiegen. So introvertiert er sich nach außen gibt und nie der Medien bester Freund war, so extrovertiert ist sein markantes Erscheinungsbild. Die charakteristische Brille hat Davids einer Augenkrankheit zu verdanken. Er probierte es mit Augentropfen, da aber die Substanz auf der Doping-Liste stand und alle anderen Versuche fehlschlugen, war eine Augenoperation unumgänglich. Ab 1999 spielte er gezwungenermaßen mit diesem edlen Schutzschild. Wie Davids selbst einmal erklärte, war diese Maßnahme nur eine Zeit lang notwendig. In den Folgejahren wurde die orangefarbene Brille zu einem Wiedererkennungsmerkmal und er selbst gewann durch die klare Sicht deutlich an Qualität. Der *Pitbull* biss sich nun gezielter in den Waden der Widersacher fest.[154][155]

45. GRUND

Weil Didier Deschamps schon als Spieler wie ein Trainer dachte

Als Mittelfeldstratege und Leitwolf war Didier Deschamps unantastbarer Dreh- und Angelpunkt im Spiel der Juve. Er war nie so spektakulär wie ein Zinédine Zidane, erzielte keine wunderschönen Treffer wie Alessandro Del Piero und so extravagant wie ein Roberto Baggio agierte der Franzose schon gar nicht. Das alles hatte Deschamps auch gar nicht nötig. Auf dem Platz genoss er den Respekt seiner Kollegen, strahlte stets eine natürliche Autorität aus. In der Kabine hörten sie ihm gebannt zu, wenn er im Beisein des Trainers zur Mannschaft sprach und Anweisungen gab. Deschamps war mehr als ein verlängerter Arm des Trainerteams, schon als Spieler dachte er wie ein geborener Coach und kaum einer zweifelte an seinen Worten. Didier Deschamps würde nach seiner aktiven Zeit als Profi eine Trainerlaufbahn einschlagen, das war ihm in die Wiege gelegt.

In Turin verbrachte er seine erfolgreichsten Jahre, räumte alle Titel ab, und so war es wenig verwunderlich, dass er 2006 das Traineramt des zwangsrelegierten Traditionsclubs übernahm. Knapp ein Jahr davor gab er seinen ersten Trainerposten bei Monaco, nach einem Disput mit dem Präsidenten, auf. Ein ähnliches Schicksal sollte sich bei Juve wiederholen. Deschamps brachte sein Team souverän von der Serie B zurück in die Serie A. Nach dem Spiel gegen Mantova stand der italienische Rekordmeister als Sieger der zweiten Klasse fest und Deschamps gab seinen Rücktritt bekannt. Anfangs wurde es nie offiziell kommuniziert, doch wiederholte Konfrontationen mit Juve-Managern sollen den ehrgeizigen Jungtrainer zur Aufgabe seines Jobs bewogen haben. Im Interview mit der Tageszeitung *La Stampa* äußerte sich Deschamps, der längst als Headcoach bei Marseille arbeitete, zu seiner Entscheidung: »Damals schien es mir der richtige und kohärente Schritt. In Wahrheit war es aber ein Fehler.« Deschamps ergänzte seine Ausführungen: »Der Verein und ich hatten andere Sichtweisen, und leider hat mir mein Umfeld auch nicht zur besten Entscheidung geraten und nichts getan, um die Divergenzen zu beseitigen.«

Wenn Antonio Conte seine Zelte im Piemont abbricht, und irgendwann wird das wohl zwangsläufig geschehen, ist Didier Deschamps die erste Wahl für den Chefsessel auf der Turiner Trainerbank. Beide ähneln sich in ihrer Mentalität, identifizieren sich mit Juventus und verfolgen eine moderne Fußballphilosophie. Die *Juventini* verstanden den Abgang des Franzosen nicht, als er nach dem Wiederaufstieg kündigte. Deschamps hat so viel für Juve geleistet, blieb bescheiden und ging als Allzeitgröße in die Vereinsgeschichte ein. Im Leben gibt es nicht immer nur eine einzige Chance und das Kapitel Didier Deschamps ist im Juve-Almanach noch längst nicht zu Ende geschrieben.[156][157]

46. GRUND

● **Weil das göttliche Zöpfchen zum Buddhismus konvertierte und in Turin seine beste Zeit erlebte**

Das vollendete Talent des Roberto Baggio machte ihn zu einem der komplettesten Stürmer, die Italien je hervorbrachte. Von Natur aus überdurchschnittlich begabt, hatte es der Charakterkopf aus Caldogno nicht leicht: Schon früh in seiner Entwicklung zum Liebling der Nation zog er sich eine schwere Verletzung im rechten Knie zu. Die Rehabilitation war lang und hart, erst geschlagene eineinhalb Jahre später konnte Baggio erstmals wieder in einer Profimannschaft auflaufen. Zu Beginn seiner fünf Jahre beim AC Florenz, der ihn noch vor seinem folgenschweren Malheur verpflichtete, warteten die Toskaner die volle Dauer der Regeneration ab. Baggio dankte es mit Toren und Loyalität. Obwohl er 1990 zu Juventus ging und dort zum Weltfußballer des Jahres avancierte, verweigerte er in seiner ersten weiß-schwarzen Saison einen Strafstoß gegen die *Viola*. Zu groß war der Respekt.

Der erste Knieschaden war nur ein Vorgeschmack auf die weitere Leidenszeit, die ihn zeit seiner Karriere verfolgen sollte. Schon seine erste Langzeitverletzung löste in Baggio eine schwere psychische Krise aus. Um seine Sinne zu schärfen und sich besser unter Kontrolle zu bekommen, konvertierte *Divin Codino*, das göttliche

Zöpfchen, zum Buddhismus. Vor Spielen zog sich Baggio, der dank seiner zu einem kleinen Zopf gebundenen Haare visuell unter seinen Teamkameraden herausstach, zur abgeschiedenen Meditation zurück. Die innere Ruhe war auch bitter nötig, wurde der geliebte Baggio in seinem besten Jahr doch zur tragischen Figur eines ganzen Landes. Im Finale der Weltmeisterschaft 1994 vergab Baggio den entscheidenden Elfmeter und krönte die Brasilianer zum alleinigen Rekordchampion. Zuvor schoss er die Italiener fast im Alleingang ins Endspiel. Die darauffolgende – seine letzte – Saison für Juventus wurde für Baggio zum veritablen Albtraum. Wieder einmal verletzungsbedingt, absolvierte der begnadete Vollstrecker nur die Hälfte aller Partien und musste mit ansehen, wie ihm ein aufstrebender Alessandro Del Piero allmählich den Rang ablief.[158][159]

47. GRUND

Weil ein später Rückzieher den Lauf der Geschichte veränderte

Nein, ein verpatzter Fallrückzieher war es nicht. Auch kein missglückter Spielzug. Marcelo Salas war 2001 als potenzielle Verstärkung von Lazio Rom nach Turin zu Juventus gewechselt. Einen schönen Fallrückzieher hatte der Chilene durchaus auf dem Kasten, nur leider zeigte er ihn nie. Entweder verließ ihn das Glück oder die Souveränität. Oder beides. In Buenos Aires bei River Plate hatte er jene Qualitäten noch und entwickelte sich zu einem der gefährlichsten Vollstrecker Südamerikas. Fallrückzieher waren auch damals (vermutlich) eher weniger dabei, aber na ja, theoretisch hätte er es draufgehabt. Auch in Rom zeigte er vielversprechende Ansätze und verdiente sich den sportlich wichtigen Schritt zum Rekordmeister. Aber auch hüben wie drüben: schon wieder kein Fallrückzieher. Im Piemont erlitt seine aufstrebende Karriere einen unerwarteten Knick. Seine Zeit verbrachte er öfter im Lazarett als auf dem Trainingsplatz. Auf den Rasen der Serie A war er noch weniger zu sehen. In zwei Saisons brachte es der *Matador* auf nicht einmal die Hälfte der möglichen Pflichtspiele. Tore schoss er lediglich zwei, kein Vergleich zu den 41 Treffern für Lazio und nicht einmal zu den Buden in seiner Heimat Chile. Schade eigentlich. Wenig Tore, wenig Vorlagen und weit und breit kein Fallrückzieher in Sicht. Das Talent hatte er, der junge Herr José Marcelo Salas Melinao aus Temuco.

Wie, der Name Salas sagt Ihnen nichts? Das ist nicht weiter verwunderlich, nahm doch Ende 2003 der Niedergang des Marcelo S. seinen weiteren Gang. Der Abstieg in weniger bekannte Gefilde des Fußballs kam viel zu früh, vielleicht war er auch unverdient und ein Wink des Schicksals – wer kann das schon beurteilen. Eine weiß-schwarze Zukunft hatte er indes nicht mehr und sein »Fall« schritt unaufhaltsam voran. Marcelo Salas musste sich fortan keine Gedanken mehr machen, ob er einen prachtvollen Fallrückzieher zustande bringt oder nicht, denn ein simpler Rückzieher ist ihm dann doch noch gelungen.

Juventus war sich sicher, auf die Dienste des Chilenen verzichten zu können, und fädelte ein Tauschgeschäft ein. Ein junges Nachwuchstalent sollte nach Turin übersiedeln und dessen Stammverein im Gegenzug den wiedergenesenen Salas erhalten. Alle Parteien waren sich einig, die Dokumente bereits unterzeichnet. Die Clubverantwortlichen wussten ob der einmaligen Gelegenheit. Der anvisierte Neuzugang kostete 15 Millionen Euro, Geld, das die Alte Dame nicht hatte. Zu viel war schon am Transfermarkt ausgegeben worden, und Salas war die einzige realistische Option, die letzte Hoffnung der *Juventini*. Luciano Moggi, damals noch nicht für dunkle Machenschaften berühmt-berüchtigt, machte sich mit seinem Tross auf den Weg, den Deal endgültig unter Dach und Fach zu bringen. Die letzten Details waren nur noch Formsache.

Und dann kam er, der folgenschwere Rückzieher des Marcelo Salas. Als schon keiner mehr daran glauben wollte, zum unpassendsten aller möglichen Zeitpunkte, zog er seine Zusage zurück und präferierte einen Wechsel nach Argentinien. Er wanderte zurück nach Buenos Aires zu River Plate und hängte 2008 seine Stiefel im Dress von Universidad de Chile an den Nagel. Aber das nur am Rande. Der ursprünglich angedachte Transfer scheiterte grandios und alle Parteien waren sich plötzlich so gar nicht mehr wohlgesinnt. Moggi und seine Handlanger schauten durch die Finger, der Handelspartner veräußerte die heiße Aktie wenig später nach England.

Und falls Sie wissen wollen, mit wem Juventus eine geschäftliche Liaison einzugehen plante: Es war der Sporting Clube de Portugal aus Lissabon. Der junge Flügelspieler war Cristiano Ronaldo.[160 161]

48. GRUND

Weil Zlatan Ibrahimović nur einen Zwerg braucht und auf Philosophen verzichten kann

Spektakuläre Tore sind sein Markenzeichen. Nach akrobatischen Tricks lässt sich der Edeltechniker aus dem schwedischen Malmö gerne feiern. Zlatan Ibrahimović hat einen harten und präzisen Schuss, ist vor dem Tor genauso gefährlich wie aus der Distanz. Kopfballstark ist er auch und brachiale Freistöße schießt er rechts wie links. Wenn es sein muss, zaubert *Ibrakadabra* seine feinfüßige Technik aus dem Hut, die selbst Houdini vor Neid erblassen lässt. Er hat also allen Grund dazu, auf sich stolz zu sein. Dank eines beispiellosen Selbstbewusstseins lässt er das auch alle wissen. Manchmal freundlich, meist weniger elegant und so gar nicht seinem edlen Spielstil entsprechend. Mitspieler, Rivalen, Trainer, Fans, Medien – wenn Zlatan von sich mal wieder in der dritten Person spricht, sind markante Zitate für die Headlines nicht mehr weit.

Experten sind sich einig, dass Ibrahimović seinen Eigensinn bei Juventus Turin unter Fabio Capello weitgehend in den Griff bekam. So recht glauben lässt sich diese Einschätzung nicht, zu sehr polarisiert der Schwede mit bosnisch-kroatischen Wurzeln. Ajax Amsterdam, Inter Mailand, FC Barcelona, AC Mailand und Paris Saint-Germain können ein trauriges Lied davon singen. Die charakterliche Eigenwilligkeit hievt ihn umgehend ins Zentrum des Interesses. Nach starken Leistungen für den FC Barcelona legte er sich mit Pep Guardiola an und empfahl dem Clubpräsidenten die Entlassung des Trainers: »Diesen Philosophen brauchen wir hier nicht. Der Zwerg und ich reichen völlig aus.« Zum Gnom degradierte der groß gewachsene Stürmer natürlich den *Floh*, Lionel Messi. Zu diesem Zeitpunkt war er schon Jahre nicht mehr bei Juventus. Denn auch dort ließ es Ibrahimović ordentlich krachen. Im Training war er in einer ganzen Reihe von Reibereien involviert. So schlug er Verteidiger Jonathan Zebina ins Gesicht, nachdem dieser zu einem harten Tackling an dem Egozentriker angesetzt hatte.

Auf dem Platz ist er der Boss, Zlatan duldet keine Widerrede. Zwischen den Spielen zeichnet sich dasselbe Bild ab. Was Zlatan sagt, ist Gesetz. Und seine resolute Mentalität passt nicht zu jedem Verein, vielleicht ist das auch ein Grund für seine vielen Transfers. Mehr als ein paar Jahre hält er es nirgendwo aus, hinterlässt amüsante Anekdoten und nimmt eine weitere Meisterschaft für seinen Trophäenschrank mit. Ganze achtmal hintereinander gewann Ibrahimović in den Niederlanden, Italien, Spanien und noch einmal Italien den nationalen Titel. Und er ist immer eines der wichtigsten Rädchen im Getriebe der Siegermannschaft.[162-164]

49. GRUND

Weil der letzte Auftritt von Gianluca Vialli eines Kapitäns würdig war

Als bekannter Fußballkommentator für Sky Italia sieht sich Gianluca Vialli Spiele aus nächster Nähe an. Langeweile kommt keine auf und das Champions-League-Finale als Saisonhöhepunkt genießt der glatzköpfige Experte mit sichtbarer Freude. Wehmut wird beim Exstürmer aus Cremona in der Lombardei mitschwingen, weiß er doch selbst aus erster Hand, wie sich ein Finale in der Königsklasse anfühlt. Der wohl schönste Moment seiner Karriere war auch sein letzter für Juventus, als der *Capitano* seine Mitstreiter in die Schlacht von Rom gegen Ajax Amsterdam führte. Mit Ruhe und souveräner Aura wich er in der aufgeheizten Atmosphäre des Stadio Olimpico nicht von der Seite seiner *Juventini*. Unvergessen sind die Bilder, die Vialli beim Stemmen des Henkelpotts zeigen. Ein Augenblick wie für die Ewigkeit gemacht.

Wenn Roberto Baggio wie Raffael ist und Alessandro Del Piero wie Pinturicchio, wer ist dann Gianluca Vialli? Gianni Agnelli, der Adressat dieser Frage, liebte es, Spieler mit historischen Kunstgrößen zu vergleichen. Er antwortete: »Lassen Sie mich nachdenken. Ich würde sagen, er ist der Michelangelo der Sixtinischen Kapelle. Der Bildhauer, der sich in einen Malermeister verwandeln kann.« Agnelli pflegte stets das poetische Wort und hätte Vialli kein größeres Kompliment machen können. Der bodenständige Millionärssohn wurde bei Sampdoria Genua zu einem der treffsichersten Stürmer seiner Zeit. Der spätere Chelsea-Legionär und Spielermanager formierte an der Seite von Teamkollege und Kindheitsfreund Roberto Mancini eine erfolgreiche Allianz. Die *Tor-Zwillinge* lösten sich 1992 auf, da Vialli ins Piemont wechselte und unaufhaltsam zum Fanliebling mutierte.

Als Kapitän der Turiner Angriffsabteilung erklomm Vialli die Karriereleiter in Windeseile. Und wenn es am schönsten ist, soll man ja bekanntlich aufhören. In jener bedeutsamen Nacht im Mai sagte der Lombarde leise Goodbye, hinterließ eine intakte Mannschaft in ihrer stärksten Phase und verstaute seine Fußballschuhe nach einem mehrjährigen Gastspiel in London für immer im Schrank. Vialli war wirklich wie Michelangelo, Gianni Agnelli wählte den bildhaften Ausdruck mit behutsamer Sorgfalt. Die Herkunft Viallis drängt noch eine weitere Analogie in den Vordergrund: Cremona ist der Geburtsort des Geigenbauers Antonio Giacomo Stradivari. Und Vialli konnte eines wie kein Zweiter: Als Primgeiger im Orchester der Alten Dame torreiche Kompositionen aufführen, eine melodischer als die andere.[165–169]

50. GRUND

Weil der Name Vladimir Jugović ekstatische Gefühle hervorruft und die Weiße Feder das schönste Tor aller Zeiten schoss

Stundenlang haben die Italiener den niederländischen Titelverteidiger studiert. Sie wollten auf keinen Fall dieselben Fehler begehen, die dem AC Milan im Jahr davor zum Verhängnis wurden. Marcello Lippi hat auf jedes Detail geachtet, alle Spieler im Kader von Juventus auf den Sieg eingeschworen und alle Eventualitäten bedacht. Das Finale der UEFA Champions League wollte Juve gegen Ajax Amsterdam unbedingt gewinnen, zu lange war der letzte Triumph in der Meisterklasse her. Im altehrwürdigen Stadio Olimpico zu Rom wollten die Turiner zudem schaffen, was bis zu diesem Zeitpunkt noch kein Team im neuen Modus des Meisterpokals glückte: ein Finale im Heimatland zu gewinnen.

Von Minute eins an lief das Spiel genauso, wie es sollte. Ajax war fehleranfällig und wurde für diese Schwäche bestraft. Fabrizio Ravanelli erzwang einen deplatzierten Kopfball von Frank de Boer, bugsierte den Ball artistisch mit seinem linken Bein an Torwart Edwin van der Sar vorbei und legte den Ball aus extrem spitzem Winkel über die Linie. Die *Weiße Feder* mit dem Kurzhaarschnitt hatte wieder einmal zugeschlagen und einen Treffer für die Ewigkeit erzielt. »Ich bekomme sofort eine Gänsehaut am ganzen Körper und werde ganz emotional, wenn ich auch nur an dieses Tor denke. Mein Tor ist längst ein Teil der Champions-League-Geschichte. Nie wieder in meiner ganzen Karriere habe ich bei einem meiner Treffer so eine große Befriedigung verspürt, auch wenn es nur ein paar Sekunden waren.«

Nach dem frühen Schock erholte sich Ajax schnell und fand zum gewohnten Selbstvertrauen zurück. Fünf Minuten vor dem Ende der ersten Hälfte stand Jari Litmanen goldrichtig und brachte den Ball im Netz unter, nachdem Angelo Peruzzi das Leder aufgrund schlechter Sicht nur abklatschen ließ. Nach der Pause spielte Juve auf Sieg und hätte noch in der regulären Spielzeit den entscheidenden Dolchstoß setzen müssen, doch Gianluca Vialli vergab die hundertprozentige Chance.

In der Verlängerung schwanden die Kräfte auf beiden Seiten, obwohl die Spannung hoch blieb, tat sich nicht mehr allzu viel. Das Elfmeterschießen musste entscheiden und die *Bianconeri* düpierten die Niederländer in beeindruckender Manier: Ciro Ferrara, Gianluca Pessotto und Michele Padovano netzten bombensicher ein. Jari Litmanen und Arnold Scholten trafen für die Gegenseite. Angelo Peruzzi behielt die Nerven und parierte die Schüsse von Edgar Davids und Sonny Silooy. Zu diesem Zeitpunkt war Juve nur noch einen Elfmeter vom Aufstieg ins Paradies entfernt. Die Gesichter der Spieler im Mittelkreis waren versteinert und die *Tifosi* auf den Rängen zitterten vor Aufregung. Vladimir Jugović ergriff den Ball, legte ihn auf den Punkt und nahm einen langen Anlauf. Humorlos hämmerte er die Frucht ins linke untere Eck und ließ Van der Sar, der immerhin die richtige Seite erraten konnte, keine Chance. Juventus Turin war Sieger der Champions League und nach harter Arbeit endlich am Ziel aller Träume.[170][171]

51. GRUND

Weil Zinédine Zidane in Turin zum Star wurde

»Bei Juventus habe ich die Siegermentalität verinnerlicht.
Hier habe ich verstanden, dass Siegen eine Voraussetzung ist.
Teil eines der besten Clubs der Welt zu sein, legt dir
die Bürde auf, wichtige Resultate zu erzielen.«
Zinédine Zidane (Juventus Turin/Real Madrid)[172]

Ein Franzose im Dress der *Bianconeri* hat es immer schwer, vor allem im offensiven Teil der Mannschaft. Der Schatten des legendären Michel Platini ist lang und aus ihm herauszutreten ist nur wenigen vergönnt. Zinédine Zidane hat es mit scheinbarer Leichtigkeit geschafft, die hohen Erwartungen nicht nur zu erfüllen, sondern zu einem der besten Spieler aller Zeiten aufzusteigen. Bei Girondins de Bordeaux wurde er international bekannt und ein gewisser Platini empfahl den Verantwortlichen den damals schüchternen Zidane.

Die ersten Monate glichen einer kaum zu ertragenden Qual. Die französische Liga war anders, die taktischen und mentalen Anforderungen in Turin verlangten *Zizou* alles ab. Alle verglichen den talentierten offensiven Mittelfeldspieler mit Platini, erwarteten geniale Momente im Angriff. »Ich habe ihm immer gesagt, er solle ruhig bleiben und sein Spiel machen, und dass er immer Stammspieler sein würde, denn ein Spieler wie er muss Stammspieler in einem großen Club sein. Er war das größte Talent des Fußballs der letzten 20 Jahre«, erzählt sein damaliger Trainer Marcello Lippi.

Nationale und europäische Titel holte Zidane mit Juve en masse, im blauen Trikot der Franzosen schwang er sich zum Welt- und Europameister auf. Vor seinem Wechsel zu Real Madrid hatte er bereits fast alles erreicht und war auf dem Höhepunkt seiner Laufbahn. *Zizou* brillierte mit einer einzigartigen Eleganz, Spielintelligenz und perfekter Technik. Jeder Spieler um ihn herum wurde durch seine Präsenz automatisch aufgewertet. Zinédine Zidane, ein Jahrhundertspieler, zog fünf wunderbare Jahre die Fäden für Juventus Turin und verließ nur gegen eine Rekordablöse den Verein.

Zidane lernte schon in der Jugendakademie des AS Cannes Bescheidenheit und Respekt; Charakterzüge, die einen wichtigen Teil seiner Beliebtheit begründen. Trotz seiner besonnenen Art zeigte Zidane oft eine gewisse Dünnhäutigkeit, vor allem, wenn er mit provozierenden Aussagen zu seiner Herkunft und Familie konfrontiert wurde. Seine Reaktionen brachten ihm mehrfach Rote Karten ein, eine Unbedachtheit, die er nie ganz aus seinen illustren Auftritten verbannen konnte. So endete auch Zidanes allerletztes Spiel, das WM-Finale 2006 seiner Équipe Tricolore gegen Italien, mit einem Ausschluss. Die Rote Karte nach einem wuchtigen Kopfstoß gegen den Provokations-Spezialisten Marco Materazzi ist mittlerweile Lehrstoff für das Fußball-Allgemeinwissen.[173][174]

6. KAPITEL

DIE TRAINER

52. GRUND

Weil Trainer Antonio Conte selbst Andrea Pirlo mit Wasserflaschen abschießt

Antonio Conte ist für die Juventus-Fans ein großer Held. Er war ab Tag eins seiner langen Karriere in Turin populär. In Erinnerung bleibt speziell sein Torjubel nach seinem Treffer im alten Delle-Alpi-Stadion gegen die verhassten Rivalen aus Florenz. Conte schnappte sich die Eckfahne und machte sich auf den Weg, sie genau unter den Nasen aller Fiorentina-*Tifosi* zu schwenken.[175]

Als Spieler passte er perfekt in die Mannschaft, sein Kampfgeist und seine Aufopferung übertrug er auf seine Mitspieler. Conte war ein Musterprofi, an der Seite von Didier Deschamps, Alessio Tacchinardi, Angelo Di Livio und weiteren Stars verkörperte er dennoch das Wesen der Juve wie kein Zweiter. Niemals aufgeben und bis zum Schlusspfiff auf die Zähne beißen, Conte war immer als Erster mit glühendem Eifer an der Front des Geschehens. Er schreckte notfalls nicht davor zurück, wenn es die Situation erforderte, seine Teamkollegen verbal zusammenzustauchen. Auch deswegen verehren die Fans den ehemaligen Weltklasse-Mittelfeldmann heute noch, als stünde er gerade auf dem Platz. Und das tut er ja gewissermaßen auch.[176] [177]

Als Trainer von Juventus wuselt er am Spielfeldrand umher, gestikuliert wild und schreit seinen Schützlingen Instruktionen zu. Conte ist ein Getriebener, nie zufrieden und detailbesessen. Jürgen Klopp von Borussia Dortmund und Pep Guardiola, der ehemalige Barcelona-Guru, könnten seine Brüder sein. Wenn Conte spricht, treffen dich seine Worte tief ins Mark. »Jungs, wir haben die letzten zwei Jahre als Siebter abgeschlossen. Verrücktes Zeug, wirklich erschreckend. Für so was bin ich nicht hierhergekommen. Es ist an der Zeit, dass wir aufhören, scheiße zu sein«, waren Contes erste Worte an die Mannschaft, als er sich ihr im Trainingscamp in den

Bergen von Bardonecchia als neuer Juve-Coach vorstellte. »Jede einzelne Person hier hat in den letzten Saisons schlecht gespielt. Wir müssen alles tun, egal was es kostet, um uns hochzuziehen, und anfangen, wieder Juve zu sein. Dieses Schiff auf Kurs zu bringen ist keine höfliche Bitte; das ist ein Befehl, eine moralische Verpflichtung. Ihr müsst nur eines tun und das ist ziemlich einfach: Folgt mir.«[178]

Viele Trainer könnten von seiner technischen und taktischen Kenntnis der Struktur des Rasenschachs lernen. Wie schon als Spieler hat Conte nach dem Match Schwierigkeiten einzuschlafen, er muss alle Ereignisse immer und immer wieder in seinem Kopf abspulen. Schon viel früher, in der Halbzeitpause, findet er stets ein winziges Detail, das seiner Meinung nach nicht stimmig ist. Andrea Pirlo bereut heute noch, in der Umkleidekabine den Platz neben Gianluigi Buffon gewählt zu haben. Den vor allem in der Halbzeit gefährlichsten Ort in ganz Turin. Auch wenn Juve in Führung liegt, kann es schon mal vorkommen, dass Conte aufgebracht in den Raum stürmt. Dann krallt er sich irgendeinen Gegenstand in seinem Radius und schleudert ihn in Pirlos kleine Ecke. Meist sind es prall gefüllte Wasserflaschen.[179]

Selbstverständlich hat er nicht auf Pirlo gezielt und ihn auch nicht getroffen. Antonio Conte ist bei seinen Spielern trotz – oder gerade wegen – seines Temperaments unglaublich beliebt, andernfalls würde er keine langfristigen Erfolge erzielen. An jenem Tag im Trainingsraum in Bardonecchia hatte Conte seinen Spielern noch etwas anderes zu sagen. »Und hört gut zu, Jungs, ich bin noch nicht fertig. Bekommt es in eure Köpfe, dass wir die Levels erreichen müssen, wo wir hingehören, jene die in der Geschichte dieses Vereines verewigt sind. Es wäre kriminell, würden wir es dieses Jahr nicht unter die Top drei schaffen.« Drei Jahre später ist der Ausgang seines Kommandos bekannt. Unter Contes Führung schaffte Juve nicht nur einen Top-drei-Rang, sondern gleich drei *Scudetti* in Folge.[180]

53. GRUND

Weil Taktik und Technik nicht alles sind und Marcello Lippi der beste Lehrmeister der Welt ist

Marcello Lippi schaffte es mit dem Triumph im FIFA Weltmeisterschaftsendspiel 2006 als erster Trainer der Welt, sowohl die wichtigste Trophäe im Nationen-Contest zu holen, als auch die höchste Stufe im Vereinsfußball zu erklimmen. Mit Juventus gewann er alle wichtigen Pokale, in Turin ist er längst eine lebende Legende. Nur Spaniens Coach Vicente Del Bosque gelang es, mit Lippi gleichzuziehen, nachdem er bereits mit Real Madrid im Europacup siegreich war.

Lippis Beliebtheit war zu Zeiten seiner Turiner Erfolge auf einem ersten Höhepunkt, nach dem vierten Titel für die fußballverrückten Italiener überhäuften ihn die Gazetten mit noch mehr Komplimenten: Lippis Menschlichkeit habe die Mannschaft über sich hinauswachsen lassen. Erst an zweiter Stelle sei sein Fachwissen gekommen, auf exzellente Weise ein Match zu lesen und auf spontane Entwicklungen zu reagieren.

So war er schon immer, ein Sir auf der Bank von Juve mit einem unzerstörbaren Draht zu seinen Spielern. Den wichtigsten Aspekt ortet Lippi in der Zusammenstellung eines ausgewogenen Kaders. Das mag eine banale Feststellung sein, doch seine Spielphilosophie beruht darauf, die Taktik nach den Spielern auszurichten – und nicht umgekehrt. »Als junger Trainer muss man begreifen, dass Taktik und Technik nicht alles sind. Es kommt vor allem darauf an, wie man die Spieler führt. Die Rolle eines Trainers besteht darin zu leiten, den Spielern das Gefühl zu geben, dass man sie zum Ziel führen kann«, beschreibt Marcello Lippi seine Herangehensweise an den Job als Fußballlehrer. »Ich mag den Fußball in all seinen Ausdrucksformen. Das wird mir nie langweilig. Andererseits mag ich keine Trainer, die ihren Spielern ein System aufzwingen.«

Wohin er auch geht, der Erfolg folgt ihm überallhin. Mit Guangzhou Evergrande eroberte Lippi für die Chinesen den erstmaligen Gewinn der asiatischen Champions League, nachdem er in Europa alles erreicht hatte. Ein Makel lastet seiner glänzenden Bilanz dennoch an, seit er nach seiner Rückkehr als Italiens Nationaltrainer den Spirit von 2006 auch 2010 nach Südafrika mitnehmen wollte. Seine Spieler wirkten satt, das taktische Korsett war zu eng geschnürt, und als Folge dessen blamierte sich die stolze Nation bis auf die Knochen, schied noch in der Gruppenphase der WM aus. Lippi übernahm die volle Verantwortung und trat zurück. Diese Schmach brachte ihn dennoch nicht aus dem Gleichgewicht. Dabei half ihm seine Leidenschaft für den Sport, sagte er doch einst: »Fußball ist niemals vollkommen, so wie das Leben nicht vollkommen ist. Und das liebe ich.«[181-184]

54. GRUND

Weil Giovanni Trapattoni unsterblich ist und vor wilden Katzen Respekt hat

Il Tedesco, der Deutsche, wird Italiens Spielmacher Riccardo Montolivo aufgrund seiner deutschen Mutter genannt. Giovanni Trapattoni, der legendäre Sprachakrobat und vielgereiste Tausendsassa, war vor Jahren der *Maestro* auf der Bank von Bayern München und dem VfB Stuttgart. Unvergessene Pressekonferenzen, je eine Deutsche Meisterschaft, ein DFB-Pokal und Ligapokal – mehr verbindet ihn mit Deutschland eigentlich nicht. Trapattoni ist allezeit adrett gekleidet und trägt sein ergrautes Haar perfekt frisiert. Am Spielfeldrand strahlt er eine natürliche Autorität aus, springt wild gestikulierend umher und dirigiert seine Schachfiguren mit energischer Vehemenz. Wie ein wahrer *Maestro* eben, der zuvorkommende Kapellmeister mit beispielloser Erfahrung im Konzert der Großen. Früher einmal hatte Trapattoni schöne blonde Haare und muss auf die italienische Bevölkerung wie ein archetypischer Deutscher gewirkt haben. Seine nüchterne Taktik tat ihr Übriges und Trapattoni wurde zu *Il Tedesco* umfunktioniert. Dazu brauchte er keine deutsche Mutter. Verrückte Welt.

In Turin war der Blondschopf längst auf dem besten Wege zur ergrauten Eminenz, als er 1976 als Trainer die Arbeit aufnahm. Zehn Jahre war er in seiner ersten Amtszeit im Piemont, zehn Jahre, die Trapattoni zur Unsterblichkeit genügten. Er gewann alles, manche Trophäen doppelt und dreifach, zeigte sich als versierter Taktiker und geschickter Löwen-Dompteur in der mit Stars übersäten Manege. Kein Juve-Trainer war erfolgreicher als er, ein Umstand, den er seiner Anpassungsfähigkeit zu verdanken hat. In Trapattoni-Manier hört sich das so an: »Wenn sich die Welt eines Tages plötzlich doppelt so schnell dreht, muss man sich anpassen und schneller laufen. Es nützt nichts, sich gegen das Internet zu sträuben. Besser ist es, man nutzt die Vorteile, die es bietet. Ebenso unnütz ist es, dem Fußball einer anderen Epoche nachzutrauern.«

Mit über 20 Titeln in Italien, Deutschland, Portugal und Österreich blieb Trapattoni seiner Philosophie nicht nur treu, er lebt sie selbst jenseits der 70 mit leidenschaftlicher Inbrunst. Nach seinem Engagement als Irlands Nationaltrainer tritt er kürzer, kann das Leben als Fußballmagier an der Seitenlinie indes nicht abstreifen. Der einzige Mensch, der je alle kontinentalen Vereinswettbewerbe gewann (mit Juventus), ist selbst in der Rente als Betreuer einer Auswahl des Vatikan beschäftigt. Wahrscheinlich wäre er aufgrund der Wortwahl beleidigt, das Wort »Rente« hört der Fußballnarr gar nicht gerne.

Umso lieber lauschen andere seinen Ausführungen, wenn er trotz Dolmetscher an der Seite in Trapattoni-Jargon seine Weisheiten von sich gibt. Als irischer Teamchef warnte er vor dem vermeintlich leichten Gegner aus Estland, seiner Meinung nach sollten die übertriebenen Erwartungen an seine Jungs nicht aus dem Ruder laufen. Und dann sprach er auch schon drauflos, mit einer Mischung aus Italienisch, Deutsch und Englisch, sorgte so für allerlei entgleiste Gesichtszüge im Antlitz der Übersetzerin. Trapattoni stellte klar, dass die Katze längst nicht im Sack war, sprich: Die EM-Qualifikation hatte Irland noch nicht gesichert. Wortwörtlich ins Englische übersetzt ergab das für die verdutzten Iren freilich wenig Sinn. Nach dem Sieg seiner Auswahl setzte er nach und ergänzte leidenschaftlich: »The cat is in the sack, but the sack is not closed. The cat is in, but it's open. It's a wild cat.«[185-188]

55. GRUND

Weil Fabio Capello zwei Scudetti gewann und die Meisterpokale trotzdem nicht behalten durfte

2018 macht er Schluss. Fabio Capello wird seine beeindruckende Laufbahn beenden und mit 71 Jahren in Pension gehen. Als passenden Vergleich führt er Sir Alex Ferguson an, der mit 72 dem Traineramt den Rücken kehrte. Stolz kann er sein, der Norditaliener aus San Canzian d'Isonzo. Als Mittelfeldspieler machte er sich beim AS Rom, AC Milan und Juventus einen Namen, gewann Meisterschaften und die Coppa Italia. In der *Squadra Azzurra* werkte er einige Jahre und schaffte es bis zur WM-Endrunde 1974 in Deutschland. Seine Stärken spielte er vor allem im Dress von Juve aus und hatte in Turin seine erfolgreichste Zeit. Bis er es zum prestigeträchtigen Vereins- und Nationaltrainer schaffte, dauerte es überraschend lange. Erste Sporen verdiente sich Capello als Jugendbeauftragter des AC Milan, nachfolgend übte der gewiefte Taktikfuchs die Funktion als Assistent und Interimstrainer aus. 1991, elf Jahre nach seiner Zeit als Spieler, wurde er Chefcoach bei Milan und begann seine verheißungsvolle Mission als Titeljäger.

Über Real Madrid und den AS Rom kam Capello 2004 nach Turin und nahm aus der Hauptstadt gleich Emerson Ferreira da

Rosa als Gastgeschenk mit. Emerson war damals eines der heißesten Eisen im Fußballfeuer und die Römer waren über den Verlust gleich zweier Pfeile im dürftig bestückten Köcher nicht erfreut. Capello macht keine Gefangene und verfolgt eine rigide Philosophie. Sowohl in Turin als auch anderswo gilt für ihn Disziplin als oberstes Gebot. Eskapaden und Sonderregelungen? Nicht bei Capello. Verschwiegenheit über Trainingsmethoden und interne Abläufe? Zwangsläufig notwendig, sonst ist der Stammplatz schneller futschikato als Englands Chancen beim Elfmeterschießen. Capello hat einen starken Charakter, ist streng und anspruchsvoll, seine Spieler folgen klaglos seinen Anweisungen. Als Headcoach der Juve murrten die Spieler nach außen hin nie und wurden durch seine autoritäre Führung zweimal nacheinander souverän Meister der Serie A und kamen auch in der Champions League weit, ohne sich letztendlich Europas Krone aufzusetzen. Damals hatte Juve die beste Truppe der Welt, 2006 standen gleich neun Spieler im Finale (!) der Weltmeisterschaft 2006 im Berliner Olympiastadion. Nach *Calciopoli* wurden Juve beide *Scudetti* aberkannt und Capello ist – ungeachtet seines fantastischen Jobs – der einzige Fußballlehrer von Juventus, der die Liga dominierte, Rekorde pulverisierte und streng genommen ohne herzeigbare Trophäe den Verein wieder verließ.[189-191]

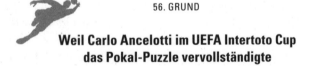

56. GRUND

Weil Carlo Ancelotti im UEFA Intertoto Cup das Pokal-Puzzle vervollständigte

Juventus kann sich glücklich schätzen. Neben Ajax Amsterdam, Bayern München und dem FC Chelsea haben die Weiß-Schwarzen jeden nennenswerten europäischen Hauptwettbewerb gewonnen. Sprich Champions League, Europa League und den Cup der Cupsieger – die offiziellen Bezeichnungen für die Turniere mögen je nach Jahrzehnt variieren, aber so genau muss es auch wieder nicht sein. Inhaltlich hat sich nichts geändert, ob Pokal der Landesmeister oder Champions League, ob UEFA-Cup oder Europa League, bis auf das Logo ist das Prinzip stets das gleiche geblieben. Nur der Cup der Cupsieger hat kein gegenwärtiges Pendant, 1999 wurde das offizielle Kräftemessen der Pokalsieger aller europäischen Verbände eingestampft. Fortan spielten die Cupgewinner im UEFA-Cup mit und eine der spannendsten transnationalen Schlachten im Knock-out-System war Geschichte.

Juventus kann sich auch deswegen auf die Schulter klopfen, da nur noch wenige andere Mannschaften diese historische Bestmarke erreichen können. Genauer gesagt nicht viel mehr als eine Handvoll. Den heiligen Gral, den Cup aller Cups, am Ende der Siegerstraße im Cup der Cupsieger kann niemand mehr finden. Wer ihn zwischen 1960 und 1999 nicht gewann, hat Pech gehabt. Noch exklusiver ist der Club, in dem sich Juventus ganz alleine befindet. Als fleißige Titelsammlerin hat die Alte Dame wirklich jede einzelne offizielle Auszeichnung abgegrast, die die UEFA in den höchsten Spielklassen des Herrenfußballs anerkennt. Die drei Hauptturniere sind mittlerweile bekannt, hinzu kommt der UEFA Supercup als Schmankerl zum Saisonauftakt, in dem sich die Gewinner der Champions League und Europa League befehden. Der Gewinner des Henkelpotts in der Meisterliga trifft Ende des Jahres in einem ungleichen Kampf auf die Sieger der äquivalenten Kontinental-Champions. Meist gewinnt ein Club aus Europa oder Südamerika den Weltpokal, die neuerdings mitspielenden Vertreter anderer Erdteile mimen leider nur bessere Sparring-Partner. Juventus hat auch diese Hürden mehrfach gemeistert und präsentiert die funkelnden Prachtstücke im Museum als Zeichen der vollständigen Kollektion.

Ein besonders rares Collector's Item findet sich gleich am Eingang der Kunstgalerie zu Turin am Gelände des Juventus Stadium.

Im Trophäenraum glänzt ein unscheinbarer Gegenstand: der UEFA-Intertoto-Pokal. Von 1995 bis 2008 war der »Cup der guten Hoffnung« ein Trostpflaster für jene Vereine, die in der Meisterschaft die direkte Qualifikation für den UEFA-Pokal knapp verpassten. Durch den salopp als UI-Cup bekannten Sommerwettbewerb bekamen einige Teams doch noch die Chance auf eine Teilnahme. Der »Trost-Cup« ist längst in den Annalen der Fußballhistorie verschwunden. Die Relevanz des Cups war marginal, nichtsdestotrotz handelte es sich um ein anerkanntes Turnier. Die Italiener aus dem Piemont waren das erste Team in Europa – und bleiben bis heute auch das einzige –, das wirklich alle offiziellen Wettkämpfe zumindest einmal für sich entschied.

Jetzt muss man so ehrlich sein und zugeben, dass wohl kein Weltklasse-Verein den UI-Cup vermisst. Und Juventus wird auch nicht mit dem Sieg 1999 prahlen. Dessen ungeachtet ist der Intertoto-Pokal ein Puzzle-Teil, das jeder Titelsammler der Vollständigkeit halber gerne in seinem Portfolio hätte. Das wird jetzt natürlich umso schwieriger, Herbeizaubern ist keine Option. Das kleine Puzzle-Stück ist für immer verloren und wird auch nie wieder nachproduziert.

Interessanterweise war Juves UI-Cup-Erfahrung der Auftakt einer kurzen Affäre mit einem der erfolgreichsten Spielertrainer unserer Zeit: Carlo Ancelotti. Als Aktiver integrales Mittelfeldelement des großen AC Milan Ende der 1980er war Juventus die erst dritte Station seiner Laufbahn als Sportmentor. Schon damals zeichneten den oft stoisch wirkenden Coach aus der Emilia-Romagna Ruhe und Sanftmütigkeit aus. Nahezu alle Spieler, die er trainiert, sehen in ihm einen Freund und väterlichen Vorgesetzten. Später sollte der Anti-Mourinho mit dem AC Milan und Real Madrid die Champions League gewinnen, als Chef der *Bianconeri* waren ihm keine weiteren Titel und nur zwei enttäuschende Vizemeisterschaften vergönnt.[192–196]

7. KAPITEL

DIE LEGENDEN VON HEUTE

57. GRUND

Weil Fernando Llorente nicht nur schön ist

Wenige Monate nach der Verpflichtung von Fernando Llorente konstatierte die italienische Sportzeitung *Tuttosport* in großen Lettern auf dem Cover, über den feschen Spanien-Export: »È solo bello?«, »Ist er nur schön?«.[197] Unterhalb prangte sein sympathisches Lächeln in Großaufnahme, im Fließtext zweifelte der Redakteur am Kauf des Mannes aus Pamplona. Die Tagesausgabe muss dem armen Ex-Athletic-Bilbao-Stürmer einen Schlag in die Magengrube verpasst haben. Trainer Conte setzte noch nicht auf die Dienste des ablösefreien Nationalspielers, stattdessen wollte er ihn behutsam aufbauen und langsam an die Mannschaft heranführen.

Juve war schon lange vorher am 1,95 Meter großen Hünen interessiert, allein an der Ablösesumme scheiterte ein Transfer. Für Bilbao schoss er jahrelang Tore wie am Fließband, wurde infolgedessen mit Spanien Weltmeister 2010 und Europameister 2012. Als er ein Verlängerungsangebot seines Arbeitgebers ausschlug, schaltete Athletic auf stur und untersagte ihm einen vorzeitigen Wechsel. Der Club pochte auf die Erfüllung von Llorentes Vertrag. Dem nicht genug, fristete er trotz seiner vielen Tore und engagierten Auftritte ein Dasein als Ergänzungs- und Einwechselspieler. Zwischenzeitlich überwarf er sich sogar mit Coach Marcelo Bielsa. Sein letztes Jahr war davon geprägt, dass er so gut wie nie auf dem Feld stand. Trotz der konkreten Offerte aus Turin wollten die stolzen Basken ihn nicht ziehen lassen. Einfach weil sie es konnten und einen Verkauf nicht nötig hatten. Eine Machtdemonstration mit einer klaren Botschaft, sowohl für Juve als auch Llorente selbst.[198]

Die fehlende Spielpraxis machte es ihm nicht gerade leicht, in einer brutal nach dem Leistungsprinzip agierenden Umwelt Fuß zu fassen. Der Verein will Tore sehen, die Fans noch mehr, und über die maßlose Erwartungshaltung der italienischen Medien hüllen wir den ominösen Mantel des Schweigens. Immerhin hatte die sarkastische Headline komödiantisches Potenzial. Überraschend war sie dennoch, schließlich gilt *Tuttosport* als Juve-nahe Gazette. Die erste Analyse war zweifelsohne unfair und stellte sein Potenzial zu früh infrage. Die Fitnesswerte und Harmonie mit den neuen Kollegen mussten erst einen gewissen Level erreichen, um seine Aufstellung gegenüber den arrivierten Stürmern zu rechtfertigen.

Dann schlug seine große Stunde gegen Hellas Verona, Luca Tonis Mannschaft der Stunde in der Saison 2013/14. Beim hart erkämpften 2:1-Heimerfolg schoss er seinen ersten Serie-A-Treffer und sich damit in die Herzen der *Juventini*. 15 weitere Tore in der abgelaufenen Spielzeit, formvollendet und wichtig noch dazu, zeugen von seiner Durchschlagskraft vor dem gegnerischen Kasten. Neben Carlos Tévez (19) bugsierte kein anderer Kamerad das Spielgerät öfter in die Maschen.[199] Eine tolle Ergänzung und ein wahrer Blickfang auf dem Platz, dieser schöne Kerl aus Spanien.

58. GRUND

Weil Arturo Vidal ein großes Herz hat

Viel ist nicht bekannt über Arturo Vidals Privatleben. Vor einigen Jahren war er eine der prominenten Hauptfiguren einer Dokusoap im Fernsehen, in der sein Lebensweg und Sprung in die oberen Regionen des Fußballbusiness veranschaulicht wurde. Der kleine Arturo wächst in einem Slum in Santiago de Chile auf. Seine Mutter muss sich alleine um die Großfamilie kümmern. Arturo hat wie seine fünf Geschwister keine Erinnerungen mehr an seinen Vater. Doch das war in einer Zeit, als er noch nicht mit Maria Teresa Matus verheiratet und Vater eines Jungen war.

Er hat es auch gar nicht nötig, sich ständig in den Medien zu präsentieren. Ins Rampenlicht schafft es der Mittelfeldkünstler auch so, denn seine Leistung für Juventus Turin als kreativer Taktgeber an der Seite von Andrea Pirlo hat seinem Namen schon so manche Schlagzeile ermöglicht. Mit elf Treffern in der Serie A, fünf in der Champions League und weiteren zwei in der Europa League stellte Vidal in der Saison 2013/14 auf beeindruckende Weise seine Fähigkeiten unter Beweis. Und das als zentraler Mittelfeldspieler. Der chilenische Krieger, wie Vidal von Fans in Turin und seiner Heimat genannt wird, ist sich seiner Qualitäten bewusst. Während des Spiels hat der sympathische Südamerikaner immer ein Lächeln auf den Lippen. Er wirkt selbstbewusst und treibt mit seinem präzisen Tackling jeden Gegenspieler zur Weißglut. Formt der torgefährliche Juve-Star seine beiden Hände zu einem großen Herzen und streckt es hoch in die Luft, kann das nur eines bedeuten: Er hat gerade einen Treffer versenkt und stürmt zu den Fans im ausverkauften Juventus Stadium. Sie lieben ihn, ihren nimmermüden Krieger.

Vidal weiß genau, dass er sich seit seinem Wechsel nach Turin 2011 als Mittelfeldspieler drastisch weiterentwickelt hat: »Es gibt viele Spieler, die auf dieser Position versuchen, so zu spielen wie ich – und mich ein bisschen imitieren. Aber ich bleibe dabei: Ich bin in dieser Rolle der Beste, weil keiner so gut wie ich verteidigt und zudem auch noch so viele Tore schießt.«

Bis er sich in der italienischen Vorzeigeliga in die Herzen der *Bianconeri*-Fans spielen konnte, war es ein weiter Weg. Sein Familienleben war kompliziert, Geld war knapp und der junge Arturo wusste, dass Fußball ein Sprungbett zu einem verbesserten Leben darstellt. Sein Onkel musste ihm sogar Essen bringen, als er als Kind dem Sport nachging. Er war sehr dünn und wurde durch dessen Hilfe physisch stärker.

Mit 13 kam er ins Jugendinternat des chilenischen Traditionsvereins CSD Colo-Colo und musste auf sein Debüt ein ganzes Jahr lang warten. Probleme mit seinem Spielerpass bremsten den Start des Talents aus. Arturo Erasmo Vidal Pardo war landesweit einer der Besten seines Jahrgangs und schaffte es mit 18 Jahren, erstmals für Colo-Colo aufzulaufen. Er gewann zweimal in Folge die nationale Meisterschaft und ging danach nach Deutschland. Der Schritt in eine unbekannte Kultur war anfangs ein Schock für ihn. Der Fußball in Chile ist anders, viel lockerer und weniger hart. Die deutschen Spieler wirkten auf ihn viel größer und schneller. Doch Vidal hat sich schnell eingelebt und ist selbst mit der größten Hürde, der Sprache, schnell zurechtgekommen.

Der Fußball hat Vidal und seiner Familie ein besseres Leben ermöglicht und ihm schließlich den Wechsel zu einem Spitzenverein beschert. Seine Begeisterung versteckt er, eben typisch Vidal, nicht: »Das Juventus-Shirt zu tragen ist das Schönste, was mir je passiert ist. Du kannst die Geschichte dieses Vereins spüren und die Leidenschaft der Fans ist unglaublich. Wenn du die weiße Linie übertrittst, merkst du, was auf dem Spiel steht und was von dir erwartet wird.«[200–203]

59. GRUND

Weil Gentleman Giorgio Chiellini von seinen Mitspielern geliebt und seinen Gegnern gehasst wird

109 von 110 möglichen Punkten erreichte Giorgio Chiellini im Juli 2010. Nicht etwa in den Highscore-Listen an der PlayStation, obwohl auch das dem Videospiel-affinen Techniknarren durchaus zuzutrauen wäre. Als er zum unumstrittenen Stammspieler für Juve und die *Squadra Azzurra* avancierte, war dem Verteidiger eine sinnvolle Alternative zum Fußball wichtig. Diesen Bestwert erreichte Chiellini, nachdem er sich Jahre zuvor an der Universität von Turin dem Studium der Betriebswirtschaft verschrieben hatte. Die Doppelbelastung meisterte er mit Bravour, denn Mathematik und die Finanzwelt faszinierten den groß gewachsenen Innenverteidiger schon seit der Schulzeit. Trotz der wachsenden Belastung durch den

Fußball und der schulischen Ausbildung entwickelte sich Chiellini zu einem der besten Defensivspezialisten der Welt und hat auch nach seiner aktiven Laufbahn eine hervorragende Perspektive.

In Interviews gibt sich der robuste Abwehrroutinier alter italienischer Prägung stets wortgewandt und sympathisch. Sein Habitus hat ihm sogar den Ruf eines Ehrenmannes eingebracht. Im eigenen Strafraum ist von Chiellinis zuvorkommender Art indes wenig zu spüren. Sein körperbetontes Spiel ist oft am Rande der Legalität, es gibt keinen Trick, den der Ex-Livorno-Spieler nicht aus seinem Ärmel schüttelt. Im Abwehrverbund mit Andrea Barzagli und Leonardo Bonucci ist der Nationalspieler unverzichtbar. Durch seine Vielseitigkeit kann er alle Innenverteidigerpositionen abdecken und auch als Linksaußen fungieren. Dazu sind im Juve-Kader zwar einige zu leisten imstande, doch nur seine Präsenz und versatile Spielweise erfüllen alle Anforderungen an unterschiedliche Spielsysteme. Egal ob als Schlüsselfigur in einer Vierer- oder Dreierkette, Chiellini zeigt unbändigen Willen und opfert sich auf, um die gegnerischen Sturmtruppen in Schach zu halten.

Technisch gehört Chiellini nicht zu den Vorzugsschülern und schneller wird der 30-Jährige wohl auch nicht mehr werden. Seine perfekten Tacklings und sein fehlerloses Stellungsspiel kompensieren die raren Makel. Hinzu kommen ein ungewöhnlich hohes Spielverständnis und seine kompromisslose Härte bei der Manndeckung. Chiellinis dominante Performance ringt selbst der Konkurrenz beispiellosen Respekt ab. Trainer Walter Mazzarri sagte einmal: »Er ist eine Naturgewalt. Ein universell einsetzbarer Spieler, den jeder Trainer gerne in seiner Mannschaft hätte. Er ist von einem anderen Planeten, kann drei Spieler gleichzeitig verteidigen.« Dass Giorgio Chiellini nicht auf gottgegebene Fähigkeiten vertraut und sich seinen Status immer wieder neu erarbeitet, betont er gerne: »Motivation und Wille sind zwei fundamentale Aspekte, die sogar wichtiger als naturgegebenes Talent sind. Opfer helfen bei der Entwicklung, egal an welchem Punkt der Karriere man sich gerade befindet.«[204][205]

60. GRUND

Weil Prophet Andrea Pirlo neuen Schwung in die schwarz-weiße Religion gebracht hat

Die Fußballbranche ist unbarmherzig, manchmal geradezu lächerlich schnelllebig. Einstige Erfolge geraten in Vergessenheit, ein Spieler ist nur so viel wert wie dessen Leistung am vergangen Spieltag. In jungen Jahren können Formkrisen noch durch die Unerfahrenheit und eine zweifellos unstete Lernkurve erklärt werden, ab der magischen 30er-Grenze müssen selbst Stars mit kritischen Stimmen umgehen, die das Ende der Karriere aufgrund der schwächelnden Physis heraufbeschwören wollen.

Diese bittere Erkenntnis traf 2011 auch Andrea Pirlo, Mittelfeld-Regisseur des italienischen Star-Ensembles AC Milan und Hirn der *Squadra Azzurra*. Nach einer spielerisch durchwachsenen Saison blieb ihm nicht viel Zeit, sich über die Zukunft Gedanken zu machen. Sein Vertrag in der italienischen Modemetropole war nach gut einem Jahrzehnt abgelaufen und die Turiner Rivalen hatten dem damals 31-Jährigen einen Drei-Jahres-Vertrag auf den Tisch gelegt. Das Management der Mailänder wollte ihn halten, doch nicht um jeden Preis. »Obwohl du auf der Bank warst oder manchmal sogar der Tribüne, haben wir den Meistertitel gewonnen. Und weißt du, Andrea, die Strategie hat sich dieses Jahr geändert. Wenn jemand über 30 ist, bieten wir nur mehr Ein-Jahres-Verträge an.«

Diese Worte von Vereins-Vize Adriano Galliani trafen ihn hart. Legendäre Club-Ikone. Weltmeister 2006 in Deutschland. Zahlreiche Champions-League-Trophäen und Scudetti. All seine Verdienste und herausragenden Qualitäten sollten auf einmal keine Rolle mehr spielen? Diese Konditionen konnte er einfach nicht akzeptieren und entschied sich konsequenterweise für die neue Herausforderung im Piemont. Zum Abschied bekam er einen edel designten Kugelschreiber von Cartier. Dessen Qualität ist zwar un-

verkennbar, doch für den vereinstreuen Pirlo muss diese Geste wie ein Schlag ins Gesicht gewesen sein – auch wenn er nie auch nur ein Wort des Nachtretens in der Presse darüber verlor. Selbst in seiner Autobiografie erkennt er die Schlagfertigkeit Gallianis süffisant an, als Pirlo im Manager-Büro, gedankenverloren, den Füller unter die Lupe nahm und aus allen möglichen Winkeln betrachtete.
»Um Himmels willen, verwende ihn bitte nicht, um für Juventus zu unterschreiben!«

Selbst in diesem Moment glaubte der bekennende Weinliebhaber keine Sekunde daran, am Ende seiner Laufbahn angelangt zu sein. Selbst heute fällt es ihm noch schwer zu verstehen, warum ihn damals viele abschreiben wollten. Auf seinem privaten Weingut nahe der Heimat Brescia kümmert sich der geniale Spielmacher seit Jahren liebevoll um die Herstellung eigener edler Tropfen, und wie das alkoholische Getränk reift auch Pirlo mit fortlaufendem Alter.[206] Die unnachahmliche Spielübersicht gepaart mit der einzigartigen Fähigkeit, das Spiel wie kein Zweiter zu lesen, hat Pirlo nach Turin mitgenommen. 2011 hatte Juve diese Fertigkeiten auch dringend nötig, wurde im Vorjahr doch nur ein beschämender siebter Platz in der Serie A erreicht und den erfolgsverwöhnten *Tifosi* spielerische Magerkost serviert. Die Fachpresse beäugte Pirlos ablösefreien Transfer argwöhnisch und zweifelte am Turiner Management ob der Vereinspolitik, auf dem Spielermarkt sparsam und zurückhaltend zu agieren. Doch schon zum Saisonauftakt gegen Parma skandierten die Fans lautstark seinen Namen, erwarteten vom »Architekten« und »Propheten« nichts Geringeres als die Führungsrolle in einer triumphalen Reise ins gelobte Land, an dessen Ende die lang ersehnte Meisterschaft erhofft wurde.

Obwohl Juventus nicht als Favorit ins Rennen ging, wurde die Mannschaft am Ende ungeschlagener Champion. In den nachfolgenden beiden Saisons konnte der Rekord-Titelträger den Pokal zweimal verteidigen und auch im Europacup für Furore sorgen. Andrea Pirlo war stets mit seiner besonnenen Art präsent, zog die

Fäden im Mittelfeld und übertraf selbst die kühnsten Erwartungen der nicht gerade für Bescheidenheit bekannten Juve-Anhänger. Auch die Nationalmannschaft schaffte es unter seiner Regie ins Finale der Europameisterschaft 2012 in Kiew.

Kaum zu glauben, dass der introvertierte Pirlo einst als »Pirla« verspottet wurde, was im norditalienischen Jargon »Trottel« und männliches Geschlechtsteil bedeutet. Das war vor fast 16 Jahren, als der Jungspund bei Inter Mailand scheiterte und erst beim verhassten Lokalrivalen zur heute bekannten Stärke fand.[207] Wie Milan bereut auch Inter, sein wahres Genie verkannt zu haben. Sehr zur Freude aller *Juventini* spielt der Maestro nun endlich, wo er hingehört und entsprechend gewürdigt wird. Ob Pirlo seinen Vertrag mit einer Feder von Cartier unterzeichnet hat, ist übrigens nicht überliefert.[208]

61. GRUND

Weil mit Gianluigi Buffon und Dino Zoff zwei der weltbesten Torhüter für Juve gespielt haben

1982 war Dino Zoff mit 40 Jahren Weltmeister, sein hohes Alter merkte man ihm kaum an. Der Triumph festigte seinen Platz in den Geschichtsbüchern und der Juve-Torwart hatte großen Anteil am dritten Stern auf dem Shirt der *Squadra Azzurra*. 24 Jahre später glänzte Gianluigi Buffon und war Teil jener Mannschaft, die den vierten Stern errang. Auch Buffon war eine Größe im Dienst der Alten Dame, wenn auch mit 28 nicht so alt wie sein Landsmann. Er ist aber auch wenige Jahre vor seinem 40er noch immer die unumstrittene Nummer eins im Verein und der nationalen Auswahl. Früher oder später wird auch er zurücktreten (müssen) und dann stellt sich wieder ganz Italien die Frage: Wer wird der Nachfolger des besten Torhüters aller Zeiten? Als Buffon noch jung war, adressierten jene Stimmen unmissverständlich den legendären Zoff aus dem norditalienischen Friaul. Heute ist es nicht mehr ganz so offensichtlich, denn sein legitimer Nachfolger aus der Toskana wurde nicht umsonst viermal zum Welttorhüter des Jahres gewählt. Die Nation wird sich zudem fragen, ob auch der nächste Stern am Torhüter-Firmament wieder in Turin leuchten wird. Denn welcher Verein kann von sich behaupten, zwei der erfolgreichsten Schlussmänner aller Zeiten in den eigenen Reihen gehabt zu haben? Verschwindend wenige, so viel steht fest.

Dino Zoff war ein Besessener, der sich immer wieder neu motivieren konnte. Ein Ausnahmetalent mit flinken Reflexen, das ununterbrochen an seinen Fertigkeiten arbeitete. Als letzter Mann konnten sich seine Vorderleute auf ihn verlassen und er machte so manche Großchance der Gegner zunichte. Zoff strahlte Sicherheit aus und kämpfte bis zum Umfallen.

Buffons Charakteristika weisen frappierende Parallelen auf. Er ist wohl der kompletteste Torhüter der Welt, auf der Linie wie in der Luft unerreicht. In der Umkleidekabine agiert Buffon als Leader und dirigiert seine Verteidiger wie ein perfekt choreografiertes Orchester. Einen körperlichen Vorteil hat er gegenüber Zoff: Mit 191 Zentimetern ist er um fast zehn Zentimeter größer, wodurch sich seine Reichweite signifikant steigert. Kritiker werfen ihm jedoch vor, bei Elfmetern nicht den gewissen Riecher zu haben. Er könne sich steigern, wenn es um das Lesen der Elferschützen geht. Just bei seinen Paraden auf dem Weg zum WM-Titel schaffte es *Superman*, das psychologische Duell für sich zu entscheiden. Im nervenzehrenden Elferschießen wurde Gianluigi Buffon zum nationalen Helden und festigte in den Folgejahren seinen Status als unverwüstlicher Publikumsliebling.[209–211]

62. GRUND

Weil sich ein Doppelgänger von Pavel Nedvěd ins Team schlich und erst Jahre später aufflog

Die *Tifosi* wollten es erzwingen, doch am Ende herrschte bittere Ernüchterung. Als großer Nachfolger des majestätischen Blondschopfs Pavel Nedvěd geholt, sollte Miloš Krasić den Fans endlich wieder große Erfolge bescheren. Er hatte die gleichen spielerischen Anlagen, war auf der rechten Außenbahn zu Hause und startete seine erste Saison im Dress der Juve mit schönen Toren und Vorlagen. Krasić dribbelte kraftvoll durch die Verteidigung und glänzte mit enormer Geschwindigkeit. Er erinnerte tatsächlich an das tschechische Kraftpaket und seine langen blonden Haare machten ihn zur glattgebügelten Variante des visuellen Vorbilds.

Nach der Hinrunde flaute die erste Euphorie ab. Krasić spielte inkonsistent und verlor allmählich das Vertrauen der *Juventini*. Die Medien gingen hart mit dem Serben ins Gericht und legten ihn als 15 Millionen Euro teuren Flop zu den Akten. So viel hatte Juve nämlich an ZSKA Moskau überwiesen. In seiner zweiten Saison wusste Krasić nicht einmal mehr, wie man das Wort »Stammspieler« buchstabiert, und wurde von Neo-Coach Antonio Conte alsbald ausgemustert. Die Fans hatten indes bis zuletzt gehofft, dass König Pavel II. ein königliches Feuerwerk abbrennt und triumphal zurückkehrt. Vergebens. Miloš Krasić war in seiner taktischen Flexibilität und spielerischen Klasse beschränkt. Nach nur einem halben Jahr hatten gegnerische Teams seine limitierten Tricks durchschaut. Wie etwa ein Arjen Robben, der wirklich immer von rechts außen nach links innen zieht, um den Ball gezielt ins Eck zu feuern. Nur ist Robben ein Spieler mit ungeheurer Klasse und Anpassungsfähigkeit. Krasić hat all das nicht und musste Turin verlassen.

Die Vereinsführung von Juventus hatte in den ersten paar Jahren nach *Calciopoli* nicht gerade ein gutes Transfer-Händchen. In bester Gesellschaft befand sich Miloš Krasić mit seinem Clubkollegen Felipe Melo. Der Brasilianer sollte im Mittelfeld die Defensivkünste seines Landsmannes Emerson wiederaufleben lassen und scheiterte kläglich. Für 25 Millionen Euro Ablöse gewann Melo im Dress der Juve nur den ersten Platz bei der Wahl zur *Goldenen Mülltonne*, als schlechtester Spieler der italienischen Fußballmeisterschaft.[212–214]

63. GRUND

Weil niemand den geheiligten Greifarmen von Oktopus Paul I. ausweichen kann

»Er ist ein Krieger mit der richtigen Einstellung. Er hat alles, was man braucht, um erfolgreich zu sein«, weiß Frankreichs Teamchef Didier Deschamps. »Er ist demütig, hört auf meine Tipps und die seiner Teamkollegen. Ich habe seine Interviews gesehen, in denen er davon sprach, der Beste der Welt werden zu wollen. Ich bin damit einverstanden, weil er meiner Meinung nach der Beste werden kann«, schwärmt Juventus' Leitwolf Antonio Conte. Die beiden müssen es ja wissen, waren sie in ihrer aktiven Zeit doch selbst arrivierte Mittelfeldstrategen.

Hochgewachsen, mit langen Beinen und einem gesunden Ego, besitzt Paul Pogba wahrscheinlich die seltenste Gabe im Fußball. Du siehst ihn spielen und weißt sofort, dass er etwas Besonderes ist. Ein zukünftiger Star. Die Grundlage der unermesslichen Versprechung einer großen Zukunft. Unweigerlich keimt eine Art kindliche Begeisterung auf ob der Dinge, die dieser junge Mann auf dem grünen Rasen leisten wird. Wenn seine Kameraden von Juventus über den jungen Mittelfeldmann sprechen oder Experten seine Spielweise analysieren, kommen sie alle ins Schwärmen.

Pogba ist der Prototyp des modernen Fußballers. Körperlich stark, blitzschnell und mit einem außergewöhnlichen Stehvermögen gesegnet, ist der 1,86 Meter große Franzose aus Lagny-sur-Marne kaum vom Ball zu trennen. Die schiere Wucht seiner Potenz und Ausdauer erkennt man sogar vom hintersten Eck des Stadions, die langen Beine lassen seinen gesamten Bewegungsapparat krakenartig wirken. Dank seiner physischen Präsenz dominiert Pogba das Spielgeschehen mit einer Leichtigkeit, die selbst die wendigsten Meeresbewohner wie ungelenke Grobmotoriker dastehen lässt. Geschmeidig fährt er seine Tentakel aus, wischt jedes Hindernis mühelos zur Seite und drischt mit geballter Kraft den Ball in die Maschen. Peter Crouch, der schlaksige Brite mit den elastischen Beinen, fungierte in seiner Blütezeit als Garant für Treffer mit dem Prädikat »Komödiantisch wertvoll«. War der hölzerne Exstürmer des FC Liverpool spöttisch als Weberknecht verschrien, ist Pogba das extravagante Gegenteil: *Il Polpo Paul*, Paul der Oktopus, eleganter Vollstrecker und Herrscher über das geheiligte Territorium des Juventus Stadium zu Turin.

Sein Können war schon zu Zeiten der U20-Weltmeisterschaften greifbar. In aller Fairness, ganz wie er es jetzt für den italienischen Rekordmeister zelebriert, spielte er mit einer zwanglosen Nonchalance. Pogba versprühte das Selbstverständnis, ganz genau zu wissen, dass er zu gut für dieses Spielniveau ist, aber dennoch unbedingt dabei sein will. Diese ungehemmte Lässigkeit und allgegenwärtige Professionalität machten seine Performance so beeindruckend. Für Juventus spielt Paul der Oktopus nicht anders, und er weiß, dass er auf diesem Level noch gehörig Luft nach oben hat. Pogbas wundervolle Technik, Charisma und athletische Erscheinung mit dem Spielgerät an seinen Füßen werden ihn auf dem Weg an die Spitze unterstützen.[215][216]

64. GRUND

Weil der kleine Prinz Marchisio das Volk verzaubert

Claudio Marchisio wurde in Turin geboren. Seine Eltern zogen ihn in der Gemeinde Andezeno, nahe der Stadt, als jüngsten von drei Brüdern groß. Die Menschen lieben ihn, den waschechten *Juventino*. Seine Familie war schon immer Juve-fanatisch, besaß Saisonkarten und er selbst war Balljunge im alten Stadio delle Alpi. Als Kind interessierten ihn viele Sportarten und er schloss sich alsbald Fiats Satellitenclub Sisport an. Im Alter von sieben Jahren wurde er von Spähern der Jugendabteilung von Juve entdeckt und umgehend verpflichtet.

Marchisios Stärken liegen im unerbittlichen Einsatz für die Mannschaft, seine Dribbling-Skills, präzisen kurzen Pässe und gefürchteten Distanzschüsse ergänzen Kreativgeist Andrea Pirlo im Mittelfeld der Alten Dame. Seine Arbeitsmoral und das vorbildhafte Teamwork machen ihn zum Schwarm der *Tifosi*. Sie nennen ihn zärtlich *Il Principino*, den kleinen Prinz, und verzeihen ihm so manchen Lapsus im Spielaufbau. Sein Spitzname ist Sportreporter Claudio Zuliani entsprungen, die Fans haben diese Bezeichnung in ihr Vokabular aufgenommen. Marchisio ist vielseitig einsetzbar und kann alle Positionen zwischen Angriff und Abwehr ausfüllen. Am effektivsten spielt er seine Qualitäten aus, wenn Coach Antonio Conte ihn im Zentrum zwischen Pirlo und Arturo Vidal oder Paul Pogba implementiert. Er mutiert zum effektiven Bindeglied im Umschaltspiel zwischen Offensive und Defensive, seine unaufgeregte und wenig spektakuläre Art verschleiert die wahre Wichtigkeit seiner Rolle als Stratege. Ist er auf dem Platz, fällt er manchmal nicht auf. Wird er ausgewechselt, merkt selbst der Laie, dass dem Spiel der Turiner ein wichtiges Element abhandenkommt.

Nach dem Weggang von Alessandro Del Piero ist Claudio Marchisio die Verkörperung der Tugenden und Identität von Juventus schlechthin. Ein Marchisio verlässt Turin nicht. Er weiß es, der Verein weiß es und die Fans wissen es auch. In seiner Karriere spielte er nur ein Jahr nicht für seinen Herzensverein, als er 2007/08 an Empoli ausgeliehen war und wertvolle Spielpraxis sammelte. International ist er nicht aus der *Squadra Azzurra* wegzudenken und erzielt auch schon mal entscheidende Tore, wie beispielsweise den ersten Treffer gegen die Engländer im Gruppenspiel der Weltmeisterschaft in Brasilien. Selbst Halluzinationen in der unmenschlichen Hitze beim *Rumble in the Jungle* in Manaus, wo 32 Grad und 90 Prozent Luftfeuchtigkeit mitten im Amazonasgebiet zum guten Ton gehören, stoppen seinen unbändigen Kampfgeist nicht.[217]

Privat ist er seit 2008 mit Roberta verheiratet und hat zwei Söhne. Seine Liebe zu seiner Frau und zum Verein wird auf eine harte Probe gestellt, da sie Torino und somit den zweiten bekannten Verein vom anderen Ende der Stadt unterstützt.[218]

65. GRUND

Weil Carlos Tévez aus Juves Offensive nicht mehr wegzudenken ist

Carlos Alberto Martínez Tévez stammt aus Ciudadela in Buenos Aires und wuchs im Viertel Ejército de Los Andes auf. Das Leben in *Fuerte Apache*, wie die Gegend in Anlehnung an das Kriminaldrama *Fort Apache: The Bronx* mit Paul Newman heißt, ist kein Zuckerschlecken.[219] Gewalt und Armut prägen die Szenerie, der kleine Carlitos hatte früh eine schwere Verletzung zu verkraften. Als Kind wurde er versehentlich mit kochend heißem Wasser überschüttet, seine markante Narbe vom Nackenbereich über das rechte Ohr bis zur Brust zeugt von diesem dramatischen Unfall. Fast zwei Monate mussten Tévez' Verbrennungen dritten Grades auf der Intensivstation behandelt werden.

Über die Boca Juniors aus Buenos Aires und Corinthians aus São Paulo erarbeitete sich der wieselflinke Angreifer ein Engagement bei West Ham United. Ein Wutanfall nach einer langen torlosen Durststrecke brachte ihn in die Schlagzeilen. Tévez musste Teile seines Gehaltes für wohltätige Zwecke spenden und sollte auf Wunsch seiner Teamkollegen in einem Brasilien-Trikot zum Training erscheinen. Tévez weigerte sich mit den Worten: »Ich habe in Brasilien gespielt und habe großen Respekt für Brasilien und die Brasilianer, aber ich bin Argentinier und werde dieses Shirt nicht überstreifen.« Nach einer erfolgreichen Zeit bei Manchester United wechselte er zum Stadtrivalen Manchester City. Sein berühmt-berüchtigter Disput mit Trainer Roberto Mancini sollte seiner Karriere einen gewaltigen Dämpfer verpassen. Im Champions-League-Spiel gegen Bayern München verweigerte Tévez die Einwechslung – daraufhin war er monatelang von der ersten Mannschaft isoliert und auch ins argentinische Nationalteam wurde er nicht mehr einberufen. 2012 war Tévez so frustriert, dass er ernsthaft über ein Karriereende nachdachte. Seine Reibereien schaffte Tévez zwar wieder aus der Welt und versöhnte sich zumindest mit Manchester City, doch sein Verhältnis zu Club und Trainer wurde nie wieder so harmonisch wie vor seiner Eskapade. Die Gründe sind zwar weitgehend unklar, doch Tévez ist für Argentiniens *Albiceleste*, den weiß-himmelblauen Stolz einer ganzen Nation, trotz aufsteigender Form eine Persona non grata. Vielleicht wäre er wirklich zu den Boca Juniors zurückgegangen, ein Anruf aus dem Piemont und die Verlockungen einer neuen Herausforderung haben seine Rückkehr vertagt.

Der *Apache* aus Ejército de Los Andes hat es weit gebracht. In seiner ersten Saison für die Giganten aus Turin erzielte Tévez gleich 19 Tore und avancierte durch seine kampfstarke Spielweise zum Favoriten des verwöhnten Publikums. Keine Spur eines *Enfant terrible*, stattdessen opfert sich der Argentinier für seine Kameraden auf, glänzt durch wichtige und wunderschöne Treffer wie am Fließband. Vinovo wurde zu seinem natürlichen Habitat, zu einem Ort, an dem er geliebt und verehrt wird. Wenn Tévez in den Strafraum dribbelt, brennt der Rasen. Zündet er seinen explosiven Antrittsturbo, liegt ein Tor in der Luft. Das hat Juve in den Jahren zuvor immer gefehlt, ein geborener Torjäger, ein Instinktfußballer, der dem Gegner in Sekundenbruchteilen den Wind aus den Segeln nimmt.

Carlitos wird noch ein paar Jahre in der Serie A seine Treffer erzielen. Dann geht er wieder zurück in seine Heimat. In Europa wurde er zu einem der besten Angreifer seiner Generation, reifte fußballerisch wie menschlich. Doch das war nie sein Problem, er steht zu seinen Fehlern und Entscheidungen. Als Tévez einst bei den Boca Juniors anheuerte, boten sie ihm eine kosmetische Korrektur seiner Brandnarben an. Doch Tévez weigerte sich, machte unmissverständlich klar, dass die Narben ein Teil seiner Persönlichkeit seien. Ein Teil davon, wer er früher war und wer er heute ist.[220]

66. GRUND

Weil der Thronfolger des großen Pinturicchio ein schweres Erbe antritt

Ameisen sind beeindruckende Tiere. Ihre Körper sind winzig klein, die Füßchen federleicht und trotzdem stemmen sie ein Vielfaches ihres Körpergewichts. Ihr undankbarer Job wäre anders gar nicht möglich, die Nahrung muss halt irgendwie beschafft und in das Zentrum der Kolonie geschafft werden. Es nützt ja nichts, die Königin verlangt es.

Man stelle sich nun eine etwas abwegigere Situation vor: Was wäre, wenn nukleare Waffentests der US Army nicht im Bikini-Atoll stattfinden, sondern irgendwo anders auf der Welt, sagen wir im Ligurischen Meer. Kinofilme haben uns schon mehrfach weismachen wollen, dass solche Experimente schwere Auswirkungen auf die Flora und Fauna haben. Da wäre zum einen *Godzilla*. Die saurierartige Riesenechse mit Hang zur Zerstörung ganzer Städte hat schon so manchen Gegner in die Knie gezwungen. Das mutierte Vieh war jedoch schon vor der Verstrahlung nicht gerade klein. Aber zurück zum Ligurischen Meer: Was wäre, wenn der radioaktive Niederschlag über Genua Richtung Turin zieht und arme wehrlose Ameisen verstrahlt? In der Realität würden alle sterben, aber für Hollywood wäre diese hypothetische Annahme ein kreativer Goldschatz: Riesenameisen mit unvorstellbaren Kräften! Könnten sie durch ihre Stärke auch *Godzilla* hochheben? Man weiß es nicht.

Um eine real existierende Giganten-Ameise in freier Wildbahn zu beobachten, muss kein fiktives Hirngespinst herhalten. Im Piemont lebt dieses Unikat, die Atomameise. *La Formica Atomica*. Aufgrund seiner körperlichen Beschaffenheit von nur 164 Zentimetern bekam Juves Offensivmann Sebastian Giovinco diesen Spitznamen verpasst. In Anlehnung an die Cartoon-Figur *Atom Ant* der Hanna-Barbera-Studios.

Nach großartigen Leistungen im *Primavera*-Team von Juventus schaffte Giovinco den Sprung in die erste Mannschaft und gab nach seiner ersten Einwechslung die Vorlage zu Davis Trézéguets Tor. Die *Juventini* jubilierten und glaubten, in dem 20-Jährigen den Nachfolger des legendären Alessandro Del Piero ausgemacht zu haben. Del Piero war damals nicht mehr der Jüngste und ein Karriereende nur wenige Jahre entfernt. Giovinco verkörperte all jene Spielanlagen, die *Pinturicchio* auszeichnen: Schöne Freistoß-Tore, ein Auge für die Mitspieler und präzise Pässe. Er versprach magische Momente.

Nach ersten Erfahrungen beim FC Empoli und durchwachsenen Jahren in Turin gelangen dem Italiener zwei herausragende Spielzeiten für den FC Parma. Als Belohnung bekam Sebastian Giovinco endlich die große Chance, sich den Thron des abgedankten Juve-Altmeisters Del Piero zu krallen. Trotz vieler Auftritte und einiger Tore im ersten Jahr seiner Rückkehr konnte sich Giovinco bis heute nicht in der Stammelf etablieren. Die schmächtige Atomameise hat viel für den Verein getan und ist ein wertvoller Ergänzungsspieler. Die Nachfolge von Alessandro Del Piero war aber eine zu große Aufgabe, deren schwere Last er nicht schultern konnte.[221]

67. GRUND

Weil Kwadwo Asamoah der beste Brasilianer Afrikas ist und die Zukunft von Juve repräsentiert

Für Antonio Conte ist Kwadwo Asamoah längst ein Schlüsselspieler und unersetzlich. In der jüngsten Saison bestritt er rund 60 Prozent seiner Zweikämpfe siegreich und brachte 85 Prozent seiner Pässe zu einem Mitspieler. Seine Dribbelstärke brachte ihm Vergleiche mit Cristiano Ronaldo ein und verzaubert die *Tifosi* der Alten Dame. Asamoah spielt im strategischen Korsett von Juventus eine andere Rolle als der ballverliebte Portugiese. Im linken Mittelfeld sorgt er für die dringend benötigte Offensivkraft und auf der Außenbahn für ausreichend Unterstützung der Verteidiger.

So schmeichelhaft der Vergleich mit Ronaldo auch ist, Asamoahs Spielweise unterscheidet sich doch erheblich von der des mehrfachen Weltfußballers. Unermüdlich rennt er auf und ab und ergänzt seine technische Finesse mit beeindruckender Kampfstärke bei Ballbesitz des Gegners. Wäre Juventus nicht mit herausragenden Mittelfeldspielern gesegnet, Asamoah könnte zentral offensiv und als defensiver Sechser brillieren. Was heißt könnte, im Nationalteam und vereinzelt im Dress der Juve hat das Konditionswunder jene Positionen schon ausgefüllt. Erfordert die taktische Umstellung eine Viererkette, ist Asamoah als Linksverteidiger zur Stelle. 25 Jahre ist der Ghanaer erst jung und er wird in den kommenden Jahren zu den wichtigsten Stützen der *Vecchia Signora* gehören.

Die Fans in seinem Heimatland Ghana lieben ihn. Er ist der Superstar einer Mannschaft, die sich aufgrund der individuellen

Qualität und trickreichen Spielweise als *Brasilien Afrikas* einen Namen machte. Über Italiens Talentschmiede Udinese Calcio schaffte er den sportlichen Aufstieg zum italienischen Rekordmeister und setzte sich umgehend in der Startaufstellung der *Bianconeri* fest. Asamoah gelang früh der erhoffte Sprung ins lukrative Ausland, da der Fußball in Afrika keinesfalls für Familie und ein Leben nach der aktiven Zeit sorgt.

Afrikanische Teams sind bekannt für ihre Rituale zur Vorbereitung. Asamoah und seine *Black Stars*, ein weiterer Kosename für die ghanaische Fußballnationalmannschaft, singen und tanzen zu spirituellen Songs aus der Heimat. Kwadwo Asamoah glaubt an die befreiende Wirkung vor den härtesten Duellen. Im Interview mit *Die Welt* antwortet er auf den nicht ganz ernst gemeinten Rat des Reporters, vergleichbare Zeremonien Juve-Coach Antonio Conte vorzuschlagen: »Oh ja, der wäre sicher wahnsinnig begeistert.«[222-224]

8. KAPITEL

CALCIO E CULTURA

68. GRUND

Weil die Juve eigentlich Teil einer großen Familie ist

Die Liebe zum runden Leder, die Zuneigung zu den Clubs der Serie A und auch der anderen Spielklassen, äußert sich im gefühlvoll gewählten Sprachvokabular des Italieners. Ist Fußball mal wieder Gesprächsthema der *Tifosi*, und die sind auf dem Stiefel im Süden Europas die überwältigende Mehrheit, wirkt es, als debattierten sie über die eigene Familie. Spielt der Verein des Herzens am Wochenende wieder einmal schlecht, rutscht der Diskurs in hitzige Wortgefechte ab. Als ob sich die ungeliebte Verwandtschaft, die sich ja niemand aussuchen kann, zum Besuch ankündigt und die spärliche Freizeit durch ihre unausstehliche Art zunichtemacht.

Die *Famiglia* ist den Italienern ja besonders wichtig. Der Lieblingsverein ist Teil des Elternhauses, fast wie eine kleine Schwester. Der Bruder liebt und verteidigt sie bis aufs Blut. Auch dann, wenn der Haussegen schief hängt und die Fürsorge etwas zu weit geht. Die *Sorella* hat ein eigenes Leben und der *Fratello* muss sich nicht immer in ihre Angelegenheiten einmischen. Streitereien sind vorprogrammiert, doch die enge Verbindung der beiden bleibt in der Regel ein Leben lang intakt.

In den 1990er-Jahren bis zum Millennium, als Italiens Serie A am absoluten Höhepunkt und die mit Abstand beste Liga der Welt war, spielten die Teams attraktiven Fußball und dominierten die europäischen Pokalwettbewerbe. Champions League, UEFA Cup und der Cup der Cupsieger waren fest in italienischer Hand. Mit Juventus an der Spitze der Hackordnung gehörten sieben Teams dieser elitären Gruppe an. Natürlich wurde nicht jeder Titel auch gewonnen, doch der AC Milan, Inter Mailand, Lazio Rom, AC Fiorentina, AC Parma und der AS Roma zählten in den Turnieren immer zum engsten Favoritenkreis.

Sie war damals auch in allen Gazetten spürbar, die Liebe der Nation zu ihren Schwestern, und findige Journalisten kreierten einen neuen Begriff für den Stolz der Familie: *Le sette sorelle*, die sieben Schwestern des *Calcio*. *La* Juve aus Turin, *La* Viola (die Violetten) aus Florenz und *La* Roma aus dem gelb-roten Teil der Hauptstadt – sie alle waren nicht nur Schwestern im Geiste, auch der stets weibliche Artikel dominiert die sanften Spitznamen für die geliebten Angehörigen.[225]

In der Gegenwart hat der Glanz dieser goldenen Generation ein wenig an Strahlkraft eingebüßt. Der AC Milan ist ein Schatten seiner ruhmreichen Vergangenheit und international in der aktuellen Spielzeit nicht vertreten. Inter Mailand und Florenz, Letztere war vor mehr als zehn Jahren noch bankrott und ist mittlerweile wieder auf dem Weg zu einer Konstante am oberen Tabellenende, müssen im Cup der Verlierer eine einjährige Ehrenrunde drehen.[226] Lazio steckt im Sumpf des Mittelmaßes fest, Parma hat trotz sportlicher Qualifikation Probleme mit der UEFA-Lizenz.[227] Die Roma spielte zuletzt eine traumhafte Saison, landete auf Platz zwei und wird auch in der Champions League ein gewichtiges Wörtchen mitreden.

Ganz oben hat sich hingegen nichts geändert. Die Juve sitzt finanziell abgesichert und sportlich uneinholbar fest auf dem Familien-Thron. Drei Titel in Folge und der Sturm auf Europa als logische Konsequenz. Ihr muss kein großer Bruder zur Seite stehen, die älteste aller Schwestern hat sich ganz gut selbst im Griff.

69. GRUND

Weil Turin Italiens erste Filmmetropole war und Juventus auch im Kino die Nummer eins ist

Mit einer kantigen Kuppel und dem spitz zulaufenden Turm ist *la Mole*, so der Kosename aller Turiner für das skurril anmutende

Bauwerk Mole Antonelliana, der perfekte Ort für einen traumhaften Blick auf die Stadt. Die 167 Meter hohe Konstruktion ist eine architektonische Meisterleistung, als Blickfang der ideale Ort für prächtige Filmaufnahmen. Die Innenräume als würdige Kulisse beherbergen seit 2000 einen wahren Schatz. Das Nationale Filmmuseum zeigt alle Stationen der Filmhistorie, von der Erfindung der Fotografie über die Pioniere Thomas Alva Edison und die Gebrüder Lumière, die Ende des 19. Jahrhunderts die ersten Filmprojektoren herstellten, bis hin zur Etablierung des Filmes als weltweites Leitmedium. In den großen Hallen der Ausstellung können die Besucher den Produzenten und Regisseuren in die Karten schauen und Einblicke in die Feinheiten des Drehbuch-Schreibens und das Leben der Film-Stars gewinnen. Cineasten schätzen ausgewählte Filmsequenzen aus längst vergangenen Tagen und die Legenden Rita Hayworth, Marlene Dietrich und Humphrey Bogart vermitteln nach wie vor ihre betörende Leinwandpräsenz.[228]

Dass sich diese wunderschöne Filmgalerie im Zentrum Turins befindet, ist wahrlich kein Zufall. Die piemontesische Metropole war nicht nur die erste Hauptstadt Italiens, sondern auch das erste Film-Mekka des Landes, viele Jahre bevor Rom mit dem Mythos *Cinecittà* die Vormachtstellung errang.[229]

La Contessa di Parma von 1937 ist ein frühes Beispiel der italienischen Kinokultur, das Spieler von Juventus in einer der ersten Filmrollen überhaupt zeigt. Felice Borel und seine Teamkameraden brillieren in kleineren Rollen, meist stehen dann doch eher Referenzen auf das Umfeld des Vereines im Hauptfokus der Filme. Allen voran die Figur des Advokaten Agnelli und die Verbindung des Teams zu dem Autohersteller Fiat.[230]

In den 1980er-Jahren waren vor allem Filme populär, die Akteur Diego Abatantuono in die Rolle des archetypischen Juventus-Fans stecken. Ausflüge von Spielern ins Schauspiel-Metier halten sich seit Langem in Grenzen, am bemerkenswertesten sind Cameo-Auftritte von Alessandro Del Piero und Gianluigi Buffon. Ein Schmunzeln im Gesicht eines jeden Fans ist beim Anblick dieser Werke obligatorisch, doch ehrlicherweise erinnert die Performance gewiss nicht an die Ausdruckskraft eines Humphrey Bogart. Sie sind mehr oder minder sie selbst und das geht auf der großen Leinwand ja oft nicht gut aus. Außer man heißt Vinnie *The Axe* Jones, ist britischer Ex-Kicker und projiziert seine robuste Persönlichkeit eins zu eins vom Bolzplatz auf das Filmset. Wie die sprichwörtliche Axt im Walde war Jones durch seine überharte und grenzwertige Spielweise bekannt, konsequenterweise porträtierte er in großen Filmproduktionen meist suizidale, leicht geistesgestörte Charakterköpfe. Wie im Spiel, so auch auf der Leinwand.

Nun gut, solche Typen hat Juventus derzeit nicht zu bieten. Das macht aber nichts, im italienischen Kino sind dafür die Spieler und der Club regelmäßig prominent vertreten. Die Präsenz deckt alle Genres ab, Komödien, Arthouse Cinema und sogar der SpaghettiWestern kommen nicht um die Erwähnung der Alten Dame umhin.[231]

70. GRUND

Weil auch der größte Fußballverweigerer Juventus etwas abgewinnen kann

Kaum zu glauben, es gibt noch ein Leben abseits des Fußballs. Wichtigere Dinge wie Essen, Schlafen und den Lebensunterhalt bestreiten zum Beispiel. Das Notwendige halt. Irgendwann zwischen Serie A, Bundesliga, Premier League, Primera División, Ligue Un, Champions League, Europa League, Weltmeisterschaften, Europameisterschaften, nationalen Pokalspielen und europäischen Supercups muss das schon mal sein.

Und dann gibt es da noch eine Spezies, die in jedem Umfeld anzutreffen ist und oftmals wenig Verständnis aufbringt. Also nicht fürs Essen, Schlafen und Arbeiten, sondern die Liebe zum Fußball. Ja, werte bibliophile Fans der schönsten Nebensache (Hauptsache?) der Welt, Sie haben richtig gelesen! Ich schreibe von den Fußballhassern, den Anti-Fans, die es nicht nachvollziehen können, dass Menschen wie ich 22 Männer oder Frauen beim Treten eines Balles anfeuern. Doch auch Vertreter dieses Typus können nicht umhin, der unausweichlichen Faszination von Juventus Turin zu erliegen. Oder können ihr gezwungenermaßen nicht entkommen, je nachdem.

Caterina Arrighi hat nicht nur italienische Wurzeln und wuchs in einem vom AC Milan und Udinese Calcio geprägten Haushalt auf, vielmehr ist ihr der Fußballsport ziemlich egal. Nach einigen mehr oder weniger freiwillig besuchten Spielen im Juventus Stadium hat sie eine eigene Theorie der Passion Juventus Turin entwickelt:

»Das Fußball-Diskursfeld von Juventus Turin bietet ausreichend ›Spielraum‹, nicht nur für die benötigte Anzahl von Profispielern am Platz, sondern auch für allerlei Kontroversen. Während das eine Lager ihre Mannschaft voller Begeisterung mit Superlativen wie ›erfolgreichste‹, ›coolste‹ und überhaupt ›die Beste der Besten‹ eindeckt, kann der andere Sektor nur … schnarch, schnarch, schnarch. Ich bitte vielmals um Entschuldigung; wo waren wir doch gleich? Ach ja, genau: die große Liebe zum kultartig verehrten Fußballverein Juventus Turin, der Millionen Menschen zum Singen, Schreien, Weinen und Mitfiebern bringt. Andere Leute bringt das irgendwo anders hin. Aber wir sind nicht irgendwo. Wir sind mittendrin im populärkulturellen Strafraum, in dem es in manchen Anstoßkreisen sicher nicht von Vorteil ist, sich auf die Seite derer zu schlagen, die für Juve nicht mehr als eine negative Nachberichterstattung übrig haben.

Aber das ist das Tolle an diesem Club und seinen Angehörigen: Die weiß-schwarze Liebe macht sie blind! Dazu folgt ein Livebericht aus dem Juventus-Stadion:

Als vermeintlich getarnte *Juventina* nehme ich inmitten Hunderter liebesbedürftiger *Tifosi* Platz. Neben mir mein Begleiter, der wohl größte Juve-Fan von ... Nein. Wahrscheinlich nicht von allen. Der italienische Familienvater mit seinen zwei Söhnen hinter mir ist genauso verrückt nach der Truppe wie er. Sie haben nur Augen für den grünen Rasen, auf dem ihre Lieblinge hin und her rennen. Mich nehmen sie gar nicht wahr. Tor für Juventus! Aha. Alle springen auf, und der Herr neben mir umarmt heftig den Mann mit seinen zwei Kindern, der wiederum auf Italienisch versichert, dass mein österreichischer Freund der Glücksbringer für den Sieg von Juve sein wird. Und ich? Ich bin unsichtbar. Juve ist es nicht.

Diese kleine Story bringt allen am Fußball Desinteressierten eines bei: Millionen Juventus-Turin-Fans mögen zwar blind vor Liebe zu ihrer Mannschaft sein, doch es ist genau jene fanatische Kurzsichtigkeit, die ihnen eine Aufmerksamkeit der Öffentlichkeit bringt, die verstehen will, was den Juve-Mythos ausmacht. Mit all ihren Sponsoren, Hymnen, Juventus-Turin-Kaffeetassen und Juventus-Turin-Futternäpfen für Tiere – an diesem Verein kommen alle nur schwer vorbei.

Also auf geht's, ihr *Juventini*, bis zum Ende und auf ewig FORZA JUVENTUS ... oder wie auch immer!«

71. GRUND

Weil Juventus ein fundamentales Element der Gegenwartskultur ist

Juventus kann so definiert werden, wie Schriftsteller und Poeten den Fußball selbst beschreiben. *Als Metapher fürs Leben, ein fundamentales Element der gegenwärtigen Kultur, eine Sprache und die wöchentliche Rückbesinnung auf unsere Kindheit. Juventus ist universal. Die Grande Dame des Weltfußballs ist ein Gedicht, ein kraftvoller Song, eine gebieterische Komposition, ein Abenteuerroman, ein Traum, eine Zeile einer offenherzigen Strophe, wie Stahl und*

Vorstellungskraft. Sie ist ein Lied voll freudiger Lobpreisungen und Schönheit, Verlangen und Symbolik, Mut und Ästhetik.[232]

Diese literarisch ausdrucksstarken Informationen prangen im Zentrum des Juventus Museums und beschreiben die bildhafte Kreativität, der Besonderheit des Traditionsvereines auch auf einer Metaebene Tribut zu zollen. Und obwohl es faszinierend ist, das Spiel von Juve auf den TV-Schirmen und im Stadion selbst zu verfolgen, ist *la Vecchia Signora* viel mehr als Fußball. *Letzten Endes setzt sich eine Legende aus Sätzen, Seiten, epischen Momenten und Erinnerungen zusammen. Das Geheimnis liegt in ihrem Namen, »Jugend«, der unweigerlich Vergils Aeneis ins Gedächtnis ruft.*[233] Das Werk erzählt einen der Gründungsmythen des Römischen Reiches. Der lateinische Dichter beschreibt in seinem Epos die Flucht des Aeneas aus dem brennenden Troja, und dessen Irrfahrten, um am Ende zum Stammvater der Römer aufzusteigen.[234] Natürlich nicht ahnend, dass Juventus in ferner Zukunft einen wichtigen Stellenwelt abseits der ursprünglichen Bedeutung des Wortes einnehmen sollte, schrieb er: »... *delecta juventus, flos veterum virtusque virum* ...« Frei übersetzt bedeuten diese Worte etwa »... auserkorene Jugend, Blume und Ehre unserer altehrwürdigen Spezies ...«.[235]

Eine magische Aura umgibt alles im Gravitationsfeld des Juventus-Planeten. Diesen Stellenwert musste sich Generation um Generation erarbeiten, ein Mythos entsteht eben nicht über Nacht oder durch puren Zufall. Der Aufstieg in den Fußballolymp als unangefochtener Anführer des *Calcio*-Imperiums war stets von steinigen Wegen und bitteren Niederlagen gekennzeichnet. Um die großen Erfolge dem Volk kundzutun, bedurfte es in den Anfangsjahren heute antik anmutender Kommunikationsmittel. Seit den 1930er-Jahren erzählte das Radio allen Menschen Italiens über das aktuelle Weltgeschehen. News, Unterhaltung, Propaganda, Musik und Kultur – all jene Komponenten, deren Präsentation das Fernsehen noch nicht zu leisten imstande war. Unter diesen Kategorien stieg Sport zu einer bis dato ungekannten Wichtigkeit auf, das Radio übertrug alle wichtigsten Events. Speziell der kometenhafte Aufstieg von Juventus Turin, als fünf *Scudetti* nacheinander eingefahren wurden, ging in dieser fünfjährigen Periode mit der Weiterentwicklung des Mediums Radio Hand in Hand. Dank der bis 1938 deutlich gesteigerten Reichweite, als sogar die weit entlegenen Gebiete des Landes die Inhalte empfingen, stieg Juventus zum meistgeliebten Team auf. Bis das Fernsehen dominant in Erscheinung trat, ermöglichte das Radio die musikalische Untermalung an allen italienischen Fußballsonntagen.[236]

72. GRUND

Weil Madrid nicht im Norden Italiens liegt, Turin und Mailand hingegen schon

»*Mailand oder Madrid, Hauptsache Italien*«, soll Andreas Möller einmal im Interview gesagt haben. Ob ihm die Aussage heute peinlich ist, wird wohl nur er selber wissen. 20 Jahre später kann sich der ehemalige *Juventino* laut eigener Aussage nicht mehr daran erinnern, diese viel zitierte Stilblüte jemals kreiert zu haben. Sei es drum, auch in den nächsten Dekaden wird man sich daran erinnern. Und irgendwie kann man ihm diese geografische Verwirrtheit nicht krumm nehmen. Wenn man Frankfurt, Dortmund und Gelsenkirchen gewohnt ist und dann nach Norditalien abwandert, sitzt der Kulturschock tief. Ob jetzt Mailand in der nicht weit entfernten Lombardei gelegen ist oder nicht doch eher Madrid? Schwierig, und um so viele Buchstaben unterscheiden sich die Städtenamen nun auch wieder nicht.

Juventus entspricht von der Spielanlage nicht dem Klischee eines typisch italienischen Teams. Schlitzohrig, ja das sind sie auch heute noch. Aus einer gesicherten Abwehr heraus die Angriffe clever einleiten und nadelstichartige Konter setzen? Natürlich, ein Italiener kann seine Natur einfach nicht verleugnen. Nur auf das erste Tor spielen und fortan die Führung verteidigen? Das ist längst passé. Das furchtbare Taktieren der *Squadra Azzurra* bei der WM in Brasilien ist kein Gradmesser. Heute hätte Andreas Möller keinen Grund mehr zu so einer Aussage, Kulturschock hin oder her. Turin liegt nicht weit von Frankreich entfernt, Monaco ist auch ganz nahe. Und dann ist da ja noch die Schweiz! Hat man die erst mal erreicht, ist es nur einen Katzensprung bis nach Deutschland. Der deutsche und italienische Fußball hatten lange Zeit nicht viel gemein, heute aber ähneln sie sich mehr denn je. Nationale Eigenheiten in der Spielkultur außen vorgelassen (auch die Deutschen können nicht vollständig aus ihrer Haut heraus!), bieten beide Länder Spektakel auf höchstem Niveau. Schöne Tore, viele Zweikämpfe, ein Fest für die Sinne. Warum die Schweiz sich von beiden Vorbildern keine Scheibe abschneidet und die Fußballqualität verbessert, weiß kein Mensch. Dabei böte sich ein Abkupfern aus beiden Welten förmlich an! Oben Deutschland, unten Italien – ein Traum für jeden Schüler, der am Prüfungstag dem Blick zum Sitznachbarn nicht abgeneigt ist. Österreich, ja, Österreich, darf man nicht aus der Gleichung streichen. Die haben nicht nur die Schweizer nebenan, sondern Deutschland und Italien gleich mit. Und wieder das gleiche Bild: Fußballerisch muss sich der Gourmet im Umland bedienen, die heimische Küche bietet leider nur Schmalkost.

Es hat sich viel geändert, seit Andreas Möller von Eintracht Frankfurt zu Juventus Turin ging. Mehr als zwei Jahrzehnte ist das schon her. Damals hat die Anreise vermutlich länger gedauert als heute, die Verkehrsanbindung hat sich drastisch verbessert. Dem Herrn Möller muss es spanisch vorgekommen sein, eine halbe Ewigkeit mit dem Zug anzureisen. Da war es ihm wohl egal, ob er über Mailand nach Turin rollt oder doch gleich nach Madrid weiterfährt.[237][238]

73. GRUND

Weil Juventus eine Religion ist

Es gibt nicht DEN Fußballgott. Es gibt gleich mehrere davon! Michel Platini war ein Fußballgott, Alessandro Del Piero sowieso. Und beim Barte des Propheten, Andrea Pirlo mit seinem prächtigen Chuck-Norris-Gesichtsschmuck ist nicht nur rein äußerlich ein Heilsbringer auf dem heiligen Rasen des Juventus Stadium. Seine Freistöße und haargenauen Pässe hypnotisieren, Pirlos Ausdruckskraft als Spielgestalter lässt die Juventus-Gemeinde bis weit über die 90. Minute hinaus nicht los. Die *Tifosi* hängen an seiner schöpferischen Kraft wie Gläubige an den Lippen eines Predigers. Was für ein Schauspiel! In der Kathedrale zu Turin verzückt der Maestro seine Gemeinde, er motiviert die Mitglieder zur wöchentlichen Pilgerreise nach Sankt Juventus. Und wenn der Architekt eines Tages nicht mehr zu seinen Anhängern spricht, können diese dennoch beruhigt sein. Irgendwann wird ein neuer Auserwählter das weiß-schwarze Gewand überstreifen und die Massen mobilisieren.

Fußball kann also gar keine monotheistische Religion sein, dafür gibt es einfach zu viele Götzen, die Fans im Laufe ihres Daseins anbeten. Neben den Göttern des runden Leders darf man selbstredend nicht die Abgesandten der Allmächtigen vergessen. Bei den Göttern, welch ein Frevel das wäre! Kwadwo Asamoah und Stephan Lichtsteiner als ultimative Flankengötter treten die Kugel punktgenau in den Strafraum auf die Füße der Vollstrecker. Ein Stoßgebet schicken sie gleich mit auf die Reise, auf das die Ballempfänger ihre schussstarke Botschaft schnurstracks in die Maschen der ungläubigen Gegenspieler donnern! Das gelingt ihnen meist vorzüglich, nur manchmal hakt es bei der Vermittlungsqualität der kugelrunden Nachricht und dann muss Fußballgott Pirlo es wieder richten. Auf den ist eben Verlass, auch in den aussichtslosesten Situationen. Und wie er es kann, der zeitlose Feingeist: Er bestraft jeden Fehler der feindlichen Torhüter und bringt die fanatischen Chöre auf den Rängen zum Singen! Ein von allen *Tifosi* geteiltes Liedgut ist das Mindeste, um seiner Zugehörigkeit zu Juventus Ausdruck zu verleihen. Juve unser im grünen Himmel, geheiligt werde dein Name!

Was wären Fußball- und Flankengötter ohne die Retter in der Not! Auch die erhabensten Schöpfer spielerischer Glanztaten sind auf die Hilfe ihrer Torwart-Titanen angewiesen. Gianluigi Buffon ist einer jener Riesen der griechischen Mythologie. Er reckt sich, ganz gemäß der Definition des Wortes *titainō*, nach all den fehlgeleiteten Schüssen auf das Tor der *Juventini*. Mit seinen Paraden ist er die verlängerte Hand Gottes, ein unverzichtbarer Streiter im Kampf gegen jeden Rivalen.

Nach jeder Andacht, ob aus freudigem oder leidgetränktem Anlass, huldigen die *Tifosi* ihren Idolen und warten auf eine Wiederholung der Ereignisse. Darauf müssen sie nicht lange warten. Spätestens eine Woche danach – am Tag des Herrn – findet der nächste Gottesdienst statt.[239]

9. KAPITEL

DIE BESTEN IN ITALIEN

74. GRUND

Weil keiner so spektakulär gewinnt wie Juve

Juve gewinnt nicht nur, Juve gewinnt mit Stil und Brillanz. Umsonst ist der Traditionsverein nicht Rekordmeister der Serie A, einer Liga, die umkämpft ist wie wenige andere. Als Krönung spielte der Club letztes Jahr eine nie da gewesene Saison mit 102 Punkten. Eine Spielzeit für die Ewigkeit, vermutlich unknackbar für die nächsten 100 Jahre. Nicht nur eine einzige Begegnung stach aus der dominanten Performance über alle 38 Spieltage hinweg heraus, jeder Moment demonstrierte die unfassbare Stärke der Alten Dame. Ja, das klingt ein wenig überheblich, aber anders kann die Saison 2013/14 nicht beschrieben werden. In wenigen Augenblicken ließen die Spieler nach, gönnten den Verfolgern eine trügerische Verschnaufpause, nur um in der nächsten Sekunde knallhart zuzuschlagen. Erinnerungswürdig ist das souveräne 3:0 im heimischen Juventus Stadium gegen den späteren Vize-Champion AS Rom. Arturo Vidal, Leonardo Bonucci und Mirko Vučinić per Handelfmeter sorgten für den nie gefährdeten Sieg.

In den beiden Jahren davor wurde der *Scudetto* ähnlich fixiert: Zuerst gewann man ungeschlagen den Meisterpokal (2011/12) und verteidigte den Titel im nächsten Jahr als spielerisch herausragendes Kollektiv. Ein Meisterschafts-Hattrick mit Bestmarken auf allen Ebenen.

So weit zu den jüngsten Attraktionen im Kabinett des 32-maligen *Campione d'Italia*. Nicht immer war der Triumphzug so überdeutlich wie 2014. Ein veritabler Showdown, brachiale Kämpfe bis zum bitteren Ende, ist nur ein kleiner Auszug aus den dramatischsten Stellen der Geschichtsbücher über fidele Gewinner und gebrochene Verlierer:

Nach der langen, neunjährigen Durststrecke holte Juventus 1994/95 unter der Führung von Marcello Lippi endlich wieder den heiß ersehnten *Scudetto* in die Provinz Piemont. Rom wurde nicht an einem Tag erbaut und der *Scudetto* nicht an einem Spieltag gewonnen. Für viele Experten war die Paarung Juventus Turin gegen den AC Fiorentina am 12. Spieltag an einem kalten Sonntag im Dezember der Wendepunkt und trug maßgeblich zum Titelgewinn bei.

Lippi schickte im Angriff den teuflischen Dreier Del Piero-Ravanelli-Vialli auf Torjagd, Florenz-Coach Claudio Ranieri baute auf die Gefährlichkeit von Gabriel Batistuta im Sturm und Mittelfeldgenie Rui Costa. Die Stimmung zwischen beiden Teams war traditionell angespannt, wie ein Vulkan kurz vor dem Ausbruch entlud sich die geballte Fußballkunst auf dem Feld. In der ersten Halbzeit war es nicht *Batigol*, der die Fans schockte, sondern Francesco Baiano und Angelo Carbone, die die Viola mit 0:2 in Front schossen. Die *Tifosi* hinter der Laufbahn im Turiner Stadio delle Alpi, völlig konsterniert, verfolgten die Demontage der Alten Dame. Bis weit in die zweite Hälfte folgte eine feurige Auseinandersetzung auf höchstem Niveau. Die Verzweiflung der *Bianconeri* wuchs, es waren nur mehr 17 Minuten zu spielen, und die drei Punkte waren doch so wichtig, um nicht den Anschluss zur Tabellenspitze zu verlieren.

Gianluca Vialli erlöste die schreiende Menge mit einem schnellen Doppelpack (73. und 76. Minute) und leitete ein brennend heißes *Finale Furioso* ein. Eine Flanke von links auf Höhe der Mittellinie (87. Minute) erreichte den aus vollem Lauf in den Strafraum eindringenden Alessandro Del Piero, dieser hob den Ball mit seiner Fußaußenseite volley aus der Luft in die linke obere Torecke. Einer der emotionalsten Momente fand mit dem 3:2-Siegestreffer ein wunderschönes und bewegtes Ende. Juve wurde Meister und Del Piero war überwältigt: »Ich habe in meiner Karriere viele Tore geschossen, aber das war vielleicht das schönste.« [240–243]

75. GRUND

Weil Juves herausragende Bilanz durch Ausschläge nach oben und unten versüßt wird

Immer nur zu gewinnen ist ja auch langweilig. Die Spanier exerzierten ihren Spielstil militärisch exakt, zermürbten ihre Gegner durch Ballbesitz. Sie machten es herausragend und Fußballgourmets schnalzten ob des frühen Pressings und der gelebten Intensität des präzisen Kurzpassspiels mit der Zunge. Geboren wurde die neue Spielkultur 2008 mit dem Gewinn der EM in Österreich und der Schweiz, verstarb jedoch viel zu früh nach deutlichen Abnutzungserscheinungen schon im Juni 2014. Ursache des Ablebens war ein blamables WM-Vorrunden-Aus in der Hitze von Brasilien gegen überlegene Chilenen. In den Geschichtsbüchern wird Spaniens goldene Generation ihren wohlverdienten Platz einnehmen. Auch die bittere Niederlage wird erwähnt, denn die gehört nun mal dazu und schafft Platz für Neues. Juventus hat oft ähnliche Sphären erreicht und landete am Ende unsanft auf dem Boden der Realität. Rückblickend ergeben sich beachtliche und teils kuriose Statistiken. Zähe Zahlenspiele ermüden und bleiben schlecht in Erinnerung, interessanter sind die nuancierten Ausreißer nach oben und unten.

Der jüngste Spieler der Alten Dame war Pietro Pastore mit 15 Jahren und 222 Tagen. Im Gedächtnis der *Juventini* blieb er nicht, vielleicht können versierte Cineasten mit seinem Namen mehr anfangen: Bis zu seinem Tod verschrieb er sich mehr oder minder erfolgreich der Schauspielerei. Mit seinem Karriereende brachte Dino Zoff im Herbst seiner Laufbahn einen Zyklus zu einem runden Ende. Der Juventus-Keeper war zu diesem Zeitpunkt 41 Jahre und 86 Tage alt. Kein anderer Spieler erreichte als Aktiver ein vergleichbares Alter biblischen Ausmaßes. Giovanni Trapattonis *cat* ist nicht nur *in the sack*, nein, auch seine Karriere ist alles andere *wie Flasche leer*. Der verbale Meisterjongleur absolvierte als Trainer der

Juve ganze 596 Partien. Weniger glücklich wurde Interimstrainer Giancarlo Corradini, der für die letzten beiden Spiele einer Saison das Traineramt übernahm. In einer Pressekonferenz nannte er sich selbst den »kleinen Mourinho« – in Anlehnung an den portugiesischen Startrainer – und holte in seinen einzigen beiden Spielen für die Alte Dame ganze null Punkte.

Omar Sívori traf 1961 gegen Inter Mailand gleich sechsmal in die Maschen, Fabrizio Ravanelli steuerte auf europäischer Bühne fünf Tore beim Sieg im UEFA-Cup 1994/95 gegen ZSKA Sofia bei. Mit 15:0 schoss Juventus 1927 im italienischen Pokal die armen Opfer von Cento ab – der höchste Sieg aller Zeiten. Noch weiter zurück liegt die höchste Niederlage: Mit 0:8 zu Hause gegen Torino am 17. November 1912 und 1:8 auswärts gegen den AC Milan am 14. Januar 1912 wurden die Juve-Spieler von der Opposition regelrecht pulverisiert.[244–246]

76. GRUND

Weil niemand so viele Rekorde hält

Erfolge und Titel sind nicht alles im Leben, der ruhmreiche FC Barcelona hat diese Weisheit sogar zum offiziellen Motto erhoben: *Més que un club*. Mehr als ein Verein. Dieses romantische Paradigma als Leitbild, einer Liebeserklärung gleich, ist höchst lobenswert und aller Ehren wert. Am Ende einer Saison, und so ehrlich muss jeder Fan sein, sind es jedoch die Punkte in der Tabelle, die die Stimmung der verwöhnten *Tifosi* bestimmen. Juventus Turin ist mit Abstand die erfolgreichste Mannschaft Italiens. Es ist an der Zeit, diese Überlegenheit mit nackten Zahlen zu belegen:

32 nationale Meistertitel konnte Juve bislang erringen.*

---

* *Offiziell sind es 30 Scudetti, doch kein Juve-Anhänger erkennt diese Statistik an.*

Der AC Mailand (18) und Inter Mailand (18) folgen auf den Plätzen zwei und drei mit einigem Respektabstand.

Neun nationale Pokalsiege, nur der AS Rom konnte ebenso viele Triumphe für sich verbuchen.

Sechs nationale Supercups, damit ist Juve ex aequo mit dem AC Mailand auf Platz eins.

In der ewigen Ligatabelle hat Juve die meisten Punkte aller Serie-A-Clubs gesammelt.

Beim *Oscar del Calcio*, dem seit 1997 jährlich vergebenen Preis der italienischen Fußballer-Vereinigung (AIC) für herausragende Saisonergebnisse, hat Juve 30 Awards gewonnen. Damit hat der Club doppelt so viele wie das zweitplatzierte Inter Mailand (15).

Rund 30 Prozent der italienischen *Tifosi* sind glühende Anhänger von Juventus Turin, damit hat der Verein die größte Fan-Base überhaupt.

Juventus gewann als erster Club fünf *Scudetti* nacheinander.[247]

77. GRUND

Weil kein Duell der Welt so emotional ist wie das Derby d'Italia gegen Inter Mailand

Das Match zwischen Juventus Turin und Inter Mailand ist wahrscheinlich die intensivste Begegnung zweier Teams aus unterschiedlichen Regionen. Die Mannschaften sind nicht nur in den zwei größten Städten Nordwestitaliens beheimatet, sondern auch jene Vertreter der ewigen Tabelle der Serie A, die die Plätze eins (Juve) und zwei (Inter) belegen. Wann genau die Bezeichnung *Derby d'Italia* entstand, ist offiziell nicht belegt. Ein einflussreicher Sportjournalist brachte den Begriff Ende der 1960er-Jahre erstmals ins Spiel. Die Alte Dame hat eine beachtliche Anzahl an Titeln und Rekorden gesammelt, wodurch sie in der breiten Öffentlichkeit unumstritten als eine Seite der *Derby d'Italia*-Medaille anerkannt ist. Inter Mailand wiederum entstand 1908, nachdem sich einige Mitglieder des AC Mailand abspalteten. Die Geschichte beider Clubs stand von Beginn an unter dem Zeichen größter Rivalität, und so ist es nicht verwunderlich, dass sowohl der AC Milan als auch Inter Mailand für sich beanspruchen, die zweite Hälfte des *Derby d'Italia* zu bilden. Ohne Zweifel wurde der Begriff aus der Tatsache geboren, dass seinerzeit Juventus und Inter die nationale Liga dominierten. Der 1899 gegründete AC Mailand hat gute Gründe, sich als rechtmäßiger Part des *Derby d'Italia* zu fühlen. Große nationale wie internationale Erfolge berechtigen die Lombarden zu dieser Annahme, doch dieses Aufeinandertreffen im italienischen Derby wird für die *Tifosi* auf ewig Juve gegen Inter bleiben.

Die Spielansetzungen zwischen beiden Vereinen waren schon immer hitzig, auch bei der ersten Auflage im November 1909. Dank zweier Tore von Ernesto Borel siegte Turin mit 2:0 und legte das Fundament für eine überaus erfolgreiche Derby-Statistik. Bis zur heutigen Zeit schaffte es Juventus, die Konkurrenten, sowohl was die Siege betrifft als auch die Tore (erzielt/erhalten), bequem auf Distanz zu halten. Zwar will das kein *Interista* hören, gleichwohl ist es die unwiderlegbare mathematische Wahrheit: Es müssen viele Jahrzehnte verstreichen, bis Juventus den Thron im inneritalienischen Duell an die blau-schwarzen Feinde theoretisch abgeben könnte.

Seit dem Manipulationsskandal *Calciopoli*, der Inter Mailand in die Hände spielte, ist der Hass-Level unter den Fanlagern noch höher als je zuvor. Die *Interisti* freuen sich über einige Meistertitel, die sie aufgrund einer empfindlichen Schwächung der schärfsten Rivalen spielend leicht gewinnen konnten. *Juventini* sind empört, da in ihren Augen Inter Mailand genauso Schuld an dem Skandal hatte und nur aufgrund von Verbindungen zu wichtigen Machthabern einer Strafe entkam. Spät aufgetauchte Abhörbänder geben den *Juventini* recht, doch die rechtliche Hürde der guten alten

Verjährungsfrist verhinderte die Aufnahme eines entsprechenden Verfahrens. Was bleibt ist eine tief empfundene, auf Gegenseitigkeit beruhende Abneigung, die wohl auf ewig Bestand haben wird.

Calciopoli war nicht der erste Knackpunkt in der Geschichte des *Derby d'Italia*. Obwohl selten entscheidend für den Ausgang der Meisterschaft, war das Derby 1961 das Highlight einer Groteske: Das Stadio Comunale in Turin war vollkommen überfüllt mit Menschen und eine Unruhe unter den Zuschauern nur eine Frage der Zeit. Der Schiedsrichter brach die Partie nach rund 30 Minuten ab und am grünen Tisch wurde Inter zunächst der Sieg zuerkannt. Dadurch war man Tabellenführer und Champion. Nach einem Einspruch der Juve entschied der Verband, nur einen Spieltag vor Ende der Serie A, das Spiel neu anzusetzen. Präsident Angelo Moratti, Vater des lange Zeit regierenden Massimo, schäumte vor Wut und schickte im Wiederholungsspiel nur die Jugendmannschaft aufs Feld. Juventus zeigte wenig Verständnis, zerlegte die Nachwuchsprofis mit 9:1 und holte die italienische Meisterschaft.

Massimo Moratti ist längst nicht mehr an der Spitze der *Interisti* und hat sein Zepter an Investor Erick Thohir übergeben. Für ihn war der Zusammenprall zweier *Calcio*-Urgesteine immer etwas Besonderes und eine Art pathologische Rivalität im Rahmen des Sports: »Das Derby, das ist der Fußball, die Erinnerungen, die Emotionen und Ängste, die Freude und der Schmerz. Es ist ein Zauber und ein Spektakel. Das alles ist das Derby.«[248-251]

78. GRUND

Weil sich Juventus Turin und der AC Milan trotz aller Rivalität mögen

»Uns tut Buffons Verletzung sehr leid. Wir dachten daher, dass es vielleicht eine schöne Geste ist, Abbiati an Juve zu verleihen«, sagte

Milans Vizepräsident Adriano Galliani. Nach einem Duell mit Kaká hatte sich der Juve-Goalie an der rechten Schulter verletzt und fiel monatelang aus. Christian Abbiati erwies sich als toller Ersatz und vertrat Gigi Buffon für den Großteil der Hinrunde.

Für zwei Vereine, die sich traditionell heißblütige Gefechte liefern, steht dieser Transfer sinnbildlich für das freundschaftliche Verhältnis zwischen Juventus Turin und dem AC Milan. Beide behaupten von sich, der beste Club des Landes zu sein, und die Argumente stützen beide Seiten. National hat Juve leicht die Nase vorne, auf europäischer Ebene hat Milan ein klein wenig mehr für den Trophäenschrank. Sie wissen über ihren Status als Weltmarken Bescheid und die Rivalität beschränkt sich auf das Spielfeld. Ein ausgeglichenes Duell, das immer Spannung verheißt und verblendetem Hass keinen Spielraum lässt.

Warum Juve gegen Inter Mailand das *Derby d'Italia* ist, wird in Italien heiß debattiert. Vom Prestige her würden die jährlichen Spiele der Alten Dame gegen den AC Milan besser passen. Immerhin teilen beide Vereine die Abscheu gegen Inter – das ist ja immerhin auch etwas. Zudem verbinden kooperative Marketing-Projekte die Geschäfte beider Unternehmen und zahlreiche Spieler wechseln ihren Arbeitsplatz gerne mal von Turin nach Mailand (und vice versa). Proteste der Fans sind nicht auszuschließen, verlassen aber nie einen gemäßigten Rahmen. Streitereien bleiben dennoch nicht aus, bittere Niederlagen gegen den sportlichen Widersacher verursachen Kopfschmerzen und kratzen am stolzen Selbstbild. 1997 gewann die *Vecchia Signora* 6:1 und Silvio Berlusconi war schockiert. Für ihn stellte die Schmach seines AC Milan nichts Geringeres als »die größte Niederlage in puncto Image« dar.[252][253]

79. GRUND

Weil alle Juventini am liebsten ein gegrilltes Rindersteak nach Florentiner Art serviert bekommen

»Als Mittagsmenü hat die Fiorentina gut geschmeckt. Wir sehen uns in vier Tagen zum Abendessen wieder«, war auf dem offiziellen Twitter-Kanal von Juventus zu lesen. In Anspielung auf das weltberühmte Rindersteak *alla fiorentina* hat sich der Club zum süffisanten Kommentar hinreißen lassen, da der namensverwandte ACF Fiorentina mit 1:0 bezwungen wurde. Innerhalb weniger Tage verlangte die Auslosung gleich drei Duelle in der Liga und im Europapokal. Der Kontrahent gab sich weniger amüsiert und reagierte eingeschnappt: »Verständlich, sonst bevorzugt ihr doch eher Tiefkühlkost – vier Mal die Pfanne schwingen und in 15 Minuten fertig …« Der Stachel sitzt tief, denn die jüngste Episode der Auseinandersetzung zwischen Turin und Florenz hat Tradition. Nickligkeiten dieser Couleur haben komödiantisches Potenzial, meist ist die Stimmung von tiefer Abscheu geprägt.

Vor allem aufseiten der Toskaner liegt der Hass auf Juve im Blut, der Rekordmeister ist das Symbol gnadenloser Macht. In den 1980ern wurde der in Italien prägnante Slogan geboren: *Besser Zweiter als ein Dieb*. Was war geschehen? 1982 lagen beide Clubs gleichauf an der Tabellenspitze und kurz vor Ende der Saison fieberte ganz Florenz dem dritten *Scudetto* entgegen. Am letzten Spieltag hofften sich die Violetten in ein Entscheidungsspiel um den Titel zu retten, doch dazu mussten sie erst gegen Cagliari gewinnen. Der Schiedsrichter verwehrte der Fiorentina den Treffer zum Sieg. Stein des Anstoßes war indes Juves Auftritt in Catanzaro. Der Unparteiische enthielt dem Heimteam einen Penalty vor, den er stattdessen der Alten Dame zusprach – Juve siegte und holte sich den 20. Meistertitel. Franco Zeffirelli, bekannter Theaterregisseur aus der Toskana, präsentierte sich als schlechter Verlierer und verpasste Juve die volle verbale Breitseite: »Es schien alles abgemacht. Juventus-Präsident Giampiero Boniperti saß seelenruhig auf der Tribüne und kaute Erdnüsse wie ein amerikanischer Mafioso.«

Jahre später war es der von tumultartigen Zuständen begleitete Transfer von Roberto Baggio, als er von der *Viola* zu Juventus wechselte, der die Wogen hochgehen ließ. Bis zum heutigen Tag muss jeder neue Spieler mit Juve-Vergangenheit seine *Gobbi*-Seele reinigen und ein Anti-Juventus-Ritual über sich ergehen lassen. In Anlehnung an den Spitznamen der *Juventini* führen die gläubigsten aller Fiorentina-Fans die *degobbizzazione* (»Entbuckligung«) durch. So »musste« auch ein Marco Marchionni – vor den Augen des Trainers Cesare Prandelli – die offizielle Mitgliedschaftskarte des Vereines entgegennehmen und versprechen, sein erstes Tor im Shirt der Fiorentina ausgiebig vor der Fankurve zu bejubeln.[254-258]

80. GRUND

Weil Juventus Turin und der SSC Neapel aus zwei verschiedenen Welten stammen und sich verbissene Zweikämpfe liefern

Nach dem Zweiten Weltkrieg entwickelte sich die Gesellschaftsstruktur Italiens positiv, im Sinne der Gleichberechtigung und des sozialen Aufschwungs, und dieser Trend schien sich kontinuierlich fortzusetzen. Der Prozess verlangsamte sich zusehends und erreichte in den 1980er-Jahren einen unerwarteten Stillstand. Niemand ahnte, dass ein längst abgeschüttelt geglaubtes Ungleichgewicht wieder zurück ins Negative schwappen könnte. Es passierte dennoch und die Stabilität des Systems stand auf dem Spiel, ein Damoklesschwert, das bis heute über Italiens Bevölkerung schwingt. Die schwerwiegenden Probleme waren indes absehbar, wurde diese Entwicklung doch von einem radikalen Übergang von einer ländlich geprägten Gesellschaft zur Industrialisierung begleitet. Die Wichtigkeit der Landwirtschaft wich einer urbanen Bodenkultur und die Verstädterung gewann zunehmend an Relevanz. Die in Norditalien gefestigte industrielle Stabilität trug zur Verschlechterung der gewiss schon vorher wirtschaftlich rückständigen Regionen Süditaliens bei. Eine hohe Arbeitslosigkeit sorgt dafür, dass vor allem junge Menschen nach Norden abwandern. Gegenwärtig zeigt sich ein zentraler Aspekt des italienischen Sozialgefüges, das die logische Konsequenz aus diesen ungleichen Grundlagen darstellt: der wirtschaftliche und gesellschaftliche Dualismus als vorherrschende Trennlinie innerhalb der Landesgrenzen.

Jedes Spiel zwischen Juventus Turin und dem SSC Napoli hat für die *Tifosi* eine große Bedeutung jenseits der sportlichen Rivalität. Das starke Nord-Süd-Gefälle in Italien und das damit verbundene angespannte Verhältnis aufgrund der wirtschaftlichen Zweiteilung ist ein zusätzlicher Reizpunkt. In den letzten paar Jahren mauserte sich Neapel zu einem ernsten Herausforderer von Juventus und schrammte im Kampf um den *Scudetto* nur wenige Punkte am ersehnten Traum des ersten Titelgewinns seit Jahrzehnten vorbei. Die Heißblütigkeit der Fans entlädt sich meist im Hexenkessel des heimischen Stadio San Paolo. Gelegentlich kommt es zu Ausschreitungen, so musste beispielsweise der Bus der anreisenden Juventus-Mannschaft schon mit Steinwürfen der lokalen Hooligans Bekanntschaft machen. Gewalttätige Konfrontationen beider Fangruppen landen in regelmäßigen Abständen auf den Titelseiten der italienischen Sportzeitungen.

Die Serie A steht sinnbildlich für das soziale und wirtschaftlich eklatante Nord-Süd-Gefälle. Nicht nur die Erfolge in der Meisterschaft sind fest in der Hand des dominanten Nordens. Bis auf wenige Ausnahmen gingen seit 1945 sämtliche *Scudetti* an Mannschaften aus den umliegenden Regionen der Industriestädte Turin und Mailand. Neapel (1987 und 1990), Florenz (1956 und 1969) sowie die Hauptstadtclubs Lazio Rom (1974 und 2000) und AS

Rom (1983 und 2001) stellen den großen Part der raren Ausnahmen dar.

Zweites Merkmal der Dominanz Norditaliens ist die Anzahl der Mannschaften in der höchsten Fußballliga. Vor einigen Jahren waren lediglich drei Vereine aus dem Süden des Landes Teilnehmer der Serie A. Eine leichte Verschiebung lässt sich regelmäßig beobachten, aber in der Saison 2014/15 ist die Diskrepanz offensichtlich: Aus dem tiefsten Süden des Landes sind lediglich Neapel und Palermo unter den 20 Serie-A-Teams vertreten. Sieht man die regionale Zugehörigkeit zwischen dem Süden und Norden nicht ganz so eng, stellen Cagliari (Sardinien), Lazio und AS Rom (Latinum) auch nicht gerade eine überwältigende Menge an Vereinen dar, die sich jenseits der Landesmitte befinden.[259-261]

81. GRUND

Weil das Derby della Mole eine Geschichte aus zwei Städten ist

Die Französische Revolution gehört zu den einschneidenden Ereignissen der neuzeitlichen europäischen Geschichte. Lang- und kurzfristige Auslöser der Krise sind viel diskutiert und Gegenstand zahlreicher historischer Abhandlungen. Fest steht, dass das Landvolk in Armut lebte und vom ausschweifenden Auftreten der französischen Aristokraten demoralisiert wurde. Charles Dickens nahm sich dieser Problematik an und schrieb mit dem Roman *Eine Geschichte aus zwei Städten* (1859) eines der bekanntesten Werke der Weltliteratur. Das Buch zeigt den Kampf der einfachen Menschen in den Jahren vor dem Umsturz. Es beschreibt die erdrückende Gewalt der Revolutionäre gegen den ehemaligen Erbadel und viele unvorteilhafte Parallelen zum Leben in London während derselben Periode.

Paris und London sind zentrale Handlungsorte in Dickens' Erzählung. Es mag aufgrund der ernsten Thematik anmaßend erscheinen, doch der fußballhistorische Kontext von Turin erinnert frappierend an Eckpunkte des Plots. Der Konflikt zwischen Juventus Turin und dem FC Turin ist die Geschichte zweier Vereine aus zwei Stadtteilen, die tiefe Kluft zwischen Adel und Arbeiterklasse. Die Duelle zwischen beiden Vereinen sind immer hart umkämpft. Meist behält Juve die Oberhand, die spielerischen Vorteile verpuffen im Stadion, wenn es wieder mal heißt: Das Derby hat seine eigenen Gesetze, die Tabellensituation zählt gar nichts und ein Sieg über die Alte Dame rettet für den FC jede auch noch so verkorkste Saison.

Die Rivalität zwischen der *Vecchia Signora* und den *Granata* basiert auf anhaltenden Klassenunterschieden, die der in Turin geborene Filmregisseur und Romanautor Mario Soldati treffend beschrieb. Juventus ist »das Team der Gentlemen, industriellen Pioniere, Jesuiten, Konservativen und wohlhabenden Bourgeois«, während Torino »das Team der Arbeiterklasse, Gastarbeiter aus den Provinzen oder angrenzenden Ländern, der unteren Mittelklasse und der Armen« repräsentiert.

In den letzten Jahren gewann das *Derby della Mole*, benannt nach dem Turiner Bauwerk und städtischen Wahrzeichen *Mole Antonelliana*, zunehmend an Bedeutung. Der AC Turin pendelte oft zwischen Serie A und Serie B, konnte sich mittlerweile einen respektablen Platz in der obersten Spielklasse sichern. Qualitativ ist der Wettkampf beider Clubs nicht mit den anderen Derbys (Inter und AC Mailand) zu vergleichen. Inwiefern sich dies ändern wird, bleibt abzuwarten. Der AC Turin muss zwangsläufig seine besten Spieler an größere Vereine abgeben, während Juve stets um Titel kämpft und zu den renommiertesten Mannschaften der Welt zählt. Als passendster Vergleich drängen sich Bayern München und 1860 München auf. Für den kleineren Verein wird die Bedeutung des innerstädtischen Kräftemessens immer etwas wichtiger sein als für den erfolgsverwöhnten Bruder.

Die klare Verteilung der Machtverhältnisse entsprach nicht immer dem gegenwärtigen Bild. Juve und Torino trafen das erste Mal 1907 aufeinander. Alfredo Dick, ein ehemaliger Juventus-Präsident, gründete Torino, nachdem er die Alte Dame verlassen musste. Der Schweizer Textilmagnat erlebte im ersten Meeting einen umjubelten Sieg über seinen ehemaligen Verein. Torino schickte sich an, den italienischen Fußball auch in den nächsten Jahrzehnten zu dominieren, vor allem in den 1940er-Jahren. *Il Grande Torino* gewann vier Ligameisterschaften in Folge und stellte nicht weniger als zehn Spieler in der Stammformation der *Squadra Azzurra*. Gewaltsam und auf tragische Weise endete die Vorherrschaft im Mai 1949. Auf dem Rückflug von einem Freundschaftsspiel in Portugal zerschellte die Maschine am Superga-Hügel nahe Turin und löschte die Leben von Spielern und Cluboffiziellen aus. Von dieser Tragödie sollte sich der AC Turin niemals erholen.

Die nachfolgenden Jahrzehnte waren vom sozialen, ökonomischen und sportlichen Aufschwung Italiens geprägt. Diese Veränderungen halfen Juventus, sich als Fußballclub mit Nationalcharakter und weltweiter Tragweite zu etablieren. Der zunehmende Reichtum weitete den Abstand zwischen Juve und Torino zunehmend aus. Das eine Team avancierte zum Rekordmeister, das andere konnte nach dem Tod fast aller wichtigen Personen nur mehr einen *Scudetto* erringen.[262–266]

82. GRUND

Weil Rom gleich zwei namhafte Vereine hat und trotzdem nur die vierte Geige spielt

Italien besitzt eine ausgeprägte Derby-Kultur. Das *Derby d'Italia* zwischen Juventus und Inter gehört zu den leidenschaftlichsten Paarungen der Welt. Das *Derby della Mole* zwischen Juventus und

Torino ist nicht minder hitzig, international hingegen nur bei den Fußballexperten auf dem Radar. Die Spiele zwischen Juventus und AC Milan, Juventus und Neapel sowie Juventus und Florenz tragen aufgrund der großen Rivalitäten markante Züge eines klassischen Derbys, auch wenn die Duelle im eigentlichen Sinne nicht dem Derby-Charakter entsprechen. Sie sind eher überregionale Gefechte mit traditionell erhitzten Gemütern auf beiden Seiten der Spielfläche.

Treffen zwei Teams in der Serie A oder der *Coppa Italia* aufeinander, ist die Stimmung generell angespannt. Als neutraler Zuschauer geht man besser davon aus, dass eine Feindschaft zwischen den Teams besteht. Das ist sicherer, als auf freundschaftliches Gebaren der Ultras oder »normalen« Fans zu hoffen. Überspitzt formuliert könnte jede Partie als Derby kategorisiert werden – aber das ist ja nun auch etwas übertrieben. Juventus spielt aufgrund der Kontroversen und – vielmehr noch – wegen der Triumphe immer gegen einen rivalisierenden Club und steht im Visier der hartgesottenen Anhänger. Quasi Hass als Kanalisation der inneren Unruhe durch anhaltenden Misserfolg. Juve führt die Hass-Statistik bequem an, auch bei den »richtigen« Derbys geht es in den Stadien und außerhalb der Gemäuer rund.

Immer nur auf Juve draufhauen wäre ja langweilig. Die italienischen Fans finden auch abseits des liebsten Feindes genug hassenswerte Dinge. Wie beispielsweise das *Derby della Lanterna* zwischen FC Genua 1893 und Sampdoria Genua. Kein Stein bleibt auf dem anderen, wenn an der ligurischen Küste die Matadore ihre Klingen kreuzen und um die Vorherrschaft rittern. Im Lichte des Leuchtturms am Hafen, der als Namenspate für dieses außergewöhnliche Derby fungiert, haben schon so manche Schlachten stattgefunden.

Von Ligurien ist es nicht weit bis in die Lombardei, und man könnte meinen, in einer klaren Nacht vom Leuchtturm im Herzen Genuas aus beinahe den prunkvollen Mailänder Dom zu erspähen. Auf der zentralen Turmspitze des Doms sitzt die eindrucksvolle

Madonnenstatue und symbolisiert nicht nur die in der christlichen Ikonografie populäre Darstellung Marias. Fußballfanatiker denken beim Anblick nicht an Gott, sondern an die gottgleichen Rituale im Stadio Giuseppe Meazza. Vor allem dann, wenn sich im *Derby della Madonnina* die *Tifosi* von Inter Mailand und dem AC Milan gegenseitig wieder mal alles andere als fromme Geisteshaltungen an die vor Wut qualmenden Köpfe werfen.

Gleich nach dem *Derby d'Italia* und dem *Derby della Madonnina* rangiert an dritter Stelle das explosive *Derby della Capitale*. AS Rom und Lazio Rom ringen in regelmäßigen Abständen um die Vorherrschaft in der italienischen Hauptstadt. Die Rivalität zeigt sich besonders unter den Fangruppen und ist von der Intensität her mit wenigen anderen Derbys der Welt zu vergleichen. Wer des Schottischen mächtig ist und schon mal live beim *Old Firm Derby* zwischen Celtic Glasgow und den Rangers war, weiß was Hass und religiöser Eifer bedeuten. So freundlich die Schotten sind, so unfassbar wütend schreien sie pro Sekunde gefühlte drei Schimpfwörter und zwei Morddrohungen aus ihren Hälsen. Wahrlich beängstigend. In der ewigen Stadt ist trotz der päpstlichen Aura des Vatikans nicht die Religion der Kern des Konflikts. Der AS Rom und der Großteil seiner Anhänger sind im politisch links dominierten Arbeiterviertel Testaccio angesiedelt, wohingegen Lazio und dessen Fans im politisch rechten, wohlhabenden Parioli beheimatet sind. Die brisanten Spruchbänder und Gesänge unter den Fans sind teils haarsträubend, die gesellschaftlich untragbaren Flegeleien der radikalen Gruppierungen spotten jeder Beschreibung.

Sie hassen sich sehr, die zwei Vereine aus der ewigen Metropole. Es vereint sie nur eine Gemeinsamkeit: Lazio Rom und die AS Roma – wie könnte es auch anders sein – teilen die Abscheu gegenüber dem *Scudetto*-Dominator aus dem Piemont. Irgendeinen Grund dafür gibt es immer. Entweder hat Juve mal wieder einen guten Spieler nach Turin gelotst oder in den Augen der *Tifosi* die Meisterschaft am grünen Tisch erkauft. Aber beide müssen sich hinten anstellen, wenn sie der Alten Dame an die Wäsche wollen. Vor den beiden Hauptstädtern bleiben Torino, Inter Mailand und Florenz immer noch die bissigsten Verfolger.²⁶⁷

83. GRUND

Weil jeder zu Juve wechseln will und nur der Weihnachtsmann einen Transfer verweigert

Juventus Turin ist das Ziel eines jeden Fußballers. Mittelfeld-Pitbull und -Primgeiger Arturo Vidal hat selbst den großen FC Bayern München verschmäht und stattdessen seine Zelte im Piemont aufgeschlagen. Ein großes Kompliment und eine Honorierung des Prestiges, das ein Engagement beim italienischen Rekordmeister ausstrahlt. Selbstverständlich gibt es noch andere Vereine für ambitionierte Kicker, denn weder der härteste *Juventino* noch die befangensten italienischen Sporttageszeitungen sind derart verbohrt, die anderen Topadressen des europäischen Fußballs herabzuwürdigen. Der FC Bayern ist eine Macht in Deutschland, Real Madrid und der FC Barcelona – und so viel Zeit für die nationalen Befindlichkeiten der Iberer muss sein – als Spaniens UND Kataloniens Stolz sind beeindruckende Stationen im Lebenslauf. Mehr geht nicht, wenn du in dieser Branche nach oben willst. Juve fällt zweifelsohne in jene Kategorie, Fans und Funktionäre sind sich dessen bewusst und auch Spieler wissen es. Speziell in Südamerika ist die Popularität der Alten Dame ungebrochen, so auch in Vidals Geburtsland Chile. Turin als Traum, als Karrierehighlight mit Aussicht auf garantierten Erfolg.

Umso verstörter reagieren die Fans, wenn ein Ausnahmetalent und erprobter Weltklassemann einen Transfer verweigert, einen Wechsel in die oberste Etage des penibel auf Triumph getrimmten Konstruktes aus Prinzip ablehnt. Einer dieser Kandidaten ist

Francesco Totti; nach dem WM-Titel 2006 in Deutschland zum Nationalhelden aufgestiegen, wollte er nie zu Juventus gehen. Der gebürtige Römer liebt seine AS Roma, ein weiß-schwarzes Trikot würde er niemals in die Hand nehmen. Nicht einmal als Putzlappen, um sein Bad auf Hochglanz zu polieren. Da Totti jedoch charmant und höflich ist, würde er solche Flegeleien niemals in der Öffentlichkeit äußern. Ein Wechsel zum ungeliebten Rivalen käme nicht infrage. In 1.000 Jahren nicht. *Il Capitano* ist auch nicht mehr der Jüngste, und ein Ende der aktiven Laufbahn rückt bedrohlich nahe, viel näher als eine unerwartete Vertragsunterzeichnung für einen sicheren Arbeitsplatz im Piemont. Es gab seit jeher Gerüchte um Francesco Totti, Interessenten hat er immer gehabt und in seiner Blütezeit wäre er das passende Rädchen im Turiner Triebwerk gewesen. Hut ab vor diesem loyalen Mann, sein Elan und Patriotismus haben höchsten Respekt verdient.

Buon Natale wünscht man den Menschen nicht nur am Heiligen Abend in ganz Italien, in Udine bedanken sich Fans wie Funktionäre täglich über den Verbleib eines Ausnahmetalents. Denn im Oval des Stadio Friuli, der Heimstätte des besten regionalen Clubs, bringt der Weihnachtsmann an jedem Spieltag höchstpersönlich die Geschenke. Oft nicht nur eines, sondern gleich mehrere. In Form von Vorlagen und eiskalt erzielten Toren. Dann freuen sich alle Kinder und Erwachsenen in der Arena, als wäre gerade Bescherung. Antonio *Totó* Di Natale, Neapolitaner, ist bereits mit 36 Jahren eine lebende Legende in Friaul-Julisch Venetien. Er ist ein begnadeter Stürmer und Kapitän, mehrfacher Torschützenkönig und Publikumsliebling. Vielfach zu Unrecht unterschätzt, hätte er locker das Zeug für die ganz großen Stadien dieser Welt gehabt.[268]

Was er mit Udinese erreicht hat, geht in die Annalen des Clubs ein. Udine ist sein Zuhause und dort fühlt er sich geliebt. Er dachte nie daran, »ein Team, eine Stadt und eine Familie zu verlassen, die mich wie einen Sohn adoptiert hat«. Er hielt den Verlockungen des Geldes stand, als Andrea Agnelli ihn von einem Wechsel zu

Juventus überzeugen wollte. Aber in Udine ist der Druck nicht so hoch und auch nach Niederlagen kann der Trainer in Ruhe mit der Mannschaft arbeiten. Alle *Juventini* hätten seine Verpflichtung geschätzt, doch auch seine Entscheidung gegen Titel und für die Vereinstreue zeigt seine Klasse und Integrität.[269]

10. KAPITEL

TRAGÖDIEN, KONTROVERSEN UND KURIOSITÄTEN

84. GRUND
Weil der Humor niemals zu kurz kommt

Spaßvögel braucht jede Gruppe. Egal ob im Freundeskreis oder im Beruf. Es gibt immer jemanden, der als Freigeist für Unterhaltung sorgt und durch Streiche oder Kommentare die Stimmung hebt. Oder auch verschlechtert. Das hängt dann wohl von der Perspektive ab: Der Initiator und die begeisterten Mitläufer lachen, das Opfer findet solche Scherze nicht ganz so witzig.

In der aktuellen Juve-Truppe ist dieser Scherzkeks ohne Zweifel Andrea Pirlo. So unorthodox sein Spiel als Mittelfeld-Zampano anmutet, so abenteuerlich ist seine Auslegung der Definition von Humor. Vor allem seine Streiche an Ex-Milan-Kollege Gennaro Gattuso sind legendär. Als Letzterer einst auf die Vertragsverlängerung durch den Milan-Vorstand wartete, schnappte sich Pirlo dessen Telefon und schickte dem Manager eine SMS: »*Lieber Ariedo, wenn du mir gibst, was ich will, kannst du meine Schwester haben.*« Gattuso war *not amused*. Oder auch im Camp der italienischen Nationalmannschaft: Pirlo und Roma-Kicker Daniele De Rossi warteten im Hotelzimmer, bis Gattuso kam und sich schlafen legte. Als er friedlich einschlummerte, sprang Pirlo wild schreiend aus dem Wandschrank und De Rossi ergriff den schlafenden Mann von der Unterseite des Bettes. Auch dieses Mal war Gattuso alles andere als begeistert. Mit diesen kreativen Ideen könnte man ein ganzes Buch füllen.[270]

Die Marketing- und PR-Leute von Turin haben seinen Esprit, das komödiantische Talent, erkannt und gleich eine ganze Reihe an originellen Sketches produziert, die in regelmäßigen Abständen an das Juve-Volk kommuniziert und per YouTube und Vereins-Website über den Äther gejagt werden.

Ein Reporter spricht mit ihm über die individuelle als auch mannschaftliche Leistung der letzten Spiele. Professionell antwortet der Italiener darauf und reagiert mit gewohnter Seriosität auf alle nachfolgenden Fragen. Doch ein kleines Detail hebt das Gespräch von gewöhnlichen Interviews ab. Es ist Halloween und Pirlos Gesicht ist mit einer monströsen Kürbismaske verdeckt.[271] Ein weiterer Schwank aus dem vermeintlichen Alltagsleben der Profikicker zeigt Pirlo und Mitspieler Stephan Lichtsteiner. Der rechte Flügelflitzer im Spiel von Juve ist nicht gerade bekannt für viele Tore, doch wenn er eines erzielt, liefert ihm meist Pirlo den punktgenauen Pass. Was liegt also näher, als die beiden beim gemeinsamen Frühstück zu zeigen.[272] Egal ob Käse, Pfeffer oder Wasser – Pirlo liefert Lichtsteiner auch im richtigen Leben die wichtigen Vorlagen zu einem gelungenen Start in den Tag. Die bildliche Absurdität dieser Szene ist schwer in Worte zu fassen, doch ein Schmunzeln kann sich niemand verkneifen.

Den Zusammenhalt und die positive Energie innerhalb der Mannschaft zeigt eine inszenierte Pressekonferenz im Juventus Center mit Arturo Vidal, Leonardo Bonucci, Paul Pogba und Fabio Quagliarella.[273] Bonucci spricht gelassen in das Mikrofon, als plötzlich die Hölle losbricht: Ein Mann mit schwarz-weißer Zebra-Maske auf dem Kopf und einem Gettoblaster auf der rechten Schulter tanzt von der Seite ins Bild. Ein harter Cut zeigt plötzlich Spieler und Angestellte, die verkleidet durch den Raum tanzen. Das war Juves Reaktion auf das populäre Internet-Phänomen *Harlem Shake*.

85. GRUND

Weil die Beziehung zwischen Juventus und Adrian Mutu eine Geschichte voller Missverständnisse ist

Sportlich ist Adrian Mutu seit Jahren in der Versenkung verschwunden. Der rumänische Stürmer galt in jungen Jahren als Talent mit Aussicht auf eine Weltkarriere. In seiner Vita finden sich namhafte Vereine: Inter Mailand, FC Chelsea und Juventus Turin. Überhaupt hat der Nationalspieler schon eine Menge Vereine »verbraucht«: FC Argeş Piteşti, Dinamo Bukarest, Hellas Verona, AC Parma, AC Florenz, AC Cesena, AC Ajaccio und Petrolul Ploieşti. Zugegeben, Mutu hätte es schlechter treffen können. Speziell die Anstellung bei den ersten drei Topmannschaften schafft nicht jeder. Das Problem an der Sache: Zusammengenommen hat Mutu gerade mal knapp 70 Spiele absolviert und nur selten vollends überzeugt.

Viele werden sich jetzt denken: Ein vielversprechendes Talent hat sein Potenzial nicht ausgeschöpft. Wen kümmert das? Der Fußball ist voll von solchen Storys, das ist nun wirklich nichts Besonderes. Und das stimmt natürlich bis zu einem gewissen Punkt. Im Fall von Adrian Mutu und speziell Juventus und Chelsea kommt indes ein pikantes Detail dazu. Der Rumäne tut gut daran, sich in Zukunft besser nicht auf dem Vereinsgelände beider Clubs sehen zu lassen.

Adrian Mutu wurde 2004 als Chelsea-Profi positiv auf Kokain getestet und daraufhin für sieben Monate gesperrt. Dieses Fehlverhalten sollte nicht das einzige in seiner Karriere bleiben, denn 2010 fiel Mutu bei einer Doping-Kontrolle nach einem *Coppa-Italia*-Match durch. Der FC Chelsea entließ den Angreifer aus seinem Vertrag und wechselte nach Ablauf seiner Sperre über Livorno ablösefrei nach Turin. Anfangs mehr oder minder erfolgreich, entpuppte sich der scheinbar geläuterte Mutu nicht als langfristige Verstärkung und wurde von Juve für mehrere Millionen Euro an den AC Florenz verkauft. Die Londoner waren – verständlicherweise – nicht erfreut über diese Entwicklung und verlangten eine Entschädigung wegen Vertragsbruchs. Sie pochten darauf, Mutu habe bei Chelsea einen gültigen Vertrag gehabt und hätte nicht so einfach nach Italien wechseln dürfen.

2009 klärten die Gerichte die Angelegenheit und verurteilten Mutu zu einer Rekordstrafe von mehr als 17 Millionen Euro, die der Ex-*Juventino* an Chelsea zahlen sollte. Mutu legte Einspruch ein und der Fall musste erneut verhandelt werden. Danach war es einige Jahre ruhiger und Ende 2013 sorgte die Schlichtungskammer der FIFA für einen Knall, als sie Mitte Oktober entschied, die Vereine und Mutu mit einer Zahlung von 21,5 Millionen Euro an Chelsea zu bestrafen. Bislang handelt es sich hierbei um den Höhepunkt des Gerichts-Thrillers.

Der Plot des Schauspiels erstreckt sich bereits auf mehr als zehn Jahre, das Ende der Handlung steht auch 2014 noch immer nicht zweifelsfrei fest. Das Schicksal von Mutu, Juve und Chelsea hält ein besonders fieser Cliffhanger offen, der alle Parteien genervt zurücklässt und das Finale erst in der nächsten Staffel einer nie enden wollenden Fernsehserie zeigt. Oder auch nicht, das bleibt abzuwarten. Juventus Turin und der AS Livorno akzeptierten die zweistellige Millionenstrafe nicht und haben gegen die hohe Entschädigungszahlung Einspruch eingelegt. Die Regisseure in Diensten des Internationalen Sportgerichtshofes CAS beschäftigen sich noch immer mit den Plot-Details und ein abschließendes Urteil steht demnach nach wie vor aus.[274–278]

86. GRUND

Weil Juve und Inter die Macht der sozialen Netzwerke zu spüren bekamen und auf die wütenden Proteste der Fans reagieren mussten

Ein Spielertausch ist prinzipiell eine einfache Sache. Zwei Vereine müssen sich für je einen Akteur entscheiden, der in die Mannschaft passt. Ein kleines Handgeld hier, ein guter Vertrag da – sobald sich Clubs und Spieler einig sind, ist das Geschäft eine reine Formalität. Auch wenn sich zwei Vereine nicht grün sind, sollten professionell abgewickelte Deals möglich sein. *Hätte, wenn und aber* … diese Floskel kommt gleich nach *Was wäre, wenn* ….

Anfang 2014 befanden sich Juventus Turin und Inter Mailand in unterschiedlichen Entwicklungsstufen. Juve kämpfte um die Meisterschaft, Inter war abgeschlagen und spielerisch ausbaufähig. Der montenegrinische Stürmer Mirko Vučinić hatte seinen Stammplatz an Carlos Tévez und Fernando Llorente verloren. Inter-Mittelfeldmann Fredy Guarín war mit seiner Gesamtsituation unzufrieden. Beide Spieler wollten transferiert werden, beide Vereine waren sich bezüglich der Vertragsdetails einig – und trotzdem scheiterte der Wechsel mit einem nie da gewesenen Knalleffekt, der alle Parteien wütend zurückließ. Die Art und Weise des Zerfalls ist einmalig im Fußball, vor allem weil die sozialen Online-Netzwerke einen massiven Einfluss hatten. Die unerwarteten Wendungen in dieser Posse lassen selbst Autoren der billigsten Seifenopern wie blutige Anfänger aussehen.

Nach den üblichen Transfergerüchten – angeblich waren Arsenal London und der FC Chelsea an beiden Spielern dran – konkretisierten Juve und Inter einen möglichen Deal. Das erste Angebot, Verteidiger Andrea Ranocchia für Vučinić, war Antonio Conte nicht gut genug. Er bevorzuge den kolumbianischen Star Guarín. Recht schnell einigten sich beide Parteien und der Tausch Vučinić-Guarín wurde realistischer.

An dieser Stelle kommen Facebook und Twitter ins Spiel: Die übereinstimmenden Medienberichte über einen so gut wie fixierten Transfer verärgerten die Inter-*Tifosi* so stark, dass sie vehement protestierten. Die Manager von Inter Mailand zogen die Notbremse und brachen die Verhandlungen umgehend ab. Juventus war über diesen Schritt erbost, musste sich indes mit anderen Problemen herumschlagen. Die Alte Dame hatte sich zu diesem Zeitpunkt mit Guarín geeinigt, und nach dem Rückzug der Mailänder weigerte er sich vorerst, das Juve-Vereinsgelände zu verlassen. Wie zahlreiche Medien behaupten, drohte er Inter mit einem Trainingsstreik, sollte der Club seinen Wechsel ins Piemont blockieren. Derweil hatte Vučinić seinen Spind in der Umkleidekabine geräumt und sich von seinen Kollegen verabschiedet.

Inter Mailand ließ nicht locker und wollte Vučinić regulär verpflichten, doch für Juventus kam dies nicht infrage. Auf Drängen von Guarín und dessen Berater wurden die Verhandlungen über den ursprünglich angedachten Tausch reaktiviert, nur dass Inter laut neuesten Ergebnissen drei Millionen Euro zusätzlich erhalten sollte. Vertreter beider Vereine trafen sich und beschlossen den Transfer, nur die Zustimmung des neuen Inter-Zampanos Erick Thohir stand noch aus.

Wenig später war alles klar: Juventus Turin bekommt Guarín und händigt im Gegenzug Vučinić plus 1,5 Millionen Euro an Inter Mailand aus. Lediglich die Zustimmung des Präsidenten fehlte weiterhin. Dann endlich reagierte Thohir und verweigerte seine Zustimmung. Guarìn ergriff den letzten Strohhalm und wendete sich vertrauensvoll an Thohirs Vorgänger Massimo Moratti, der als Vermittler fungieren sollte. Doch es nützt letztlich alles nichts. Inters Hardcore-Fans demonstrierten – dieses Mal in körperlicher Form vor dem Inter-Firmensitz – und bekämpften den angedachten Tausch. Schlussendlich scheiterte der Transfer und Inter Mailand veröffentlichte ein Communiqué, laut dessen Inhalt Präsident Thohir und Moratti nach Absprache mit dem Management zu der Erkenntnis gekommen wären, dass die technischen und finanziellen Parameter ein Geschäft nicht zulassen.

Der radioaktive Fallout nach dem explosiven Ende der Transfersaga begann damit, dass sich beide Clubs verbal bekriegten und die ohnehin fragile Beziehung enorme Kratzer abbekam. Juve-Manager Giuseppe Marotta gab an, Thorir habe entgegen allen Meldungen seinen Segen zu diesem Deal erteilt. Egal wer recht hatte und wie genau nun der Ablauf dieser Farce wirklich war, die medialen Newsticker zu den stündlichen Entwicklungen sorgten für eine groteske Form der köstlichsten Unterhaltung. Zumindest für die neutralen Beobachter, denn Vučinić und Guarín waren alles andere als glücklich.[279-282]

87. GRUND
Weil selbst die größten Skandale überstanden werden

Acht Jahre ist es her, seit der italienische Manipulationsskandal *Calciopoli* die Fußballwelt in ihren Grundfesten erschütterte. Im Frühjahr 2006 drangen Abhörprotokolle an die Öffentlichkeit, die den damaligen Juve-Manager Luciano Moggi im Zwiegespräch mit Funktionären des Fußballverbandes bloßstellten. Für die Staatsanwaltschaft lag damit auf der Hand, dass Moggi die Saison 2004/05 beeinflusst und Juventus im Kampf um den *Scudetto* unlautere Vorteile verschafft hatte. Das Ergebnis der Untersuchungen ist bekannt: Juventus Turin wurde in die Serie B strafversetzt, zwei Meistertitel wurden aberkannt und weitere Vereine und hochrangige Clubverantwortliche fassten empfindliche Strafen ab.

Es dauerte Jahre, bis sich die *Vecchia Signora* vom größten Skandal der Vereinsgeschichte erholte. Die italienische Nationalmannschaft gewann noch im selben Jahr den Weltmeistertitel und tröstete die verletzten Seelen der *Tifosi*. Der Triumph in Berlin gegen Frankreich war für das internationale Renommee nicht mehr als ein letztes Aufflackern einer der größten Fußballländer. Obwohl der AC Mailand noch die Champions League gewinnen sollte, war die Serie A in einer Abwärtsspirale gefangen. Ohne die Präsenz des populärsten Clubs Italiens brachen Sponsoren- und Eintrittsgelder massiv ein. Viele Stars verließen das Land und heuerten in England, Spanien und Deutschland an. Glaubt man Andrea Agnelli, dem derzeitigen Juve-Präsidenten, fügte das Urteil im Manipulationsskandal der Marke Juventus einen finanziellen Schaden von 440 Millionen Euro zu. Vom angekratzten Image und der Blamage des Abstiegs in die untere Spielklasse ganz zu schweigen.

In einem Land, in dem der *Calcio* einen eklatant wichtigen Teil des Wirtschaftslebens ausmacht, beeinflusste das sportliche Erdbeben nicht nur die Kampfkraft auf nationaler wie internationaler

Bühne. TV-Gelder sanken und Dienstleistungssektoren wie Gastronomie und Tourismus litten unter massiven Umsatzeinbrüchen.

2014 redet fast niemand mehr darüber, der Spuk des einstigen bösen Geistes des *Calcio* ist in den Gedanken der Menschen nur mehr als schrecklicher Albtraum vergangener Tage präsent. Die Serie A zahlt zwar immer noch den Preis der einstigen Missstände, doch die notwendigen Reformen verfehlen ihre Wirkung nicht. Die Liga hat die Probleme erkannt und befindet sich im unverkennbaren Aufschwung. Während es wohl noch etwas Zeit benötigt, wieder die Nummer eins im Weltfußball zu werden, hat Juventus Turin den Schockzustand nach *Calciopoli* abgeschüttelt. Die Norditaliener sind aktuell die mit Abstand beste und erfolgreichste Mannschaft. Nach der Grundreinigung auf allen Führungsebenen übernahm Juve sukzessive die Vorreiterrolle, überzeugt durch vorbildliche Jugendarbeit, zeitgemäße Marketing- und PR-Maßnahmen und einen ökonomischen Vorsprung auf alle anderen. Der neue Lack funkelt schöner denn je, die störenden Kratzer sind weg und international hat sich Juve erneut den Status als eines der wenigen Schwergewichte im Fußball erarbeitet.[283–285]

88. GRUND

Weil es mit Juventus im medialen Blätterwald niemals langweilig wird

In Deutschland sind spektakuläre Duelle zweier Clubs über die Medien nicht erst seit gestern bekannt. Unvergessen bleibt die verbale Auseinandersetzung zwischen Bayerns Uli Hoeneß und dem damaligen Leverkusen-Coach Christoph Daum. In der sogenannten Kokain-Affäre zog Daum nach einer peinlichen Haaranalyse den Kürzeren und musste seinen Chefsessel räumen. Eine Chronologie der Ereignisse offenbart ein wahrhaftes Medienspektakel.[286] In Italien laufen derartige Prozesse ähnlich ab, die schiere Bandbreite an Radio- und TV-Shows, Pressekonferenzen und täglich erscheinenden Sportzeitungen bietet jedem Profi mehr als nur ein Sprachrohr. Juventus hat viele Freunde im Sportbusiness, doch auch die Feinde stehen Spalier, wenn es darum geht, der Alten Dame eines reinzuwürgen. Beispiele für medial ausgefochtene Zwistigkeiten gibt es mehr als genug. Strittige Situationen auf dem Spielfeld, hartes Transfergebaren der Supermacht aus dem Piemont und der ständige Platz an der Sonnenseite der Tabelle helfen nicht gerade dabei, neue Freundschaften zu schließen.

In der jüngeren Vergangenheit war wieder einmal eine Fehde mit Fiorentina dafür verantwortlich, Juventus einen prominenten Platz in den Headlines zu besorgen. Die Beziehung beider Vereine ist seit einer gefühlten Ewigkeit notorisch widerspenstig, um es milde zu formulieren und nicht das Klischee des blinden Hasses zu bemühen. In diesem speziellen Fall ging es nicht um Fußball, ein grässlicher Knatsch griff auf die Geschäftswelt abseits des runden Leders über. Juventus-Mäzen und Fiorentina-Besitzer Diego Della Valle lieferten sich einen verblüffenden Machtkampf über Italiens Medien. Die Intensität und Wortwahl sind selbst für italienische Verhältnisse erstaunlich angriffslustig.

Alles begann, als Della Valle Fiat öffentlich kritisierte und Elkann darauf prompt reagierte: »Della Valle hat andere Dinge, um die er sich sorgen muss, da sein Unternehmen Tod's schlecht läuft. Sie werden von Prada, Armani, Lvmh und Kering in den Schatten gestellt. Es ist ein kleines Geschäft, das nicht gut läuft.«

Der Fiorentina-Boss ärgerte sich grün und blau über die Aussagen des jungen Erben der Agnelli Familie und reagierte dementsprechend. »Ich habe gelesen, dass Yaki [Elkanns Spitzname], als er nach einem langen Wochenende zurückkehrte, ein Thema ansprach, von dem er offenkundig nichts versteht: die Welt der Arbeit und des Wirtschaftslebens (…). Er hat dummes Zeug gequatscht. Sollte er einen Betrieb besuchen wollen, der exzellente Produkte herstellt, gut ausgebildete Angestellte hat und auf einer soliden finanziellen Basis steht (...), lade ich ihn ein, die Tod's Group zu besuchen.«[287]

Damit war seine Mitteilungslust bei weitem nicht gestillt. »Er könnte sogar länger bleiben und eine Ausbildung absolvieren, da er ja scheinbar eine Menge Freizeit hat. Auf diese Weise würde er lernen, was Arbeit überhaupt bedeutet.« Der Stachel sitzt tief, die Abneigung füreinander wird in Wortgefechten wie diesem überdeutlich. Meist schenken sich beide Parteien nichts, die Differenzen bieten aber mehr als genug amüsanten Stoff für die Journaille, um die Seiten der Publikationen zu füllen. Letzten Endes verlaufen die Nickligkeiten im Sand und die alte Rivalität bleibt bestehen. Auch wenn in diesem Fall Della Valle beinahe versöhnlich abschließt: »Ich kenne Yaki, seit er ein Kind war, und es ist eine Schande, dass er nicht verstehen kann, dass mein Standpunkt gegen Fiat und die Agnelli Familie nichts Persönliches ist.«[288]

89. GRUND

Weil man sich den Neid anderer erst verdienen muss

»*Venduto! Venduto!*«, schallt es aus den Kehlen der Zuschauer. Sie machen ihrem Unmut über den Schiedsrichter Luft, der vor wenigen Sekunden eine spielrelevante Szene gegen ihr Team und für Juventus gewertet hat. Sie vermuten ausdrucksstark, der Schiri wäre parteiisch oder gar gekauft. Es spielt keine Rolle, ob die Entscheidung richtig oder falsch ist. »*Juventino, pezzo di merda!*«, erklingt meist direkt hinterher, in harmonischem Einklang mit den Hüpfgeräuschen Hunderter Fans. *Juventini*, ihr seid nicht mehr als ein Stück Scheiße. Keinen interessiert der Wahrheitsgehalt, die schiere Abneigung gegenüber dem italienischen Rekordmeister und seiner Gefolgschaft ist allgegenwärtig.

Die Schiedsrichter-Diskussion hat eine lange Tradition, die anrüchige Tendenz der Unparteiischen zur Bevorzugung der großen Clubs des Landes erhitzt die Gemüter aller provinziellen Vereine mit weit weniger Einfluss. Es gibt sie, die fragwürdigen Entscheidungen pro Juve. Es gibt sie aber auch, die auffälligen Pfiffe zum Wohle der anderen bedeutenden Großmächte. Und das regt die *Tifosi* maßlos auf. Juventus als siegreichste Mannschaft Italiens ist die beliebteste Zielscheibe des Frusts. Die Piemonteser sind einfach sehr gut, daran ändern die Debatten um Bestechungen und andere unlautere Beeinflussungen gar nichts. Diesen Neid musste sich Juve hart erarbeiten, die Beschimpfungen und beleidigenden Aussagen sind auch Zeichen von ungewollt artikuliertem Respekt. Irgendwer muss ja schuld sein an der Misere, nur nicht unser Team. Quasi letzter Ausweg Ohnmacht. Ohnmacht ob der eigenen Defizite.

Juventus ist für sie nicht Juventus, sondern *Rubentus*. Eine leicht zu merkende Abwandlung des Namens und Ausdruck von Abscheu. *Rubare* heißt stehlen oder etwas rauben, also eine pointierte Anspielung auf Betrug und Spielmanipulation. Nicht gerade subtil, wird die Bedeutung auf das Klauen von Siegen, Punkten und der Meisterschaft umgemünzt.

Ewig diskutiert und erst 2007 gerichtlich geklärt wurde die Doping-Diskussion um Juventus' erfolgreiche Ära zwischen 1994 und 1998. Zdeněk Zeman trat einst einen unvergleichlichen Doping-Prozess gegen den Club los, nachdem er in einem Interview darüber spekuliert hatte, dass Juventus Turin jahrelang leistungssteigernde Mittel an die Spieler verabreicht hätte. Stürmer-Idol Gianluca Vialli nannte er namentlich, eine Reaktion auf die schwerwiegenden Vorwürfe blieb Vialli Ende der 1990er nicht schuldig: »Zeman ist ein Terrorist, den muss man vom Fußball ausschließen.«

Zemans Äußerungen führten zu einer juristischen Untersuchung, die die Verurteilung des Juve-Clubarztes Riccardo Agricola nach sich zog. Vorerst. Die Mutter aller Dopingschlachten, wie es die *La Gazzetta dello Sport* treffend formulierte, zog sich über viele Jahre hin. Stars wie der französische Weltmeister Zinédine Zidane mussten vor Gericht aussagen. In dem Prozess gestand Zidane, als Spieler in Turin in regelmäßigen Abständen Kreatin verabreicht bekommen zu haben – ein Mittel, das nicht auf der Liste der verbotenen Dopingmittel steht. Den Spielern wurde Doping nie nachgewiesen, Juve-Geschäftsführer Antonio Giraudo wurde freigesprochen. 2007 endete die Farce endgültig zu Gunsten aller beteiligten *Juventini*. Die Anklage wegen Sportbetrugs gegen den Arzt und Funktionär der Alten Dame sei zwar gerechtfertigt gewesen, der vom Turiner Staatsanwalt erhobene Vorwurf des Epo-Dopings sei laut den Obersten Richtern indes nicht zulässig.[289–292]

90. GRUND

Weil die musikalischen Auftritte der Juventini Gänsehaut garantieren

Gute Freunde kann niemand trennen, gute Freunde sind nie allein.[293] Das wusste anno 1966 schon Franz Beckenbauer. Torwart-Fachmann Petar Radenković vom TSV 1860 München trällerte bereits ein Jahr zuvor sein Lebensmotto in die Mikrofone des Landes: »Bin ich Radi, bin ich König, alles andere stört mich wenig, was die anderen Leute sagen, ist mir gleich, gleich, gleich. Bin ich Radi ja ja ja, bin ich König ja ja ja, und das Spielfeld ist mein Königreich.«[294] Ganz schön tiefsinnig, ohne Frage. Seit diesen Ausflügen ins Musikmetier hat sich nicht viel geändert. Viele Fußballer singen sich nach gewonnenen Meisterschaften oder Cup-Siegen die Seele aus dem Leib. Irgendwer oder irgendetwas muss einen Schalter in den Gehirnen umlegen, anders sind so manche melodiöse Unfälle nicht zu erklären. Zugegeben, ein Best-of der berühmtesten Totalschäden dieser kreativen Grenzgänger ist höchst amüsant. Alle Jahre wieder, bevorzugt vor Welt- oder Europachampionaten, quälen TV-Stationen die Ohren der Zuseher mit einem Worst-of der skurrilen Songs von Fußballern. Nach Genuss dieser fraglos erleuchtenden Auswahl reicht ein simples Kopfschütteln nicht aus, sich dem unwiderruflichen Verlust von IQ-Punkten zu entziehen.

Vielleicht bin ich auch zu hart in meinem Urteil, schließlich sind meine sanglichen Qualitäten alles andere als berauschend. Und sie faszinieren mich, diese Produkte von Selbstüberschätzung und gezieltem Marketing, die nur allzu oft in die Hose gehen. Zur WM 2014 in Brasilien erreichten diese PR-Bemühungen neue Negativ-Höhepunkte. Brummen die Profi-Musikanten Jennifer Lopez und Rapper Pitbull den offiziellen Song in die schutzlosen Gehörgänge der Fußball-Aficionados, möchte ich für Letzteren am liebsten einen Platz im Zwinger organisieren. Den Trash-Faktor von ungeübten Sängern bevorzuge ich dann doch um ein Vielfaches!

Protagonisten auf dem Platz und anschließend im Tonstudio waren die *Juventini* nach dem Triumph im Weltcup 2006 in Deutschland. Alessandro Del Piero und die anderen Champions der Nationalmannschaft kreierten ihre Version des italienischen Liedgut-Klassikers *Azzurro* von Adriano Celentano.[295] Der Versuch versprüht Esprit, doch die Tonleiter erklimmen sie bei Weitem nicht so gekonnt wie den Thron des Weltfußballs. Im Finale bewiesen sie im Elfmeterschießen gegen die Franzosen den längeren Atem, beim Singen geht dem einen oder anderen schon mal zu früh die Luft aus.

Gänsehautstimmung ist auch dann garantiert, wenn Fußballer der Juve zum Aufnahmegerät greifen. 2005, auf dem Höhepunkt der Ära Fabio Capello, nahmen einige Akteure im Studio Platz und ihre eigenwillige Interpretation der Juve-Hymne auf.[296] Die Eros Ramazzottis und Adriano Celentanos unter den Poeten schmachten die Liebeserklärung an die Alte Dame ins Mikro und treffen immerhin einen richtigen Ton oder zwei. Für Fans herzzerreißend, als rein wohlklingendes Arrangement für Liebhaber guter Musik wohl eher für die Top-20-Trash-Songs der eingangs erwähnten Hitparade geeignet. Aber sie bemühen sich wenigstens, das kann man ihnen nicht absprechen.

91. GRUND

**Weil sich niemand mit
Leonardo Bonucci anlegen sollte**

In der Dreierkette ist Leonardo Bonucci der zentrale Ankerpunkt. Als Abwehrchef machte er sich und seine Partner Giorgio Chiellini und Andrea Barzagli zu einer der besten Defensivreihen der Welt. Bonucci überzeugt durch genaue Pässe beim Spielaufbau sowie durch sein Stellungsspiel, zudem antizipiert er Angriffsstrategien der Gegenspieler mit erschreckender Genauigkeit. Er agiert unauffällig und souverän, ist aus der Startelf der Juve nicht wegzudenken.

Anfangs war Bonucci immer für einen Aussetzer gut, wodurch er bei den Fans schnell als Schwachstelle des Teams bekannt wurde. Obwohl der mittlerweile 27-Jährige fantastisch spielte und die Stürmer ausstach, zerstörte mindestens ein verheerender Lapsus seine Reputation. Bonucci schaffte es, die Konzentrationsfehler abzustellen, und tritt kompromisslos als unumstrittener Boss im Verteidigungsverbund auf. Der frühere Jugendspieler von Inter Mailand überzeugt nicht nur die *Tifosi* und Coach Antonio Conte, auch Italiens Nationaltrainer beruft ihn regelmäßig ein.

Im Privatleben hat Leonardo Bonucci die Ruhe weg und lässt sich von nichts erschüttern, wie ein Vorfall Ende 2012 beweist. Er wollte sich einen Ferrari kaufen und war kurz davor, ein Autohaus in Turin zu betreten. Vor dem Eingang überraschte ihn ein bewaffneter Räuber und verlangte vom 190 Zentimeter großen Bonucci dessen Uhr. Der Defensivmann dachte nicht daran, der Aufforderung ernsthaft nachzukommen, und setzte zu einem wuchtigen

Faustschlag an. Bonuccis Frau und ihr drei Monate alter Sohn verbarrikadierten sich im Wagen, und er nahm die Verfolgung des sichtlich verstörten Kriminellen auf. Glaubt man Medienberichten, soll dieser dem Fußballer zugeschrien haben: »*Was machst du, bist du verrückt? Ich werde dich erschießen ...*« Zum Glück war das nicht mehr als eine leere Drohung.

Der Dieb und sein Komplize schafften es, dem wütenden Bonucci auf einem Motorroller zu entkommen. Der mutige Widerstand des Juve-Spielers war ohne Zweifel beeindruckend. Wie clever seine Reaktion indes tatsächlich war, sei dahingestellt. In Zukunft werden Gangster zumindest zweimal nachdenken, ob eine simple Uhr das robuste Tackling des hartgesottenen Verteidigers wert ist.[297 298]

92. GRUND

Weil der wahre Walk of Fame an der Corso Gaetano Scirea ist

Stars gibt es in Turin nicht nur jedes Wochenende auf dem Platz im vollgepackten Juventus Stadium zu bewundern, Sterne dominieren alles, was mit Juventus zu tun hat. In klaren Nächten reicht ein Blick nach oben, um den wunderschönen Sternenhimmel zu genießen. Drei Sterne befinden sich auf dem Trikot der *Vecchia Signora*, je einer für zehn gewonnene *Scudetti*. Noch ein paar Jahre mehr und es wird ein Vierter das Emblem auf Herzhöhe verzieren. In jeder Saison versprechen Manager und Coach, den Fans die Sterne vom Himmel zu holen. Sterne wohin man schaut, sie sind einfach überall. Wer jetzt schon genug von dieser Redundanz hat, sollte besser niemals das Auto auf die Corso Gaetano Scirea lenken, die direkt zum Stadioneingang führt. Die zweite Ebene des kompakten Fußballtempels erweist sich als würdiger Bewerber um die größtmögliche Ansammlung von Sternen an einem Ort. Selbst der *Walk of*

Fame in Hollywood schielt neidisch über den großen Teich und klatscht leise Beifall.

Der berühmte Gehweg in Los Angeles erstreckt sich über 18 Häuserblöcke zu beiden Seiten des Hollywood Boulevard. Darüber hinaus verläuft die Route noch drei Blöcke in nordöstlicher Richtung, beginnend am Sunset Boulevard. Eine recht große Fläche, mit über 2.500 Sternen ist die Anzahl verewigter Prominenter auch nicht weniger beeindruckend.[299] Zugegeben, quantitativ wird sich der Neid der Amerikaner in Grenzen halten, doch wenigstens qualitativ hinkt der Vergleich mit der Filmmetropole nicht.

Lange vor den drei aufeinanderfolgenden Serie-A-Meisterschaftssiegen von 2012 bis 2014 versprachen schon die glücklosen Vorgänger in der Führungsetage, die Sterne vom Himmel zu holen und in den Boden unmittelbar vor den Haupteingängen der Sektoren zu nageln. Erfolge waren damals rar gesät, die Fans gaben sich auch schon mit weniger zufrieden. Juventus versprach den darbenden *Tifosi*, gegen einen Unkostenbeitrag von läppischen 250 Euro (Gold-Stern) oder 350 Euro (Platin-Stern), den eigenen Namen neben einen jener der Juve-Legenden zu ritzen. Schön verziert und in Sternform, sind die Metallplaketten ein netter Blickfang auf dem Weg zum Sitzplatz. Mitglieder und diverse Fangruppierungen wählten die 50 größten Spieler aller Zeiten, die jemals den Dress der *Bianconeri* trugen. Alessandro Del Piero, Pavel Nedvěd, Michel Platini, Omar Sívori und Gaetano Scirea sind nur einige der klingenden Namen im *Who is Who* des Weltfußballs. Mit genügend Kleingeld haben sich die Engagiertesten unter den Fans einen Platz in der Chronik des Vereins gesichert. Jeder Stadionbesuch erinnert sie daran, dass es manchmal gar nicht so übel ist, wenn sie jemand mit Füßen tritt. Zumindest dann nicht, wenn die Menschenmassen zu den Stars von heute und morgen über den wahren *Walk of Fame* in die Arena pilgern.[300]

93. GRUND
Weil der erste Sieg im Pokal der Landesmeister das Blut in den Adern gefrieren ließ

Der Tag des 29. Mai 1985 ist jedem *Juventino* als furchtbarstes Desaster aller Zeiten ins Gehirn gebrannt. Es ist das Endspiel im Europapokal der Landesmeister, Juventus Turin gegen den FC Liverpool, und niemand kann fassen, was sich gerade eben ereignet hatte. Die Katastrophe von Heysel, benannt nach dem Stadion in Belgiens Hauptstadt Brüssel, erschütterte Europa und hatte für den damaligen Rekord-Champion aus England verheerende Folgen. Als Anhänger Liverpools in den neutralen Sektor stürmten, verursachte eine Massenpanik den Einsturz einer Mauer. 39 Menschen wurden getötet, 454 teils schwer verletzt. Doch wie konnte diese Tragödie überhaupt passieren? Unglücke geschehen nicht einfach so, sie sind das Resultat einer langen Fehlerkette.

Viele Juventus-Fans bezogen ihre Tickets für das Finale von einem italienischen Reisebüro. Im ominösen Block Z hätten prinzipiell nur neutrale Zuschauer Platz finden dürfen, doch ein korrupter UEFA-Offizieller nahm seinen Job nicht so genau und beschaffte dem besagten Reiseorganisator ein Kartenkontingent. Ein kleines Detail, das sich später als wichtiges Puzzleteil im Gesamtbild eines der größten Zwischenfälle im Fußball überhaupt herauskristallisieren sollte. Das Heysel-Stadion erfüllte die Anforderungen der UEFA an Endspiele im Europapokal nicht im Geringsten. Block Z war nur durch einen Maschendrahtzaun gesichert, eine Überwindung dieser Barriere für die aggressiven Hooligans demnach ein Leichtes. Die im Zuge der Panik eingestürzte Mauer war brüchig, und dass keine Polizisten im Sektor für Sicherheit sorgten, zeugt von einer unfassbar desaströsen Vorbereitung auf ein als Fest des Sports und der Harmonie gedachtes Duell zweier Großmächte.

Um kurz vor acht Uhr abends drangen mehrere Hundert Anhänger des FC Liverpool in den benachbarten Block Z ein, statt der neutralen Fans war der Sektor von Italienern dominiert. Die *Tifosi* gerieten außer sich und flüchteten. Doch in dem Chaos wurden sie gegen eine Mauer gepresst, die wenig später in sich zusammenfiel, Teile der Leidtragenden mit sich riss und unter sich begrub. 32 der 39 Todesopfer waren Italiener, der Rest kam aus Belgien, Frankreich und Nordirland. Umso verständnisloser ist aus heutiger Sicht der eklatante Mangel an Sicherheitskräften. Stunden vor dem Spiel randalierten betrunkene »Fans« in der Innenstadt. Juventus-Sympathisanten warfen im Stadion mit Steinen und Leuchtraketen um sich, Liverpool-Anhänger reagierten mit Schmähgesängen und Bengalos. Noch war nichts Ernstes passiert, die Ordner hätten mit ein wenig Fingerspitzengefühl die aufgeheizte Stimmung entschärfen können. Wenn aber am Ort des Schreckens keine Polizei ist, fällt dieser Versuch in die Kategorie »Mission Impossible«.

Der europäische Fußballverband, der Bürgermeister der Stadt Brüssel und die Polizeileitung mussten eine harte Entscheidung treffen. Um nicht noch größere Ausschreitungen zu erzeugen, beschlossen sie die Durchführung der Partie. Mit eineinhalb Stunden Verspätung pfiff der Referee das Spiel gegen den Willen der meisten Akteure an und Juventus gewann mit 1:0, Michel Platini verwertete einen Elfmeter.

Beide Mannschaften waren schockiert über die Vorfälle und den Triumph im Meistercup wollte niemand feiern, zu groß war der Schock über den Mauersturz. In den Annalen der Statistikbücher wird Juventus als Champion angeführt, doch über die Jahre erinnern sich immer weniger an das Schicksal jener Menschen, die im Heysel-Stadion ihren Tod fanden. Die unmittelbaren und langfristigen Konsequenzen der Tragödie sind auch knapp 30 Jahre danach noch spürbar.

Die englischen Hooligans wurden zu Haftstrafen verurteilt und die UEFA hinterließ keine Zweifel über die Schuldhaftigkeit: Der ruhmreiche FC Liverpool wurde für sieben Jahre von allen internationalen Bewerben ausgeschlossen, alle anderen englischen Fußballclubs mussten fünf Jahre auf Spiele außerhalb der Insel verzichten. Eine drakonische Strafe, die beispiellos in der Historie der UEFA ist. Juventus Turin und der belgische Fußballverband wurden für ihre Rolle im Skandalspiel mit milden Strafen belegt.

Die Katastrophe von Heysel zog Änderungen und sichtliche Verbesserungen der Bauweise von anderen Stadien nach sich, vor allem bei großen Turnieren und Endspielen. Das Desaster ist ein Schlüsselfaktor für die Etablierung des mittlerweile gängigen Systems der Vergabe von Eintrittskarten. Bei Großereignissen müssen Tickets zwingend personalisiert sein. Bekannte Hooligans haben keine Chance, jemals wieder ein Stadion von innen zu Gesicht zu bekommen. Die Organisatoren von internationalen Begegnungen dürfen den Besuchern seit Jahren nur mehr Sitzplätze zuweisen, Stehplätze gehören der Vergangenheit an.[301 302]

94. GRUND

Weil menschliche Tragödien alles andere in den Schatten stellen

Es geschah am 15. Dezember 2006, genauer gesagt in einer eisigen Winternacht kurz vor dem Weihnachtsfest. Eine horrende Nachricht verbreitete sich wie ein Lauffeuer durch die lokalen Medien, an Fußball oder wohlig-warme Feiertage im eingeheizten Wohnzimmer war in diesen Stunden nicht mehr zu denken. Ein für unmöglich gehaltener Tiefschlag für die Seelen aller Juventus nahe stehenden Menschen ließ niemanden mehr auf ein friedliches Fest als Abschluss eines ohnehin furchtbaren Jahres hoffen. Die Gazetten und *Tifosi* sprachen immer noch von der Tragödie, nach *Calciopoli* in der Serie B als gedemütigter Champion herumgurken zu müssen, doch erst an jenem schicksalhaften Tag wurde der Terminus »Tragödie« der wahren Bedeutung des Wortes gerecht und versetzte ganz Turin in eine Schockstarre. Alessio Ferramosca und Riccardo Neri, zwei Jugendspieler aus der *Berretti*-Mannschaft, verstarben am Gelände des Juventus Center in Vinovo.[303]

Der Tod der beiden 17-jährigen Jugendspieler auf dem Vereinsgrundstück war das Ergebnis eines tragischen Unfalles. Das Trainingsareal umfasst einen künstlich angelegten, recht kleinen See. Als ein Fußball in das eiskalte Wasser flog, nahm das Schicksal seinen unbarmherzigen Lauf: Laut offiziellem Polizeibericht wollten die beiden Nachwuchshoffnungen den Ball bergen und fielen bei diesem Versuch ins eiskalte Wasser. Sie ertranken an Ort und Stelle, die angerückte Feuerwehr konnte nur mehr ihre leblosen Körper bergen.[304]

Noch heute ist diese Katastrophe in den Köpfen aller *Juventini* präsent. Sportliche Dürrephasen hat jeder irgendwann mal auszusitzen, Jahre später wird diese Zeit wohlwollend verdrängt. Doch die Dramen des menschlichen Lebens, diese seltenen und dafür umso einprägsameren Ereignisse, bleiben unvergessen: Juventus erinnert jährlich am 15. Dezember an den Unfall und unterstützt dadurch das Vermächtnis der betroffenen Familien. In Zusammenarbeit mit den ursprünglichen Heimatvereinen gründeten die Angehörigen eine Wohltätigkeitsorganisation im Namen ihrer beiden Lieben.[305]

Bei vielen Heimspielen kann man den einen oder anderen Fan beobachten, wie er ein Gedenk-Banner mit der Aufschrift »Ale e Ricky – Sempre nel cuore« hochhält oder am Geländer befestigt. Diese kleine Geste hält die Erinnerung am Leben. Die Erinnerung an die bitterkalte Nacht im Dezember. Ale und Ricky – Immer im Herzen.

95. GRUND

Weil Gianluca Pessotto die Chance auf einen Neuanfang bekam

Heute ist Gianluca Pessotto Teammanager im Jugendbereich von Juventus Turin. Der sympathische Ex-Internationale und langjährige Spieler der *Bianconeri* ist überall beliebt, keiner verliert ein schlechtes Wort über den Mittelfeldspieler, der im Vereinsfußball alles gewann. Dass der Italiener vor Vitalität strotzt und sich um den Nachwuchs kümmert, ist ein Wunder. Nicht im sprichwörtlichen Sinn, denn Gianluca Pessotto müsste eigentlich tot sein. Am 27. Juni 2006 stürzte sich Pessotto aus dem zweiten Stock des Juve-Geschäftsgebäudes und schlug aus 15 Metern Höhe auf einem Dach auf, wodurch die Fallhöhe verringert wurde. In seiner Hand hielt er einen Rosenkranz.

Was brachte ihn dazu, nur einen Tag nach Amtsantritt als Manager, sich das Leben nehmen zu wollen? Die Öffentlichkeit reagierte schockiert und langjährige Gefährten wie auch Rivalen lobten ihn als fairen Sportsmann und fantastischen Menschen. Kumpane und Kollegen der italienischen *Squadra Azzurra* erfuhren die Nachricht über das Unglück mitten in der Vorbereitung auf das WM-Viertelfinale in Deutschland gegen die Ukraine. Die Freude über den Einzug in die nächste Runde auf dem Weg ins Finale wich blankem Entsetzen. Der Kapitän und enge Freund Pessottos, Fabio Cannavaro, hörte davon während einer Pressekonferenz und war sichtlich getroffen. Mit Alessandro Del Piero, Gianluca Zambrotta und Co-Trainer Ciro Ferrara im Schlepptau flogen sie mit einem Privatjet umgehend nach Turin an sein Krankenbett.

Die Medien hielten sich nicht mit Spekulationen zurück. War es eine potenzielle Verwicklung in das Manipulationsfiasko *Calciopoli*? Waren es familiäre Probleme? Oder etwas vollkommen anderes? Offensichtlich hatte Juves Anklage im Fußballskandal nichts mit

Pessottos Verzweiflungstat zu tun. Er war nicht involviert, und erst als sich seine Frau Reana äußerte, wurden die Beweggründe durchschaubar. »Er war schon eine ganze Weile gestresst und depressiv. Er wurde sehr zerbrechlich: Er fiel in eine dunkle Depression aufgrund seiner neuen Rolle im Herzen von Juventus, etwas, was sich nicht so entwickelte, wie er es anfangs gehofft hatte. Er realisierte, dass der Job als Teammanager nichts für ihn war. Ermüdungserscheinungen, Melancholie und die Verbitterung über das ungewisse Schicksal des Clubs, all das zusammen treibt manche Menschen dazu, wütend zu reagieren. Gianluca machte etwas viel Schlimmeres als das.«

Nach einer Not-OP aufgrund von starkem Blutverlust und mehreren Knochenbrüchen befand sich Pessotto schnell auf dem Weg der Besserung. Die italienische Mannschaft widmete ihm den Weltmeistertitel 2006 und ließ keine Gelegenheit aus, die Verbundenheit mit Pessotto und seiner Familie auszudrücken. Der einstige Musterprofi fand alsbald wieder in die Spur und tankte neuen Lebensmut, Cannavaro brachte ihm sogar den WM-Pokal ins Krankenhaus. Über den sofortigen Besuch der engsten Vertrauten in seiner bittersten Stunde sagte Pessottos Frau: »Das sind ganz besondere Freunde. Wir haben gemeinsam geweint.«[306–308]

96. GRUND

Weil Juve in der kulinarischen Tabelle noch einige Punkte auf die Europapokalplätze fehlen

Ich habe in meiner langen Karriere als Fußballfan schon viele Stadien von innen gesehen. Die europäischen Länder sind nahezu komplett abgegrast, außerhalb der Alten Welt waren auch einige spektakuläre Spielstätten dabei. Es ist jedes Mal aufs Neue spannend, eine neue Arena zu besuchen oder zu einem lieb gewonnenen Ort zurückzukehren. Die Reise zum nächsten Highlight fühlt sich an, als würde ich nach einem langen Arbeitstag in mein Wohnzimmer kommen und endlich den wohlverdienten Feierabend genießen. Türe zu, Schuhe aus und rauf auf die Couch. Dann kann das Spektakel beginnen und die Freude steigt ins Unermessliche. Ja, so muss das sein!

Egal ob zu Hause oder im Stadion, eine Kleinigkeit zu essen gehört irgendwie dazu. Kein vollständiges Mahl, ein kleiner Snack tut es auch (die Lust zu kochen oder gleich mehrere Zutaten fehlen meist ohnehin). Im Laufe der Jahre habe ich es mir zur Angewohnheit gemacht, vor jedem Match die lokalen Köstlichkeiten zu probieren. Der korrekten Vergleichswerte willen ist es jedes Mal die gute alte Stadionwurst. Das Verspeisen des Probanden muss zwingend nach der Ticketkontrolle geschehen, andernfalls wird der fleischige Teilnehmer vom Wettkampf disqualifiziert. Im Jargon nenne ich den verbotenen Apfel im Stadion Eden gerne auch liebevoll Stadionwurschti. Der meist ungenießbare Fraß hat die verniedlichende Wertschätzung eigentlich nicht verdient, aber hey, leicht masochistische Züge müssen irgendwo tief in mir schlummern. Anders kann ich das regelmäßig aktualisierte Ranking nicht erklären. Die strengen Bewertungskriterien sind eindeutig definiert: Abhängig von Geschmack, Konsistenz, Umfang der Beilagen und dem Preis hat das Wurschti die Chance, sich einen der begehrten Plätze zu sichern. Die Tagesform ist ein zusätzlicher Faktor, den es unter allen Umständen zu beachten gilt: Vielleicht war die halb aufgetaute Tiefkühlwurst nur eine unrühmliche Ausnahme? Der Hotdog kann doch nicht immer so zubereitet sein! Ansonsten würde ja niemand mehr fünf Euro für diese Katastrophe ausgeben, oder? Diese faire Chance muss man den Fressbuden einräumen.

An der Spitze der Zahlentafel thront unangefochten der FC Bayern München. Das Brot ist knusprig-kross, das Fleisch gut durch und würzig. Egal ob man die Bayern mag oder nicht, das exquisite Würstchen ist die erste Wahl. Dahinter folgt lange nichts. Einige deutsche und österreichische Vereine kämpfen um die vorderen

Plätze, ohne Akzente jedweder Art zu setzen oder sich ernsthaft an die Münchner anzuschleichen. Bis tief runter in die zweite Tabellenhälfte herrscht Ausgeglichenheit, beinahe eine gewisse Langeweile ob der Ähnlichkeit aller gemeldeten Würste.

Interessante Erkenntnisse liefert die Analyse der Abstiegskandidaten. Die Wettkampfwurschtis der europäischen Elite werfen all ihre erlesenen Zutaten in die Waagschale: Ein ungewöhnlich helles und weiches Backwerk, das beim ersten Biss ein leicht unterkühltes Aroma verströmt. Im Abgang kommt die unerschütterliche Kühle der künstlichen Geschmacksverstärker erst richtig zur Geltung. Beilagen sind rar gesät, dafür glänzt das appetitliche Fleisch durch gummiartige Beschaffenheit und eine dem Brot angepasste Kälte. Ein wahres Festmahl für verwöhnte Gaumen! Britische Vertreter kämpfen verbissen um die Gunst der Käufer und schrammen regelmäßig am Abstieg vorbei. Denn drei besondere Exemplare belegen derzeit die Abstiegsränge: Die gut abgeschmeckten Delikatessen in Turin (Juventus Stadium), Madrid (Estadio Santiago Bernabéu) und Lissabon (Estádio da Luz) zeugen von einem lukullischen Genuss der Extraklasse. Mmhh ...

11. KAPITEL

DIE BESTEN DER WELT

97. GRUND

Weil man als erster Verein der Welt alle Titel gewonnen hat

»*Im Leben musst du dich immer verbessern. Ich wählte Nancy, weil es meine Heimmannschaft ist, St. Étienne, weil sie die Besten in Frankreich sind, und Juventus, weil sie die Besten der Welt sind.*« Michel Platini (derzeit UEFA-Präsident)[309]

In Italien ist Juventus Turin eine Institution, mehr noch: Eine Lebenseinstellung. International steht der Nobelclub seinem nationalen Image in nichts nach. Es ist wieder an der Zeit, in Form einer fein säuberlich selektierten Liste, die Highlights der herausragenden Triumphe im Weltfußball festzuhalten:

Juventus Turin ist bis heute das einzige Team im Spitzenfußball, das jeden relevanten, offiziellen Wettbewerb des europäischen Fußballdachverbandes (UEFA) gewinnen konnte – inklusive der weltweiten Turniere:

- UEFA-Pokal der Landesmeister/Champions League: 1985 und 1996
- UEFA-Cup/Europa League: 1977, 1990 und 1993
- UEFA-Cup der Cupsieger: 1984
- UEFA-Supercup: 1984 und 1996
- UEFA-Intertoto-Cup: 1999
- Intercontinental Cup/FIFA Club WM: 1985 und 1996

Als erstem Fußballverein gelang es Juventus, alle drei wichtigen Europapokale für sich zu entscheiden: UEFA Cup/Europa League, Europapokal der Pokalsieger und Europapokal der Landesmeister/Champions League. 1988 erhielt Juve-Vorsitzender Giampiero Boniperti die UEFA Plaque, eine Auszeichnung für diese besondere Leistung.

Bis zum Start der Saison 2014/15 hat Juventus 57 (offiziell) bzw. 59 (inoffiziell) Turniere gewonnen.

Vom internationalen Fußballverband FIFA wurde Juventus zur besten italienischen Mannschaft des 20. Jahrhunderts geadelt, sowie als siebtbester Verein der Welt. Zusätzlich wies der internationale Verband für Fußballgeschichte und -Statistik (IFFHS) die Turiner auf Platz zwei der europäischen Vereinsteams aus.

Vom IFFHS wurde Juve zweimal zum weltbesten Club des Jahres gewählt (1993 und 1996) und führte das offizielle World Ranking 16-mal an. Hinzu kommt eine siebenjährige Führung im europäischen Vereinsranking der UEFA.

Als erste Mannschaft überhaupt gewann Juventus die Meisterschaft in einer 20er-Liga ungeschlagen.

102 Punkte häufte Juve bis zum Ende der Serie-A-Saison 2013/14 an – in einer europäischen Elite-Liga hat dieses Kunststück noch niemand geschafft. Der FC Barcelona (2013, 100 Punkte) und Real Madrid (2012, 100) wurden damit als Leader abgelöst.[310]

Mit 24 Spielern stellt Juve bis heute die meisten Fußballer, die mit ihren Nationalteams die FIFA Weltmeisterschaft errangen.

Neun Kicker in der Geschichte von Juventus gewannen den prestigeträchtigen *Ballon d'Or* bei der Wahl zu Europas Fußballer des Jahres (seit 2010 auch offiziell Weltfußballer des Jahres).[311]

98. GRUND

Weil Juve den internationalen Fußball prägt und den klassischen Catenaccio neu definiert

Die Deutschen fürchten die Italiener, die Briten sowieso, und auch andere Schwergewichte im Profifußball gehen schon vor dem Anpfiff mit Bauchweh in das Spiel gegen den vierfachen Weltmeister. Lange Zeit galt Italiens Fußball als streng ergebnisorientiert, eine gesicherte Defensive mit nur den nötigsten Offensivaktionen war für die *Squadra Azzurra* und italienische

Vereinsmannschaften ein Erfolgsgarant, der ihnen so manch wichtigen Titel einbrachte.

Der konventionelle *Catenaccio* als Spielsystem im Fußball ist ein Relikt aus der Vergangenheit. Kaum ein Team hat heute noch damit Erfolg. Die Ausnahme von dieser Regel waren vor wenigen Jahren Otto Rehhagels Griechen, die sensationell die Europameisterschaft gewannen und mit ihrer defensiven Ausrichtung alle spielstarken Teams vor Probleme stellten.

Catenaccio bezieht sich auf das italienische Wort *Catena* und beschreibt, leicht negativ konnotiert, eine Sperrkette oder einen Riegel. Berühmt wurde das taktische Grundgerüst durch Trainer Helenio Herrera, der den Spielstil bei Inter Mailand implementierte und herausragende Ergebnisse erzielte. Diese Spielweise war zu Zeiten Herreras nicht neu, basiert der *Catenaccio* doch ursprünglich auf dem Schweizer Riegel des Österreichers Karl Rappan. Er erhob diese taktische Ausrichtung zum Credo der Schweizer Nationalmannschaft und der Grasshoppers aus Zürich.

Neben der obligatorischen Torwartposition erlaubt der *Catenaccio* eine gewisse Flexibilität: entweder vier Verteidiger, fünf Mittelfeldspieler und ein Stürmer (4-5-1) oder fünf Abwehrspieler, vier Spieler im Mittelfeld und ein Angreifer (5-4-1). Diese defensive Ausrichtung erlaubt es dem Gegner nicht, durch Ausspielen der verteidigenden Mannschaft zum Torerfolg zu kommen. Offensiv bauen die verteidigenden Teams auf die defensiven Lücken, die sich durch das erzwungene Aufrücken der attackierenden Spieler zwangsläufig ergeben, und streben den Torerfolg durch schnelle Konter an. Im modernen Fußball sind Aspekte des *Catenaccio* selten zu beobachten und kommen meist nur in vereinzelten Spielsituationen zum Tragen, etwa um eine knappe Führung zu verteidigen.

In der Serie B stand Juventus 2006 vor dem Scherbenhaufen des einstigen Glanzes. Der unmittelbare Aufschwung nach dem direkten Wiederaufstieg war mehr Schein als tatsächlich real. Das angeknackste Selbstverständnis abseits des Spielgeschehens übertrug sich auf den Platz. Juve verbrauchte Trainer um Trainer – atypisch zum sonst gewohnten Gebaren in Krisenzeiten – und hatte kein klares taktisches Konzept. Dann bekam Antonio Conte das Zepter in die Hand und verpasste dem Mannschaftsgefüge ein perfekt sitzendes Korsett an Regeln des modernen Fußballs und alter Tugenden. In seiner ersten Saison wurde Juventus ungeschlagen Meister und gewann den *Scudetto* zwei weitere Male. Auf europäischer Bühne zahlte das neu zusammengestellte Kollektiv gelegentlich Lehrgeld, zeigte aber deutlich das überragende Potenzial auf.

Das Geheimnis des Erfolgs hat viele Gründe, einer davon ist die unübersehbare Ähnlichkeit zu Herreras Herangehensweise an den Fußball aus den 1960er-Jahren. Conte setzt auf die geniale Simplizität der 3-5-2-Formation, erzeugt aus einer stabilen Defensive mit einem tief stehenden Spielmacher und kampfstarken Mittelfeldspielern im Zentrum eine perfekte Balance. Die linken und rechten Flügel agieren defensiv wie offensiv und auch die Stürmer helfen in der Verteidigung aus.

Im Kern der Abwehr agiert Leonardo Bonucci als Dreh- und Angelpunkt des Aufbauspiels, der mit Leichtigkeit genaue Pässe zu seinen Vorderleuten spielt. Andrea Pirlo als perfektes Beispiel eines traditionellen *Regista*, also Regisseurs, bringt die Angriffe mit präzisem Zuspielen ins Rollen. Stephan Lichtsteiner und Kwadwo Asamoah auf den Flügeln – sie füllen eine Rolle jenseits von reiner Verteidigung und Offensivkraft aus – können tief verteidigen, laden die Gegner zum Angriff ein, und starten im Gegenzug blitzschnelle Konter. Das System funktioniert: Juve lässt Tore selten geschehen und offensiv nützen die Spieler ihre Chancen eiskalt aus.[312] [313]

99. GRUND

Weil nur die Alte Dame aus Turin den rechtmäßigen Anspruch auf den Thron an der Seite von König Fußball hat

Der Wechsel ins stets geschätzte, aber nie geliebte Stadio delle Alpi markierte 1990 den Aufbruch in eine neue Zeitspanne des weltumfassenden Erfolgs. In den 1980ern dominierte Juventus jahrelang den Fußball und der Verein galt als erste Adresse für jeden ambitionierten Profi. Nach einer kurzen Regenerationsphase hielten die nachfolgenden Spielzeiten das ohnehin schon kaum verbesserungswürdige Niveau nicht nur, nein, Juventus setzte sich nach heroischen Leistungen die Krone auf: der unumstrittene Höhepunkt in der Biografie von Juventus Turin.

Eine angsteinflößende Spielqualität und die Dominanz über jeden Gegner rangen sogar den größten Juve-Hassern Respekt ab. Wie das große Real um Alfredo Di Stéfano, das legendäre Team um Ruud Gullit und Marco van Basten im Dress des AC Milan, oder Barças unnachahmliche Offensive mit Ronaldinho und Andrés Iniesta als Strippenzieher von Weltformat. Das waren unvergessliche Mannschaften. Die verschworenen Einheiten prägten mit der Art und Weise, wie sie die Rivalen aus der Fasson brachten, das Zeitgeschehen und erweiterten in ihrer Blütephase das Œuvre des Fußballs um nie da gewesene Konzepte. Diese Konstrukte auf Basis der talentiertesten Spieler dienen allen künftigen Generationen als Blaupause.

Juventus mit seinem unbändigen Willen zum Sieg um jeden Preis, in Verbund mit überragenden technischen Fähigkeiten und einem taktisch perfekt ausbalancierten Selbstverständnis, prägte gleich zwei Perioden in der Historie des Profifußballs: Michel Platinis Geniestreiche unter der Regie von Taktikfuchs Giovanni Trapattoni und Marcello Lippis Flaggschiff in den 1990er-Jahren. Lippi hatte im Ringen um die beste Aufstellung für das nächste

Match stets die Qual der Wahl: Ciro Ferrara, Moreno Torricelli und Gianluca Pessotto waren etablierte Verteidiger. Paulo Sousa, Didier Deschamps, Antonio Conte, Angelo Di Livio und Vladimir Jugović formten ein fantastisches Mittelfeldgefüge. In der Offensive kreierten Gianluca Vialli, Fabrizio Ravanelli und Alessandro Del Piero Großchancen en masse. Später kamen Edgar Davids, Paolo Montero, Alen Bokšić und ein damals noch recht unbekannter Zinédine Zidane hinzu.

Die italienische Serie A war in all jenen vielen Jahren das Nonplusultra. Keine Liga war stärker, umkämpfter und strahlte eine vergleichbare Anziehungskraft aus. Der Meistercup wurde zur Champions League und der UEFA-Cup war ein hoch angesehener Wettbewerb. Juventus gewann sie alle, die Titel mit dem größten Prestige. Die Juve war im Konzert der Größten die Allergrößte. Die bezaubernde Hauptdarstellerin auf den Brettern, die die Welt bedeuten. Nach einer kurzen Schaffenspause, von sportlichen und rechtlichen Krisen geprägt, schickt sich die Grande Dame gegenwärtig an, ihren Status als Kassenmagnet und Fürstin mit Anspruch auf die Thronfolge im Weltfußball erneut für sich zu beanspruchen.[314][315]

100. GRUND

Weil Juventus Turin eigentlich viermaliger Fußballweltmeister ist

Vereins- und Nationalteams lassen sich nicht miteinander vergleichen, es handelt sich prinzipiell um zwei völlig verschiedene Welten. Die Grundvoraussetzungen für Fans unterscheiden sich nicht nur in der strukturellen Ausrichtung: Saisonale Ligen in aller Herren Länder bezaubern den Hardcore-Fan mit bunt gemischten Teams, die Fußballweltmeisterschaft findet nur alle vier Jahre statt und ist nach wie vor ein Kampf der Nationalitäten. Gewinnen wieder mal die Europäer oder Südamerikaner? Oder gelingt den Afrikanern und Asiaten ein Überraschungssieg? Zwar stellen die stärksten Vereine der Welt auch die besten Spieler für die vielen Nationalteams, doch vier Wochen im Sommer hat der Clubfußball Sendepause. Statistiker finden Gefallen daran, die Teilnehmer aller Länder nach Clubs aufzuschlüsseln und aus dieser Perspektive ragt ein Detail deutlich heraus und zeigt Juventus' Einzigartigkeit: Kein anderer Verein hat mehr Spieler aller Weltmeister gestellt als der italienische Rekord-Champion (24).[316]

Frankreich, 1998: Als Zinédine Zidane und Kapitän Didier Deschamps 1998 den Weltmeisterpokal gen Himmel stemmten und *Les Bleus* den Titel feierten, waren beide Stars zwei der wichtigsten Rädchen im gut geölten Juve-Motor. Die Nähe Italiens zu Frankreich war schon immer ein guter Nährboden für italienisch-französische Kombinationen im Mittelfeld der Piemonteser. Das Endspiel im *Stade de France* war nach Platinis Meisterstücken in den 1980ern der beste Beweis.[317]

Juve repräsentierte bei allen vier Titeln Italiens das Rückgrat der Mannschaft: Bei der Heim-WM waren es derer gleich neun: Gianpiero Combi, Virginio Rosetta, Luigi Bertolini, Felice Borel II, Umberto Caligaris, Giovanni Ferrari, Luis Monti, Raimundo Orsi und Mario Varglien I. Die erfolgreiche Titelverteidigung 1938 in Frankreich erlebten mit Alfredo Foni und Pietro Rava immerhin zwei wichtige Spieler aus Turin hautnah mit.[318]

Eklatante Parallelen zu Giovanni Trapattonis Juve-Dominatoren ergaben sich bei der Endrunde 1982 in Spanien. Dino Zoff, Antonio Cabrini, Claudio Gentile, Gaetano Scirea, Marco Tardelli und Paolo Rossi waren nicht nur in Turin unersetzlich, sondern auch auf dem Weg zum Titel. Rossi wurde gar Torschützenkönig. Beim bislang letzten Titel 2006 in Deutschland waren Fabio Cannavaro, Gianluigi Buffon, Mauro Camoranesi, Alessandro Del Piero und Gianluca Zambrotta Eckpfeiler in Marcello Lippis Elf. Das war bislang der

Höhepunkt in der erfolgreichen Historie Italiens, zu der Juventus als einziger Verein bei jedem FIFA World Cup seit der zweiten Ausgabe 1934 immer Spieler beisteuerte.[319]

101. GRUND

Weil Juve die besten Fans der Welt hat

Im Volksmund heißt es ja: Glaube keiner Statistik, die du nicht selbst gefälscht hast! Ein wenig Vorsicht im Umgang mit Hochrechnungen und Meinungsumfragen ist angebracht, aber man muss ja nicht immer alles infrage stellen. Sind die regelmäßigen Umfragen halbwegs akkurat, ist Juventus Turin das Team mit den meisten Fans in Italien, mehr als zwölf Millionen *Tifosi* feuern die Alte Dame an. Mit diesem Wert dominieren die *Bianconeri* die Rangliste mit weitem Abstand vor der Konkurrenz. Nur in Turin sind fast alle Heimspiele durchweg ausverkauft, ein fanatischer Hexenkessel mit loyalen Fanclubs erzeugt eine fantastische Stimmung.

Da Juventus-Tickets für die Auswärtsspiele fernab des Piemonts außerordentlich große Begehrlichkeiten erzeugen, kann der Verein auch in den anderen Regionen des Landes auf eine große Unterstützung bauen. Besonders populär ist der Rekordmeister in weiten Teilen Süditaliens, auf Sizilien und sogar auf Malta.

Lugt man auf die Angaben der internationalen Fan-Base, kommen sie wieder ins Spiel, die Zweifel an der Genauigkeit der gelieferten Daten. Aktuelle Studien und selbst die Informationen auf der Vereinswebsite und im Museum weichen leicht voneinander ab. Jegliche Zweifel sind unangebracht, wenn es um eine simple Tatsache geht: Juventus gehört zu jenen Teams mit den meisten und leidenschaftlichsten Fans der Welt. An Details sollte diese Feststellung nicht scheitern – ob nun 38 Millionen in Europa und 180 Millionen weltweit die italienischen Anhänger ergänzen (basierend auf älteren Ergebnissen im Juventus Museum), oder doch sogar 250 Millionen insgesamt und davon 43 Millionen in der Alten Welt, spielt in Wahrheit ja fast keine Rolle.

Interessanter ist die Aufschlüsselung der Fans nach den Gebieten des Erdballs abseits des Abendlandes. Speziell in Nord- und Südamerika, Kontinenten und Ländern, die früher Auswanderer anzogen, ist Juventus ein großes Thema unter den Menschen mit italienischen Wurzeln. Überraschend hingegen ist die Menge an Fans in Asien. Speziell im südostasiatischen Indonesien hat die Alte Dame eine riesige Schar an ausländischen Fans. Und auch Australien stellt mit geschätzten 1,4 Millionen *Juventini* eine beachtliche Menge an Leuten, die sich Woche für Woche via TV und Internet über Juventus Turin auf dem Laufenden halten.[320] [321]

102. GRUND

Weil die Serie A die stärkste Liga der Welt ist

Was bringen Rekorde und Dominanz in einer Liga, die keine Herausforderung bietet? Celtic Glasgow und die Rangers könnten eine Städtemeisterschaft austragen, die beiden Vereine haben gefühlt je 100 Titel in der schottischen Premier League gewonnen. Die Konkurrenz ist quasi nonexistent. Jetzt, da die Rangers dank Insolvenz in den Untiefen der Leistungsklassen dahinvegetieren, ist Celtic schon vor Saisonbeginn designierter Champion. Nichts gegen den schottischen Clubfußball, aber die Qualität der Spiele ist auf einem überschaubaren Niveau. Rapid Wien als eifrigster Titelsammler in der österreichischen Bundesliga steht vor einem ähnlichen Problem. Mit dem Dosen-Club aus Salzburg gibt es immerhin ein finanzielles Kaliber, das selbst den Scheich-Millionen aus Paris und Manchester Konkurrenz macht. Nur wollen keine Stars nach Österreich kommen. Verständlich.

Von solchen Problemen ist Italiens Serie A meilenweit entfernt. Fakt ist, dass die Eliteliga zu den besten und schwierigsten Meisterschaften der Welt zählt. Die technische Klasse und taktische Ausbildung aller Teilnehmer sind unbestritten, mit Nationalspielern aus allen Winkeln der Erde besticht die Serie A durch enorme Vielfalt. Fakt ist aber auch, dass *Il Campionato*, die Meisterschaft, schwere Defizite aufweist und Nachteile gegenüber der englischen Premier League, der spanischen Primera División und der deutschen Bundesliga hat. Fanausschreitungen, uralte und verwaiste Stadien und ein hoher Schuldenberg führten in einem schleichenden Prozess zu einem Imageproblem im In- und Ausland. Seit einigen Jahren werfen neureiche Clubs mit Geld um sich, gerade in Spanien leben viele Teams über ihre Verhältnisse und werden früher oder später die Konsequenzen dafür tragen müssen. Die Serie A durchlebt gerade diesen steinigen und von vielen Entbehrungen geprägten Weg, durch den Mangel an Geld ist der Profit anderswo deutlich größer.

Es gibt viele Baustellen zu bewältigen, um die Liga wieder auf einen Standard zu bringen, der einem Leader gebührt. Zumindest haben Verband und Teams die Problematik erkannt. Die faire Aufteilung der Einnahmen durch TV-Übertragungen ist ein Reizthema; dass die meisten Stadien nicht in Besitz der Vereine sind, hält den Gewinn aus Ticketverkäufen in Grenzen. Nach Juventus Turin als erstem Club mit eigenem Stadion ziehen langsam, aber sicher andere nach. Rigide Zugangsbeschränkungen zu den Spielen und eine familienfreundlichere Ausrichtung tragen erste Früchte. Es wird dennoch einiges an Zeit benötigen, bis der unangefochtene Status als beste Liga der Welt ein weiteres Mal der Serie A zufällt.

Offiziell gibt es die *Lega Nazionale Professionisti Serie A TIM* seit 1929. Vor dieser Zeit wurden regionale Wettbewerbe durchgeführt und am Ende der Meister in einem Turnier an einem sonnigen Nachmittag ausgespielt. Über die Jahre wurde Italiens Fußballdivision stärker und ist bis heute an der Weltspitze vertreten. Insgesamt 18 Mal und damit am häufigsten wurden Kicker der Serie A zu Europas Fußballer des Jahres gewählt, eine ähnlich stattliche Anzahl gibt die Statistik zur Wahl des Weltfußballers her. Mit Stars aus Südamerika und Europa boten die Top-Clubs die stärksten Mannschaften auf und dominierten den internationalen Fußball.[325][326]

103. GRUND

Weil kein anderer Verein so viele Gewinner des Ballon d'Or hervorbrachte

Einen klitzekleinen Schönheitsfehler hat die Auszeichnung der *Juventini* mit dem prestigeträchtigen *Goldenen Ball*. Doch dazu später mehr, denn die offizielle Lobpreisung der Fußballkünste fußt auf einer althergebrachten Etikette – und vor allem in der jüngeren Vergangenheit auf oft geänderten Formalitäten.

Von 1956 bis 2009 vergab das französische Fachmagazin *France Football* jährlich diesen Preis an die besten Fußballspieler des Jahres. Anfangs waren nur europäische Spieler von europäischen Vereinen zugelassen, nachdem 2007 alle Spieler weltweit miteinbezogen wurden, verkörperte die Auszeichnung zudem den Weltfußballer des Jahres. Die umfassend geänderten Modalitäten und ein Wechsel der zuständigen Wahlorgane wirkt beim ersten Blick auf die Statistiken verwirrend: Schon zuvor war die Auszeichnung vergleichbar mit der von der FIFA unabhängig organisierten Ehrung des Weltfußballers. Ab 2010 einigten sich *France Football* und die FIFA auf eine gemeinsame Anerkennung durch den FIFA *Ballon d'Or* anstelle der beiden zuvor separat zugewiesenen Titel. 2011 entschied der europäische Fußballdachverband UEFA, die alte Tradition der Wahl zu Europas Fußballer des Jahres mit dem *UEFA Best Player in Europe*-Award wiederzubeleben.

Im klassischen Vergabemodus stellt Juventus Turin mit sieben Spielern und neun Auszeichnungen die meisten Preisträger des *Ballon d'Or* aller Spitzenvereine. Der argentinisch-italienische Offensivkünstler Omar Sívori gewann 1961 erstmals die Auszeichnung für die *Bianconeri*. Fast 20 Jahre dauerte es, bis mit dem Italiener Paolo Rossi (1982) und dem Franzosen Michel Platini (1983) weitere Juve-Spieler den Preis in Empfang nehmen konnten. Platini gelang es sogar, noch zweimal (1984 und 1985) zum besten Kicker des Abendlandes gewählt zu werden. 1993 war es Roberto Baggio vorbehalten, der bei Juventus Turin seinen wohl besten Fußball zeigte und auch zum Weltfußballer avancierte. Nur fünf Jahre später gewann Zinédine Zidane (1998) die Herzen aller Juve-*Tifosi* und wurde mit Frankreich im eigenen Land Weltmeister. Abermals fünf Jahre später wirkte Pavel Nedvěd (2003) im Mittelfeld der Alten Dame und des tschechischen Nationalteams, geigte groß auf und zeigte atemberaubende Leistungen als Mann für die spielentscheidenden Tore. Als überraschenderweise erster italienischer Abwehrspieler von Juventus schaffte es Fabio Cannavaro als bislang letzter *Juventino*, 2006 den *Ballon d'Or* zu gewinnen. Als relativ kleiner Innenverteidiger glänzte er durch perfektes Stellungsspiel, Sprungkraft und gut getimte Tacklings.

Der *Ballon d'Or* ist eine einzigartige Errungenschaft, nur die besten Vereine bringen ihre Starspieler auf ein derart hohes Niveau. Und der Vollständigkeit halber soll auch noch der Makel dieser Statistik erwähnt werden: Juventus führt zwar das Ranking an, doch auch der FC Barcelona stellt neun Gewinner.[327]

104. GRUND

Weil die Liebe unter den Fans rasch zerbricht und Sympathien schneller die Richtung wechseln als eine Fahne im Wind

Die Fans der Juve pflegen eine innige Beziehung zu den Anhängern von ADO Den Haag und Legia Warschau. Als Juventus vor einigen Jahren gegen Ajax in Amsterdam spielte, unterstützten die Den Haager Anhänger den italienischen Champion in dessen Auswärtssektor. Gegen das verhasste Ajax, die Landsleute aus der Hauptstadt, ist das Ehrensache. Nach Leibeskräften sangen die niederländischen Ultras mit den Turiner Pendants, sie lagen sich in den Armen und erneuerten ihre Brüderschaft. Seit dem Heysel-Desaster in den 1980ern stehen sich beide Fanlager nahe, Legia Warschau kam kurze Zeit später dazu. Die Achse Juventus–Den Haag–Warschau hat Jahrzehnte überdauert und solange ADO und Legia nicht zu europäischen Großmächten aufsteigen, wird sich daran nichts ändern.

Fanfreundschaften waren Ende der 1990er-Jahre en vogue. Wer nicht mindestens eine Handvoll Vereine im In- und Ausland als Partnerverein in seiner Vita stehen hatte, galt als Ewiggestriger. Warum dieser Trend aufkeimte und alsbald genauso schnell wieder verschwand, ist ein Mysterium für sich. Die Verflechtungen der Vereine waren noch schwerer zu durchschauen als der Stammbaum eines prämierten Rassekaters bei einer Katzenausstellung.

Fan-Ehen wurden schneller geschlossen, als es den elterlichen Vereinen lieb war, viel zu kurz waren bislang doch die Partnerschaften, um den Bund fürs Leben zu schließen. War Juventus nun mit Avellino oder Piacenza liiert? Oder gar mit beiden? Polygame Mischehen waren keine Seltenheit. Die zarten Bande wurden durch unzählige Fanschals geknüpft, so war die Dortmunder Borussia auf ewig Hertha BSC, VfB Leipzig, Lazio Rom und Juventus Turin verpflichtet. Das war eine Mammutaufgabe, die die Fankurven Europas zu bewältigen hatten. Schließlich durfte unter befreundeten Anhängern ein strenger Verhaltenskodex unter keinen Umständen gebrochen werden. Zum guten Ton gehörte nicht nur das obligatorische Stemmen von einem Glas Bier oder 20. Die undurchsichtige Liaison so mancher Fankurven hemmte die heißblütig geliebten Hasstiraden und Schmähgesänge. Durften *Juventini* überhaupt die *Laziali* im Römer Kapitol verunglimpfen? Wahrscheinlich keine gute Idee. Man will doch nicht die besten Freunde der eigenen Freunde verärgern, auch wenn sich Lazio und Juve spinnefeind sind.

Viele Anhänger halten Fanfreundschaften – zu Recht – für überholt. Dass so gut wie keine Beziehung von damals die Streitereien unter Liebenden überlebte, zeugt von dieser scheinheiligen Treue. Wie würden wohl die Fans von Legia Warschau und ADO Den Haag reagieren, müssten sie in der Vorrundenphase der Champions League mit Juve in denselben Topf? Richtig. Die Freundschaft würde auf eine harte Probe gestellt werden und am Ende zerbrechen. Aber das ist ja das Schöne daran: Alle drei Clubs spielen in unterschiedlichen Ligen Europas und eine Qualifikation für den Elitewettbewerb der UEFA ist für Warschau und Den Haag so wahrscheinlich wie die statistische Wahrscheinlichkeit einer lebenslangen Ehe.[328–332]

105. GRUND

Weil Niederlagen nirgends so wehtun wie in Turin

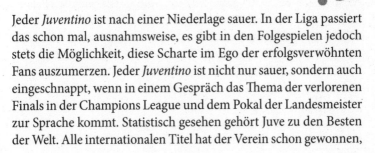

Jeder *Juventino* ist nach einer Niederlage sauer. In der Liga passiert das schon mal, ausnahmsweise, es gibt in den Folgespielen jedoch stets die Möglichkeit, diese Scharte im Ego der erfolgsverwöhnten Fans auszumerzen. Jeder *Juventino* ist nicht nur sauer, sondern auch eingeschnappt, wenn in einem Gespräch das Thema der verlorenen Finals in der Champions League und dem Pokal der Landesmeister zur Sprache kommt. Statistisch gesehen gehört Juve zu den Besten der Welt. Alle internationalen Titel hat der Verein schon gewonnen, die wichtigen gleich mehrfach und in fast jeder Saison landen die Piemonteser im Favoritenkreis der potenziellen Siegesanwärter. Der nationale *Campionato* wurde dutzendfach eingefahren, sogar der in Italien nur am Rande relevante Pokal ist in Juves festem Haltegriff. Es gibt keinen Grund, neidisch auf irgendeinen anderen Verein der Erde zu schielen. Alles ist in Ordnung, das Weltbild der *Juventini* ist intakt. Warum also diese Verbissenheit bei der geradezu anrüchig anmutenden Debatte über Endspiele im Europacup?

In der Königsklasse scheiterte Juventus fünfmal an der letzten Hürde. Das sind fünf mögliche Titel, die zusätzlich im Trophäenschrank der Führungsriege stehen könnten. Es ist nicht die Tatsache, dass die Spiele verloren gingen – die Verarbeitung solch profaner Dinge sollte man Erwachsenen durchaus zugestehen – sondern die Art und Weise dieser bitteren Rückschläge. 1973 im europäischen Showdown zwischen Ajax Amsterdam und Juventus verlor die Mannschaft in Belgrad durch ein frühes 0:1 knapp gegen die von Johan Cruyff angeführten Niederländer. Das gleiche Ergebnis sorgte 1983 im Athener Olympiastadion dafür, dass sich die Elf von Giovanni Trapattoni überraschend gegen den Hamburger Sportverein blamierte. Trotz der größten Stars der 1980er im Kader von Turin reichte ein Tor von Felix Magath, um die Italiener eiskalt zu erwischen.

1997 und 1998 war Juve schon länger das Maß aller Dinge in Europa und damit der Welt. Das half alles nichts, als der Traum von einer erfolgreichen Titelverteidigung gegen Borussia Dortmund platzte. 3:1 unterlag der klare Favorit in einer mitreißenden Partie, an jenem Maiabend in München konnte Juve die vergebene Chance auf den Doppelpack wieder einmal nicht fassen. Noch schlimmer kam es ein Jahr darauf, als die *Bianconeri* gegen Real Madrid in der Amsterdam Arena durch einen Treffer von Predrag Mijatović abermals mit 0:1 den Kürzeren zogen.

2003 geschah das bislang letzte Finaltrauma, bei dessen Erwähnung jeder *Juventino* vor Schreck zusammenzuckt. Es ist die alte Geschichte von *Was wäre, wenn …*, die Realität bot das wohl langweiligste Endspiel gegen den AC Milan im Old Trafford zu Manchester. Ein mageres 0:0 endete in einem tragischen Elfmeterschießen, Juventus war wieder einmal als klarer Favorit einer schlechter eingestuften Truppe unterlegen. Was wäre, wenn Pavel Nedvěd, der damals wohl beste Fußballer der Welt, nicht eine völlig unnötige Gelbe Karte gegen Real Madrid bekommen hätte? Wir werden es nie erfahren, aber zumindest hätte der »blonde Engel« dem Finale seinen Stempel aufdrücken können.[333]

106. GRUND

Weil ein Bauchredner mit zu langem Schnurrbart nicht als einziger Deutsch spricht

Stephan Lichtsteiner beackert unermüdlich die rechte Seite des Feldes. Sein Akku hält ewig, der Duracellhase verblasst vor Neid. Über Zürich und Lille kam er 2008 nach Italien zu Lazio Rom. 2011 schaffte der Schweizer den nächsten Karrieresprung, heuerte bei Juventus an und wurde gleich in seiner ersten Saison im Piemont Meister der Serie A. Lichtsteiner ist einer der meistunterschätzten Außenspieler, seine Allrounder-Qualitäten haben nicht viele. Fehler passieren ihm selten, doch wenn er mal einen Schritt zu spät kommt, blickt er finster drein und verzieht aufgeregt sein Gesicht. Ob der Mann aus dem deutschsprachigen Kanton Luzern Italienisch, Französisch oder doch Deutsch über seine Lippen bringt, ist am TV-Bildschirm schwer auszumachen. Besser für ihn wäre sicherlich Deutsch, denn die italienischen Referees würden seine Flüche und Beschimpfungen nicht verstehen.

Neben einigen netten Mitarbeitern im Juventus Museum sprechen in Turin wohl die wenigsten Deutsch. Das ist eigentlich sehr schade, denn für die Juve spielten schon viele deutschsprachige Fußballer. In der jüngsten Vergangenheit, bis auf Lichtsteiner, leider nur mit mäßigem Erfolg. Der Österreicher Alexander Manninger glänzte nach einer schweren Verletzung von Einser-Torhüter Gianluigi Buffon und wurde zum besten Torhüter der Hinrunde gewählt. Manninger war während seiner vier Jahre in Turin einer der besten Ersatzleute der Welt und andere Clubs hätten seine Dienste mit Handkuss in Anspruch genommen. Der Lange aus Salzburg brachte immer seine Leistung, war am Ende hinter Marco Storari aber nur mehr zweiter Vertreter des unantastbaren Gigi Buffon.

Als einer der ersten deutschen Fußballer schaffte Helmut Haller den Sprung nach Italien. Erfolgreiche Jahre beim FC Bologna machten Fiat-Boss und Vereinspräsident Giovanni Agnelli hellhörig, Haller transferierte 1968 nach Turin und gewann zwei Meistertitel, bevor er nach fünf Jahren wieder nach Deutschland ging.

Thomas Hässler und Stefan Reuter, zwei Aushängeschilder des deutschen Fußballs, brachten es 1990 respektive 1991 auf jeweils nur eine Saison bei Juventus. Erfolgreicher und vor allem deutlich länger war die Wichtigkeit von Jürgen Kohler im Spiel der Alten Dame. »Der Kokser« – so sein Spitzname – spielte von 1991 bis 1995 beim italienischen Erstligisten Juventus und gewann 1993 gegen Borussia Dortmund den UEFA-Pokal und 1995 die Meisterschaft. Der Abwehrspieler wurde einmal gar zum besten ausländischen Spieler Italiens gewählt. In dieser Zeit stand ihm mit Andreas Möller (1992–1994) ein kongenialer Nationalmannschaftskollege zur Seite. Zusammen zählten die beiden Deutschen zu den wichtigsten Spielern im Kader.

Erster deutschsprachiger Triumphator der *Bianconeri* war niemand Geringerer als Paul Arnold Walty, den mehr als 100 Jahre nach seiner aktiven Zeit wohl niemand mehr kennt. Er gewann mit seinen *Juventini* 1905, im ersten und einzigen Jahr in Turin, die erste Meisterschaft der Vereinsgeschichte. Der Schweizer aus dem Kanton Aargau bestach durch eine kleine Irritation in seiner sonst makellosen Außendarstellung. Ein zeitgenössischer Sportjournalist der *La Stampa Sportiva* beschrieb den defensiven Mittelfeldspieler mit pointierter Gewitztheit: »Walty, der Bauchredner der Mannschaft, genießt beim Publikum große Sympathien für seine Zähigkeit, seine Agilität und seine goldene Ruhe während der Spiele. Seine einzige Unbill ist sein schon etwas zu langer Schnurrbart.«[334-337]

12. KAPITEL

DIE ZUKUNFT

107. GRUND

Weil Juve als einziger Verein Italiens ein eigenes Stadion besitzt

Es ist Donnerstag, der 29. November 2001, UEFA Champions League Gruppenphase, 15:00 Uhr MEZ. Titelfavorit Juventus Turin empfängt Bayer 04 Leverkusen zum Duell im heimischen *Stadio delle Alpi*. Das Spielgeschehen verlagert sich von Beginn an in die Hälfte der Deutschen und der fulminante Sturmlauf der Italiener lässt der Werkself keinen Raum zur Entfaltung. Am Ende beläuft sich das Resultat auf ein deutliches 4:0 für die Männer des damaligen Star-Trainers und Juve-Legende Marcello Lippi.

Auf den ersten Blick ein unspektakuläres Ereignis, bei genauerer Betrachtung fällt Fans des internationalen Fußballs jedoch sofort eine Ungereimtheit auf: Champions League an einem Donnerstag um drei Uhr nachmittags? Das kann es doch gar nicht geben! Und in der Tat, das Spiel konnte erst beim dritten Versuch über die Bühne gehen und hat in und um Turin eine hitzige Debatte losgetreten. Doch was war passiert? Lange Zeit fürchteten die Mitglieder der Juventus-Gemeinde einen Feind, der viel schlimmer war, als alle Verfehlungen der Ultras zusammengenommen, und wie nichts anderes die reguläre Austragung von Heimspielen bedrohte: der Turiner Nebel des Grauens.

Für die Fußballweltmeisterschaft 1990 in Italien erbaut, konnte das altmodische Alpenstadion nie wirklich überzeugen. Die ungeliebte Laufbahn rund um den Rasen verhinderte die Nähe der *Tifosi* zu ihren Idolen, die unterkühlt und steril wirkende Architektur erstickte jegliche Atmosphäre im Keim. Kaum ein Spiel in diesem Stadion war ausverkauft, lediglich Saisonhighlights wie Topspiele gegen Real Madrid im Meistercup oder Derbys gegen den verhassten Rivalen Inter Mailand lockten die *Juventini* in die Arena.

Der absolute Minuspunkt war aber, dass die Fans jeglichen Wetterbedingungen schutzlos ausgeliefert waren. Zudem war es im Inneren der Sportstätte wegen der schlechten Bauweise besonders zugig. Schnee und Regen stellten die Organisatoren vor große Probleme, konnten jedoch meist durch aufwendige Aufräummaßnahmen in den Griff gebracht werden. Doch besagter Nebel war eine weitaus nervigere Bedrohung und sorgte für Schweißperlen auf der Stirn des damaligen Juve-Zampanos Luciano Moggi. Wäre John Carpenter Fußballfan mit hellseherischen Fähigkeiten, er hätte seinen Kult-Horror-Klassiker *The Fog – Nebel des Grauens* (1980) höchstwahrscheinlich im Piemont gedreht. Moggi, Lippi, Fans und Gegner von Juventus in ganz Italien wären vor lauter Angst wohl gar nicht erst ins Kino gegangen.

Negativer Höhepunkt der wetterbedingten Kapriolen war das Spiel gegen Sampdoria Genua. Ganze 237 Menschen kamen in das 69.000 Zuseher fassende *Stadio delle Alpi*.[338]

In derselben Saison 2001/02 schlug der Nebel erneut gnadenlos zu und machte das eingangs erwähnte Match gegen Leverkusen zu einer Farce, unter der Bayer 04 aufgrund der deutlichen Niederlage am meisten zu leiden hatte. Der Turiner Nebel sorgte für ein Novum im europäischen Fußball: Zum zweiten Mal binnen acht Tagen wurde der Showdown zwischen Juventus und Leverkusen wegen schlechter Sicht abgesagt. Italien-Kenner und AS-Rom-Ikone Rudi Völler wusste schon lange vor diesem Zwischenfall: »Wenn die Fans in den anderen Stadien ›Juve‹ verhöhnen wollen, haben sie immer gesungen: ›Ihr habt nichts als Nebel!‹«[339]

Die stolzen *Juventini* wollten diese Schmach nicht hinnehmen und setzten fortan alle Energien in einen architektonisch fehlerfreien Neubau der für einen Club von internationalem Renommee unwürdigen Spielstätte. Doch sämtliche Umsetzungspläne scheiterten. Präsident Andrea Agnelli sprach kürzlich über die ungewöhnlichen Herausforderungen bei der Realisation *seines* Schmuckstückes im Herzen des Piemonts: Mehr als zehn Jahre lang hat er in Kollaboration mit Stadt, Land und Regierungsvertretern um den Erwerb eines Grundstücks und die rechtliche Klärung eines Stadionneubaus gekämpft.[340]

Im März 2009, nach einer gefühlten Ewigkeit, war es endlich so weit und der erste Spatenstich am Ort des frisch abgerissenen Alpenstadions konnte gemacht werden. Am 8. September 2011 – gerade noch rechtzeitig zu Beginn der neuen Serie-A-Saison – wurde das neue Juventus Stadium fertig und mit einem Freundschaftsspiel gegen die historisch eng verwurzelten Engländer von Notts County eingeweiht. Seit diesem Tag ist die 41.000 Besucher umfassende Arena sowohl die bis dato einzige sich im Besitz eines Vereines befindliche »Fußballpilgerstätte« Italiens als auch bei nahezu jedem Spiel ausverkauft.

Niemand kann sich über eine Niederlage beschweren, da ausnahmsweise nicht das Wetter für lange Gesichter bei den Gästen sorgt, sondern die atemberaubende Stimmung der Juve-Fans. Mit bester Sicht auf das Geschehen von allen Plätzen im Stadion. Ganz ohne sinnbefreite Laufbahn. Und ohne den Nebel des Grauens. John Carpenter wäre über dieses Happy End verzückt!

108. GRUND

Weil kein anderer Verein der Welt vergleichbare Legenden hat

Was wäre, wenn ...«-Szenarien sind nette Gedankenspielereien unter Freunden oder in diversen Journalen, wenn mal wieder ein Sieg der heiß geliebten Mannschaft knapp verpasst wurde. Was wäre, wenn Headcoach Jogi Löw eine andere Strategie für die Deutschen gegen Italien im EM-Halbfinale 2012 ausgetüftelt hätte? Vielleicht wäre eine besser eingestellte Mannschaft taktisch nicht so vorgeführt worden. Und Mario Balotelli hätte nicht demonstrativ seinen beeindruckenden Sixpack den Kameras präsentiert. Was wäre, wenn sich Lothar Matthäus im Champions-League-Finale 1999 seiner Bayern gegen das vereinigte Manchester nicht kurz vor Schluss hätte auswechseln lassen? Hätten Teddy Sheringham und Ole Gunnar Solskjær den Münchnern nicht in der Nachspielzeit die Mutter aller Niederlagen zugefügt? Man weiß es nicht.

Was wäre, wenn der Großteil der Mannschaft wie aus dem Nichts jegliche Motivation verliert und binnen weniger Wochen eine vollkommen neue konstruiert werden müsste? Was passiert dann? Verramschen die Manager alle Spieler wie auf der Resterampe im örtlichen Supermarkt? Woher nimmt man neue Angestellte, ohne jegliches Kreditlimit bis zum Anschlag auszureizen? Im Sommer 2006, Italiens Fußballskandal *Calciopoli* erreichte gerade den Höhepunkt, wurde für alle Juve-Verantwortlichen diese spezielle *Was wäre, wenn ...*-Hypothese zur bitteren und vor allem unausweichlichen Realität. Der Gang in Italiens zweithöchste Spielklasse war besiegelt, alle rechtlichen Instanzen ausgeschöpft und Fans wie Spieler mussten sich mit diesem für unmöglich gehaltenen Weltbild abfinden. Nach dieser Hiobsbotschaft war eines sonnenklar: Der Großteil der Mannschaft hat die Lust verloren, für Juve zu spielen, und irgendwie muss ein schlagkräftiges Team für den unmittelbaren Wiederaufstieg aus den Niederungen des nationalen Fußballs gebastelt werden.

In schwierigen Zeiten zeigt sich der wahre Charakter eines Menschen. Was sich wie ein haarsträubendes Klischee liest, zeigt sich exemplarisch an Juventus' Misere: Zlatan Ibrahimović, exzentrischer Ausnahmekünstler mit Hang zum ständigen Vereinswechsel, verließ umgehend das sinkende Schiff und heuerte bei Inter Mailand an. Aus neutraler Sicht ist das durchaus verständlich, die Anhänger der Alten Dame konnten es hingegen nicht fassen, dass er ausgerechnet beim verhassten Erzrivalen anheuerte. Auch Fabio Cannavaro, wenige Wochen zuvor noch Leader im Nationalteam und unersetzbar für den Weg Italiens zum vierten Weltmeistertitel gegen Frankreich, wanderte aus und fand in Madrid bei Real eine neue Heimat. Weitere Abgänge folgten.

Zum Beginn der Serie B-Saison 2006/07 war fast alles neu: Präsident, Trainer, Spieler. Alessandro Del Piero, David Trézéguet, Pavel Nedvěd, Mauro Camoranesi und Gianluigi Buffon waren damals weltbekannt und jeder Top-Club hätte sie mit Handkuss empfangen. Doch sie alle blieben bei Juve, machten den angepeilten Wiederaufstieg zur Formsache und ermöglichten es, den Aufenthalt in der Serie B als widerliche Randnotiz in der Vereinschronik abzuhaken.

Was wäre, wenn du als Weltstar eine ganze Saison in der zweiten Liga spielst und nur wegen des großen Namens Juventus geblieben wärst? Auch wenn dieser Gedanke ein wenig naiv ist und die Vergangenheit ein Stück weit romantisiert, denn sicherlich spielten viele Faktoren eine Rolle, steht eines fest: Wie viele andere Vereine auf der Welt können von sich behaupten, auf einen derart verschworenen Kern an loyalen Stammspielern auch in Krisenzeiten bauen zu können? Diese Mannschaften kann man an einer Hand abzählen, und wenn es zumindest eine positive Erkenntnis aus der damaligen Zeit gab, dann dass Profis Geld der ruhmreichen Vergangenheit und dem Jubel der hoffnungsvollen Fans nicht immer vorziehen. Sportlich hatten sie alles erreicht und wurden durch ihr Bleiben zu außergewöhnlichen Helden unter all den anderen Legenden.[341]

109. GRUND

Weil das erste europäische Endspiel auf Turiner Terrain schön war und sich Juve trotz des verpassten Finales *in casa* als würdiger Gastgeber präsentierte

Nur 33.000 Zuseher fanden am 14. Mai 2014 den Weg ins Juventus Stadium, rund 8.000 weniger, als es im offiziell ausverkauften Finale der Europa League hätten sein sollen. Konkrete Gründe dafür gibt es (noch) keine, die UEFA plante wenige Tage später eine gründliche Untersuchung dieser bizarren Situation. Es war immerhin das Endspiel eines wichtigen Turniers, das Duell zwischen Benfica Lissabon und dem FC Sevilla versprach einen netten Appetizer vor dem Madrider Stadtderby um den berühmten Henkelpott als Belohnung für den Sieg in der Champions League. Mit einem müden 0:0 und nervenzehrender Dramatik im Elfmeterschießen, als Benfica wieder einmal kurz vor dem Ziel scheiterte und damit weiter auf einen europäischen Titelgewinn seit mehr als 50 Jahren warten muss, konnten die Erwartungen nicht ganz erfüllt werden. Der Kick war ein laues Lüftchen am ansonsten traumhaften Abend in Norditalien.

Die Stimmung war trotz allem atemberaubend. In den Straßen der Stadt zelebrierten Tausende Spanier und Portugiesen ihre Idole, verbrüderten sich mit einigen Juve-*Tifosi* und waren bester Laune. Kein Chaos weit und breit, zivilisiertes Feiern eines rauschenden Festes. Auch im halb leeren Stadion war die Atmosphäre traumhaft. *Benfiquistas*[342] und *Sevillistas*[343], die Fanlager der beiden iberischen Vereine, sangen ausgelassen und bangten vereint um das Schicksal ihrer Mannschaften.

Obwohl nicht alles perfekt war, richtete Juventus das erste europäische Finale auf Turiner Boden professionell aus. Und »professionell« ist auch das Stichwort für die maue Kulisse an jenem Abend. Die Menschen im Piemont waren stets freundlich und ermöglichten einen reibungslosen Ablauf. Doch eines fehlte: Emotionen.

Normalerweise freut sich kein *Juventino* auf ein Spiel der Europa League, des Cups der Verlierer. Einem von Champions-League-Fußball verwöhnten Club scheint ein derartiges Szenario unwürdig, vor allem seit die zweite Garde der UEFA-Wettbewerbe noch mehr an Flair verlor. Als dieser Pokal noch UEFA-Cup hieß, gab es spannende Duelle zwischen Topteams, manchmal waren sie sogar furioser als im Pokal der Landesmeister. Heute nehmen mehr Clubs an der Elite-Liga teil und die Drittschlechtesten der CL-Vorrunde steigen im 1/16-Finale der Europa League ein. Diese Änderung schmälert die Attraktivität und den Wert ungemein.

Als Juve unerwartet in der CL-Gruppenphase rausflog, waren Fans und Spieler gleichermaßen enttäuscht. Laut Reglement musste die Mannschaft an der Europa League teilnehmen. Zu Beginn war das *Finale in casa*, das Endspiel in den heimischen vier Wänden, ein schwacher Trost. Erst als das Halbfinale erreicht wurde, wuchs die Euphorie. Wenn schon kein Finale in Lissabon um den Meisterpokal, dann wenigsten einen Titel zu Hause gewinnen. Ist ja immerhin auch eine Trophäe und die nationale Meisterschaft war schon längst in trockenen Tüchern. Doch ausgerechnet gegen Benfica aus Lissabon war im Semifinale Endstation. Spielerisch dominant und im Abschluss zu ungenau: Dutzende Chancen wurden vergeigt, den Portugiesen reichten zwei gefährliche Torschüsse in 180 Minuten, um siegreich zu bleiben. Der kurze Traum war ausgeträumt. Eiskalt und völlig unerwartet. Das Finale stand aber immer noch vor der Tür und musste auch ohne das eigene Team über die Bühne gehen. *The Show must go on.*

Das ist auch eine mögliche Erklärung für die vielen freien Plätze im Stadionoval. Die *Juventini* waren desillusioniert und blieben dem Spektakel lieber fern. Zuerst wird alles den Regeln entsprechend umgesetzt und den Gästen Turin von seiner schönsten Seite gezeigt. Doch am Ende des Tages ist es besser, auf die große Party zu verzichten, obwohl sich die ungebetenen Gäste im eigenen Wohnzimmer amüsieren.

110. GRUND

Weil der Frühling in Turin das ganze Jahr Einzug hält

Weltweit gibt es wenige Jugendakademien, die internationales Renommee genießen. *La Masia*, Barcelonas ganzer Stolz, oder

Ajax Amsterdams Nachwuchsprogramm waren die Geburtsstätte schon so mancher bekannter Namen: Lionel Messi, Andrés Iniesta und Xavi respektive Johan Cruyff, Edgar Davids, Clarence Seedorf. Juventus' *Settore Giovanile*, der Jugendsektor, ist nicht minder produktiv und an der professionellen Förderung der Spieler von morgen interessiert. Giampiero Boniperti, Paolo Rossi und Alessandro Del Piero sind nur einige der in Turin ausgebildeten Weltstars der Vergangenheit. Im aktuellen Kader ist Fanliebling und Mittelfeld-Allrounder Claudio Marchisio das Ergebnis einer herausragenden Jugendarbeit.[344][345]

Das Juventus Center, 14 Kilometer von Turin im südwestlichen Städtchen Vinovo gelegen, beherbergt alle Trainingsmöglichkeiten für die nach Altersgruppen getrennten Nachwuchsspieler. Die Struktur ist an das System von Ajax angelehnt und umfasst Fußballschulen, Satelliten-Clubs und Camps in Italien, den Vereinigten Staaten von Amerika, Mexiko, Deutschland und England.[346][347]

Laut dem Reglement des italienischen Fußballverbandes ist der Jugendsektor in sechs verschiedene Mannschaften unterteilt. Die Jüngsten zwischen acht und zehn Jahren versuchen, sich als *Pulcini* (zu Deutsch: Küken) die ersten Sporen zu verdienen und irgendwann in den *Esordienti*-Bereich (Debütanten) aufzusteigen, der für Zehn- bis Zwölfjährige gedacht ist. Meistern die Kinder auch diese harte Schule, stehen mit den *Giovanissimi* (blutjung) und *Allievi* (Schüler) die nächsten Herausforderungen an, bevor sich in der *Berretti*-Meisterschaft (benannt nach dem italienischen Sportmanager Dante Berretti[348]) langsam, aber sicher der Traum von der Laufbahn als Profi abzeichnet.[349]

Erreicht ein Nachwuchs-Del Piero das Alter zwischen 15 und 20 Jahren, ist das ultimative Ziel die sagenumwobene *Primavera*-Mannschaft (Frühling) der Juventus-Jugend, der heilige Gral aller kindlichen Fußball-*Afficionados*. Trotz der ähnlichen Altersstruktur zu den *Berretti* schafft es nur die Crème de la Crème in die wichtigste Kategorie des *Calcio*.

Zu Beginn jeder Saison wird von den Vereinsbossen die Chance genutzt, die talentiertesten Akteure für die kommende Spielzeit der Kampfmannschaft zu beobachten. Geben Coach und Teammanager ihre Zustimmung, wird der Traum für eine erlesene Anzahl an potenziellen Stars endgültig zur Realität: Die Spieler werden offiziell im Serie A-Team registriert und bekommen eine Trikotnummer zugewiesen. Damit beginnt im Frühling ihrer Karriere der harte und steinige Weg, aus den übergroßen Schatten ihrer berühmten Vorbilder zu treten.[350]

111. GRUND

Weil die Alte Dame weit davon entfernt ist, am Stock zu gehen

Hart waren die Zeiten, als Juventus Turin im Zuge des *Calciopoli*-Skandals 2006 in die Serie B zwangsabsteigen musste. Fans weinten, Spieler verließen reihenweise das sinkende Schiff. Nur die Loyalsten unter den Loyalen blieben trotz der Schmach des erstmaligen Abstiegs in Turin. Die *Tifosi* feiern diese Helden heute noch, allen voran Gigi Buffon: Der auch für viele neutrale Experten beste Torhüter aller Zeiten spielt noch immer für die *Vecchia Signora*. Im Sommer 2006 schlug die mit Abstand dunkelste Stunde der Vereinsgeschichte, und Spötter hielten der Alten Dame vor, am Stock zu gehen und bald endgültig in der Versenkung zu verschwinden.

Doch das Gegenteil war der Fall. Juve ging durch die Generalsanierung der kompletten Führungsriege stärker denn je hervor. Die Ankunft von Andrea Agnelli, Spross der ruhmreichen Agnelli-Dynastie, hielt Italien und der Welt vor Augen, was es bedeutet, *Juventino* zu sein. Niemals aufgeben, immer an sich glauben. Steh auf, wenn du am Boden bist. Nicht nur wie die unbändige

Aufbruchsstimmung im gleichnamigen Toten-Hosen-Hit, war der Drang nach Erfolg und Wiedergutmachung auf allen Vereinsebenen zu spüren. Die Zeit in der zweiten Liga war wie der sprichwörtliche Gang nach Canossa, gedemütigt und auf der Suche nach Erlösung schaffte die Mannschaft von Trainer Didier Deschamps den umgehenden Wiederaufstieg. Ein Jahr später folgten sogar zwei siegreiche Auftritte gegen Real Madrid in der Champions League, die selbst die verwöhnten Fans der Königlichen mit Standing Ovations quittierten.

Nach anfänglicher Euphorie verflachte das neue Projekt zusehends, Fehler in der Transferpolitik und die fehlende Chemie innerhalb der Mannschaft wurden offensichtlich. Erst 2010, als Agnelli zum Präsidenten von Juventus ernannt wurde, kam der alte Glanz wieder vollständig zurück.[351] Unter dem strengen Regiment von Manager Giuseppe Marotta und Coach Antonio Conte wurde Juve 2011/12 Meister der Serie A (ungeschlagen) und konnte den Titel 2012/13 verteidigen. In der Saison 2013/14 gelang nicht nur der Hattrick, mit 102 Punkten wurde zudem ein europaweiter Rekord aufgestellt. Kein Team aus einer der Topligen konnte dies bislang erreichen. Juve ist zurück. *Calciopoli* ist endgültig passé. Wieder einmal die Champions League zu holen, ist ab sofort das primäre Ziel.

»Was gestern war ist egal, wir denken bereits an die Zukunft und sind hungrig auf den nächsten Erfolg«, stellt Agnelli klar. Kurz und knapp, mit Demut und Bescheidenheit in seiner Stimme. Das einzigartige Stadion in Vereinsbesitz und der damit verbundene Nettoerlös sind national ein schlagendes Argument für weitere Triumphe. Die innovative Infrastruktur ermöglicht weitere Ressourcen durch das florierende Areal abseits des Juventus Stadium. International sollen finanzielle Rückstände auf europäische Kampfschiffe wie Bayern München, Paris St. Germain und Real Madrid durch vernünftiges Wirtschaften im Rahmen des Financial Fair Play aufgeholt werden. Spätestens 2018 sollen Erträge in Höhe von

300 Millionen Euro, exklusive der Gewinne durch sportliche Erfolge, Marotta und Conte beim Feilen an einer Siegermannschaft unterstützen. Doch längst nicht nur darauf fußt der Gedanke an eine rosige Zukunft, wie Agnelli zu Recht bekräftigt: »Die Stärke von Juventus basiert auf einer Tradition, wie sie nur wenige andere in Europa haben.«[352]

Quellenverzeichnis

1 Vgl. www.juventus.com/juve/en/club/ juventus+in+breve (22.04.2014)
2 Vgl. ebd.
3 Vgl. it.wikipedia.org/wiki/Juventus_Football_Club (22.04.2014)
4 Vgl. www.juventus.com/juve/en/club/ juventus+in+breve (22.04.2014)
5 Vgl. www.nzz.ch/aktuell/startseite/ indianer-protestieren-mit-werbespot-1.18319548 (14.06.2014)
6 Vgl. www.latinwordlist.com/latin-words/ juventus-16056264.htm (26.04.2014)
7 Vgl. www.latin-dictionary.net/ definition/25044/juventus-juventutis (26.04.2014)
8 Vgl. de.pons.com/%C3%BCbersetzung?q=Juventus&l=dela&in=&lf=de (26.04.2014)
9 Vgl. en.wikipedia.org/wiki/ Juventus_F.C._Youth_Sector (27.04.2014)
10 Vgl. derstandard.at/1304553349208/ Kleinkinder-Maedchen-rosa-Buben-blau (22.04.2014)
11 Vgl. de.fifa.com/newscentre/features/ news/newsid=968930/ (22.04.2014)
12 Vgl. www.juventus.com/juve/en/club/ juventus+in+breve (26.04.2014)
13 Vgl. studenten.freepage.de/cgi-bin/ feets/freepage_ext/41030x030A/rewrite/ mangiacasale/DEstoria.htm
14 Vgl. de.wikipedia.org/wiki/ Juventus_Turin#Anf.C3.A4nge_.281897. E2.80.931923.29 (26.04.2014)
15 Vgl. Juventus Museum, Turin, Italien
16 Vgl. www.football-italia.net/48801/ agnelli-no-third-star (26.04.2014)
17 Vgl. studenten.freepage.de/cgi-bin/ feets/freepage_ext/41030x030A/rewrite/ mangiacasale/DEstoria.htm (26.04.2014)
18 Vgl. de.wikipedia.org/wiki/ Quinquennio_d%27Oro (26.04.2014)
19 Vgl. de.wikipedia.org/wiki/Juventus_ Turin#Beginn_des_Engagements_ mit_Edoardo_Agnelli_.281923. E2.80.931970.29 (26.04.2014)
20 Vgl. www.juventus.com/juve/ en/club/Juventus+in+breve/01- La+storia+di+una+leggenda (26.04.2014)
21 Vgl. de.wikipedia.org/wiki/Lucidio_ Sentimenti (26.04.2014)
22 Vgl. de.wikipedia.org/wiki/Virginio_ Rosetta (26.04.2014)
23 Vgl. Juventus Museum, Turin, Italien
24 Vgl. ebd.
25 Vgl. juventiknows.com/reinventing-the-steel-%E2%80%93-will-conte-bring-back-grinta-the-juve-of-old/ (10.04.2014)
26 Vgl. Juventus Museum, Turin, Italien
27 Vgl. ebd.
28 Vgl. www.juventus.com/juve/ en/club/societa/obiettivi/ objectives+and+strategies (13.06.2014)
29 Vgl. m.spox.com/de/sport/fussball/ championsleague/1304/Artikel/ fc-bayern-muenchen-juventus-turin-viertelfinale-vorschaugeschichte-antonio-conte-edoardo-agnelli-serie-a-calcio.html?itwdist=1226083 (13.06.2014)

30 Vgl. www.spox.com/de/sport/fussball/international/italien/1108/Artikel/juventus-turin-umbruch-trainer-antonio-conte-neues-stadion-arturo-vidal-andrea-pirlo.html (13.06.2014)

31 Vgl. de.wikipedia.org/wiki/Zebra (08.06.2014)

32 Vgl. en.wikipedia.org/wiki/Juventus_F.C. (08.06.2014)

33 Vgl. de.wikipedia.org/wiki/Zebra (08.06.2014)

34 Vgl. www.schwaebische.de/home_artikel,-Juve-adoptiert-einen-Kater-als-Maskottchen-_arid,2320454.html

35 Auszug aus dem Songtext *Hier kommt Alex* von den Toten Hosen (1988)

36 Vgl. en.wikipedia.org/wiki/A_Clockwork_Orange_%28film%29 (14.06.2014)

37 Vgl. de.wikipedia.org/wiki/Hier_kommt_Alex (14.06.2014)

38 Vgl. de.wikipedia.org/wiki/Drughi (14.06.2014)

39 Vgl. ebd.

40 Vgl. bianconeri.tripod.com/fans.html (14.06.2014)

41 Vgl. en.wikipedia.org/wiki/Juventus_Ultras (am 14.06.2014 um 23:50)

42 Vgl. bianconeri.tripod.com/fans.html (14.06.2014)

43 Vgl. en.wikipedia.org/wiki/Juventus_Ultras (14.06.2014)

44 Vgl. de.wikipedia.org/wiki/Drughi (14.06.2014)

45 Vgl. en.wikipedia.org/wiki/Bicerin (05.06.2014)

46 Vgl. www.spiegel.de/sport/fussball/champions-league-juventus-draengt-wieder-nach-vorn-a-609629.html (05.06.2014)

47 Vgl. en.wikipedia.org/wiki/Juventus_F.C. (10.06.2014)

48 Vgl. de.wikipedia.org/wiki/Manchester_United (10.06.2014)

49 Vgl. en.wikipedia.org/wiki/Juventus_F.C. (10.06.2014)

50 Vgl. ebd.

51 Vgl. www.handelsblatt.com/sport/fussball/nachrichten/ermittlungen-nach-rekord-deal-die-20-teuersten-spielertransfers-aller-zeiten/7147916.html (19.06.2014)

52 Vgl. de.wikipedia.org/wiki/Pavel_Nedv%C4%9Bd (19.06.2014)

53 Vgl. www.globalsoccertransfers.com/info/tranfee.html (19.06.2014)

54 Vgl. bleacherreport.com/articles/1188693-ghost-goal-did-the-decision-cost-ac-milan-the-scudetto (27.06.2014)

55 Vgl. de.wikipedia.org/wiki/Bayern-Dusel (27.06.2014)

56 Vgl. www.footballitaliano.co.uk/p6_66_6926_juventus-and-milan-at-war-over-muntari-ghost-goal.html#.U600fLGTOUk (27.06.2014)

57 Vgl. www.goal.com/en/news/10/italy/2012/07/24/3263380/muntari-still-disappointed-by-buffons-reaction-to-ghost-goal (27.06.2014)

58 Vgl. de.wikipedia.org/wiki/Fergie_Time (27.06.2014)

59 Vgl. www.focus.de/kultur/musik/tid-30177/eros-ramazzotti-im-interview-ich-investiere-in-jede-show-140-000-euro-in-turin-werden-wir-gewinnen_aid_943372.html (22.04.2014)

60 Vgl. Juventus Museum, Turin, Italien
61 Vgl. de.wikipedia.org/wiki/Hertha_BSC (01.06.2014)
62 Vgl. de.fifa.com/classicfootball/clubs/club=1929173 (01.06.2014)
63 Vgl. de.wikipedia.org/wiki/Juventus_%28Begriffskl%C3%A4rung%29 (01.06.2014)
64 Vgl. ebd.
65 Vgl. it.wikiquote.org/wiki/Giampiero_Boniperti (22.04.2014)
66 Vgl. www.juventus.com/juve/en/club/Juventus+in+breve/02-Era+Boniperti (22.04.2014)
67 Vgl. de.wikipedia.org/wiki/Juventus_Turin#Beginn_des_Engagements_mit_Edoardo_Agnelli_.281923.E2.80.931970.29 (22.04.2014)
68 Vgl. de.wikipedia.org/wiki/Giampiero_Boniperti (22.04.2014)
69 Vgl. Juventus Museum, Turin, Italien
70 Vgl. de.wikipedia.org/wiki/Michel_Platini (11.04.2014)
71 Vgl. de.fifa.com/classicfootball/players/player=28528/ (11.04.2014)
72 Vgl. de.fifa.com/classicfootball/players/player=28528/quotes.html (11.04.2014)
73 Vgl. books.google.at/books?id=j3jWPQNP9CQC&pg=PA392&lpg=PA392&dq=Michel+Platini+der+k%C3%B6nig&source=bl&ots=QIwu3HYOH2&sig=DNsAnGZycbHlCvgW9l5nBrTJXUM&hl=de&sa=X&ei=WkeoU_vCHqH-ygPb1oEw&ved=0CHEQ6AEwDQ#v=onepage&q=Michel%20Platini%20der%20k%C3%B6nig&f=false (11.04.2014)
74 Vgl. www.juventus.com/juve/en/club/Juventus+in+breve/02-Era+Boniperti (11.04.2014)
75 Vgl. Rückseite Juventus Membership Card
76 Vgl. forzaitalianfootball.com/2012/01/legend-of-calcio-omar-sivori/ (25.06.2014)
77 Vgl. en.wikipedia.org/wiki/Omar_S%C3%ADvori (25.06.2014)
78 Vgl. de.wikipedia.org/wiki/Omar_Sivori (25.06.2014)
79 Vgl. Juventus Museum, Turin, Italien
80 Vgl. Juventus Museum, Turin, Italien
81 Vgl. ebd.
82 Vgl. www.serieaweekly.com/2011/02/legend-of-calcio-john-charles.html (16.06.2014)
83 Vgl. en.wikipedia.org/wiki/John_Charles (16.06.2014)
84 Vgl. Juventus Museum, Turin, Italien
85 Vgl. books.google.at/books?id=6RYsAwAAQBAJ&pg=PT52&lpg=PT52&dq=Tod+von+Gaetano+Scirea&source=bl&ots=X-H-93Q6lt&sig=zOeL7Tvdt5u_iw9A1QD5DS23TCk&hl=de&sa=X&ei=Av1gU7XGHIbrywOF3oCoDg&ved=0CIYBEOgBMBE#v=onepage&q=Tod%20von%20Gaetano%20Scirea&f=false (25.06.2014)
86 Vgl. de.wikipedia.org/wiki/Gaetano_Scirea (25.06.2014)
87 Vgl. www.juventus.com/juve/en/club/Juventus+in+breve/02-Era+Boniperti (25.06.2014)
88 Vgl. www.serieaddicted.com/article/from-liverpool-to-juventus_and-back_the-short-italian-story-of-ian-rush.php (22.06.2014)
89 Vgl. www.mirror.co.uk/sport/

football/news/liverpool-ian-rush-exclusive---1775599 (22.06.2014)

90 Vgl. observer.theguardian.com/osm/story/0,,1404050,00.html (22.06.2014)

91 Vgl. en.wikipedia.org/wiki/Ian_Rush (22.06.2014)

92 Vgl. www.faz.net/aktuell/sport/fussball/juventus-turin-mit-der-ganzen-kraft-der-alten-dame-12134225.html (29.06.2014)

93 Vgl. de.wikipedia.org/wiki/Juventus_Turin#Trainer_und_Pr.C3.A4sidenten (29.06.2014)

94 Vgl. de.wikipedia.org/wiki/Fiat#Geschichte (29.06.2014)

95 Vgl. www.goal.com/en-us/news/1956/europe/2011/10/18/2716843/this-is-alessandro-del-pieros-last-season-at-juventus (30.06.2014)

96 Vgl. de.wikipedia.org/wiki/Jeep (29.06.2014)

97 Vgl. de.wikipedia.org/wiki/Juventus_Turin (29.06.2014)

98 Vgl. www.juventus.com/juve/en/news/press+release+technical+sponsorship (29.06.2014)

99 Vgl. de.wikipedia.org/wiki/Ferrari (30.06.2014)

100 Vgl. de.wikipedia.org/wiki/Fiat_Chrysler_Automobiles (30.06.2014)

101 Vgl. de.wikipedia.org/wiki/New_Holland_%28Unternehmen%29 (30.06.2014)

102 Vgl. www.manager-magazin.de/unternehmen/autoindustrie/a-869374.html (30.06.2014)

103 Vgl. www.autozeitung.de/auto-galerie/fussballer-autos-juventus-turin-jeep-grand-cherokee-summit-sponsoring-2014/Gianluigi-Buffon/n403986/4 (30.06.2014)

104 Vgl. www.handelsblatt.com/ausruestervertrag-adidas-zahlt-190-millionen-euro-fuer-juve/8987058.html (30.06.2014)

105 Vgl. www.juventus.com/juve/en/club/college (02.06.2014)

106 Vgl. en.wikipedia.org/wiki/University_of_Turin (02.06.2014)

107 Vgl. europa.eu/legislation_summaries/education_training_youth/lifelong_learning/c11090_de.htm (02.06.2014)

108 Vgl. www.jssgermany.de/juventus-soccer-schools/juventus-university/ (02.06.2014)

109 Vgl. de.wikipedia.org/wiki/Flughafen_Turin (08.06.2014)

110 Vgl. www.juventus.com/juve/en/4you/juventus-member/?1dmy&urile=wcm%3apath%3a/juvecom-en/4you/juventus-member/essere-member/essere-member (08.06.2014)

111 Vgl. www.11freunde.de/artikel/juventus-turin-die-geschichte-von-luciano-moggi (29.06.2014)

112 Vgl. de.wikipedia.org/wiki/Luciano_Moggi (29.06.2014)

113 Vgl. www.faz.net/aktuell/sport/fussball/inter-mailand-im-klub-der-unehrlichen-11108542.html (29.06.2014)

114 Vgl. www.espnfc.com/blog/_/name/juventus/id/1013?cc=5739 (27.06.2014)

115 Vgl. www.juventus.com/wps/wcm/connect/a1d3a7e4-5746-4945-b7a7-291771cc4505/Resoco

nto+intermedio+di+gestione+31+marzo++2014+ENG.pdf?MOD=AJPERES&CACHEID=a1d3a7e4-5746-4945-b7a7-291771cc4505 (27.06.2014)

116 Vgl. de.wikipedia.org/wiki/Andrea_Barzagli (15.06.2014)

117 Vgl. de.wikipedia.org/wiki/Fernando_Llorente (15.06.2014)

118 Vgl. www.fourfourtwo.com/features/paul-pogba-fergies-biggest-mistake-26-years (15.06.2014)

119 Vgl. en.wikipedia.org/wiki/Paul_Pogba (15.06.2014)

120 Vgl. forzaitalianfootball.com/2012/04/was-andrea-pirlos-departure-the-worst-decision-galliani-has-made-for-ac-milan/ (15.06.2014)

121 Vgl. kotaku.com/5825815/the-long-strange-history-of-video-games-sponsoring-football-teams/ (16.06.2014)

122 Vgl. de.wikipedia.org/wiki/PlayStation (16.06.2014)

123 Vgl. www.juventus.com/juve/en/club/charity/santanna (16.06.2014)

124 Vgl. www.juventus.com/juve/en/club/charity/calciorazzismo/juveagainstracism (16.06.2014)

125 Vgl. www.juventus.com/juve/en/club/charity/giocaconme/01+contenuti (16.06.2014)

126 Vgl. www.n-tv.de/sport/fussball/Die-Gaddafis-und-der-Fussball-article2686016.html (25.06.2014)

127 Vgl. de.wikipedia.org/wiki/Muammar_al-Gaddafi#Todesumst.C3.A4nde (25.06.2014)

128 Vgl. www.welt.de/politik/ausland/article125506566/Gefaehrliches-Eigentor-des-Gaddafi-Sohnes-al-Saadi.html (25.06.2014)

129 Vgl. de.wikipedia.org/wiki/Juventus_Turin (25.06.2014)

130 Vgl. orf.at/stories/2220960/ (25.06.2014)

131 Vgl. de.wikipedia.org/wiki/Ciro_Ferrara (27.06.2014)

132 Vgl. de.uefa.com/uefaeuropaleague/season=2014/final/ambassador/ (27.06.2014)

133 Vgl. de.wikipedia.org/wiki/Paolo_Montero (27.06.2014)

134 Vgl. de.wikipedia.org/wiki/Mauro_Camoranesi (25.06.2014)

135 Vgl. www.spox.com/de/sport/fussball/bundesliga/1009/Artikel/mauro-german-camoranesi-portraet-vfb-stuttgart-weltmeister-juventus-turin-diego-maradona-argentinischer-tango.html (25.06.2014)

136 Vgl. en.wikipedia.org/wiki/Mauro_Camoranesi (25.06.2014)

137 Vgl. de.wikipedia.org/wiki/Alessandro_Del_Piero (24.06.2014)

138 Vgl. www.spox.com/myspox/blog-detail/In-den-letzten-Zuegen,145832.html (24.06.2014)

139 Vgl. www.laola1.at/de/fussball/international/italien/serie-a/del-piero-momente-karriere/page/25617-370-69-88-.html (24.06.2014)

140 Vgl. www.spiegel.de/sport/fussball/juventus-turin-warten-auf-del-piero-a-93160.html (24.06.2014)

141 Vgl. de.wikipedia.org/wiki/David_

Trezeguet (29.06.2014)

142 Vgl. www.fifa.com/world-match-centre/news/newsid/178/972/8/index.html (29.06.2014)

143 Vgl. www.theguardian.com/football/blog/2012/jan/05/david-trezeguet-river-plate (29.06.2014)

144 Vgl. www1.skysports.com/football/news/11667/2211130/lazio-fans-plead-with-thur(29.06.2014)

145 Vgl. www.chinadaily.com.cn/en/doc/2001-06/06/content_62002.htm (29.06.2014)

146 Vgl. en.wikipedia.org/wiki/Lilian_Thur(29.06.2014)

147 Vgl. de.wikipedia.org/wiki/Guadeloupe (29.06.2014)

148 Vgl. de.wikipedia.org/wiki/Banlieue (29.06.2014)

149 Vgl. de.wikipedia.org/wiki/Pavel_Nedv%C4%9Bd (21.06.2014)

150 Vgl. www.spox.com/myspox/blog-detail/Der-blonde-Engel-ist-zur-uuml-,154221.html (21.06.2014)

151 Vgl. www.juventus.com/juve/en/news/14feb2012_SANVALENTINO_eng (21.06.2014)

152 Vgl. en.wikipedia.org/wiki/Thierry_Henry (27.06.2014)

153 Vgl. recentfootballnews.com/top-5-undervalued-players-by-their-previous-clubs (27.06.2014)

154 Vgl. www.sueddeutsche.de/sport/edgar-davids-extraterrestrischer-pitbull-1.780699 (20.06.2014)

155 Vgl. de.wikipedia.org/wiki/Edgar_Davids (20.06.2014)

156 Vgl. www.spox.com/de/sport/fussball/championsleague/1109/Artikel/olympique-marseille-trainer-didier-deschamps-im-portraet-zangengeburt-einer-trainerhoffnung.html (29.06.2014)

157 Vgl. en.wikipedia.org/wiki/Didier_Deschamps (29.06.2014)

158 Vgl. de.fifa.com/classicfootball/players/player=174363/ (29.06.2014)

159 Vgl. en.wikipedia.org/wiki/Roberto_Baggio (29.06.2014)

160 Vgl. de.wikipedia.org/wiki/Marcelo_Salas (26.06.2014)

161 Vgl. www.goal.com/de/news/3642/editorial/2013/11/05/4384036/wie-cristiano-ronaldo-um-ein-haar-bei-juventus-turin (26.06.2014)

162 Vgl. de.wikipedia.org/wiki/Zlatan_Ibrahimovi%C4%87 (29.06.2014)

163 Vgl. m.spox.com/de/sport/fussball/wm/wm2014/1210/Artikel/zlatan-ibrahimovic-schwedens-hoffnung-auf-zwei-beinen-stuermer-paris-saint-germain.html?itwdist=1137675 (29.06.2014)

164 Vgl. www.dailymail.co.uk/sport/football/article-2233273/Zlatan-Ibrahimovic--history-Sweden-striker.html (29.06.2014)

165 Vgl. observer.theguardian.com/osm/story/0,,658901,00.html (26.06.2014)

166 Vgl. en.wikipedia.org/wiki/Gianluca_Vialli#Personal_life (26.06.2014)

167 Vgl. it.wikiquote.org/wiki/Gianluca_Vialli (26.06.2014)

168 Vgl. en.wikipedia.org/wiki/Cremona (26.06.2014)

169 Vgl. de.wikipedia.org/wiki/Antonio_

Stradivari (26.06.2014)
170 Vgl. de.classics.uefa.com/match=52534. html (20.06.2014)
171 Vgl. de.wikipedia.org/wiki/Vladimir_ Jugovi%C4%87 (20.06.2014)
172 Vgl. Juventus Museum, Turin, Italien
173 Vgl. en.wikipedia.org/wiki/Zinedine_ Zidane (20.06.2014)
174 Vgl. de.fifa.com/classicfootball/players/ player=163331/ (20.06.2014)
175 Vgl. bianconeri.tripod.com/fans.html (26.04.2014)
176 Vgl. bianconeri.tripod.com/fans.html (26.04.2014)
177 Vgl. juventiknows.com/reinventing-the-steel-%E2%80%93-will-conte-bring-back-grinta-the-juve-of-old/ (10.04.2014)
178 Vgl. www.football-italia.net/47994/ pirlo-conte%E2%80%99s-words-assault-you (26.04.2014)
179 Vgl. www.football-italia.net/47994/ pirlo-conte%E2%80%99s-words-assault-you (26.04.2014)
180 Vgl. www.football-italia.net/47994/ pirlo-conte%E2%80%99s-words-assault-you (26.04.2014)
181 Vgl. www.sueddeutsche.de/sport/ portraet-endstation-circus-maximus-1.883541 (21.06.2014)
182 Vgl. de.wikipedia.org/wiki/Marcello_ Lippi (21.06.2014)
183 Vgl. de.fifa.com/world-match-centre/ news/newsid/106/109/index.html (21.06.2014)
184 Vgl. de.wikipedia.org/wiki/Vicente_ del_Bosque (21.06.2014)
185 Vgl. de.wikipedia.org/wiki/Giovanni_ Trapattoni (28.06.2014)
186 Vgl. www.spiegel.de/fotostrecke/ giovanni-trapattoni-die-besten-sprueche-des-trainers-fotostrecke-112289-8.html (28.06.2014)
187 Vgl. de.fifa.com/newscentre/features/ news/newsid=1442183/index. html (28.06.2014)
188 Vgl. de.wikipedia.org/wiki/Riccardo_ Montolivo (28.06.2014)
189 Vgl. www.football-italia.net/48138/ capello-confirms-2018-retirement (28.06.2014)
190 Vgl. de.wikipedia.org/wiki/Fabio_ Capello (28.06.2014)
191 Vgl. kurier.at/thema/wm2014/ trainer-fabio-capello-der-star-am-spielfeldrand/70.610.462 (28.06.2014)
192 Vgl. spielverlagerung.de/2014/05/21/ carlo-ancelotti-stoischer-maestro/ (28.06.2014)
193 Vgl. sportnet.at/home/fussball/inter-national/spanien/realmadrid/3811628/ Carlo-Ancelotti_Ein-Bruder-als-Trainer-der-Koniglichen (28.06.2014)
194 Vgl. en.wikipedia.org/wiki/Carlo_ Ancelotti#Personal_life (28.06.2014)
195 Vgl. de.wikipedia.org/wiki/UEFA_ Intertoto_Cup (28.06.2014)
196 Vgl. en.wikipedia.org/wiki/UEFA (28.06.2014)
197 Vgl. www.hoy.es/v/20130920/deportes/ futbol/llorente-solo-bello-20130920. html (11.05.2014)
198 Vgl. de.wikipedia.org/wiki/Fernando_ Llorente (11.05.2014)
199 Vgl. football-italia.net/SerieA/ season/2013-14/top-scorers (11.05.2014)

200 Vgl. www.spox.com/de/sport/fussball/europaleague/1011/Artikel/arturo-vidal-portraet-beste-saison-bayer-leverkusen-colo-colo-michael-ballack-mario-gomez-chile.html (16.06.2014)

201 Vgl. de.wikipedia.org/wiki/Arturo_Vidal (16.06.2014)

202 Vgl. www.spox.com/de/sport/fussball/international/italien/1401/News/arturo-vidal-haelt-sich-fuer-besten-spieler-der-welt-mittelfeldpostion-juventus-turin-bayern-muenchen.html (16.06.2014)

203 Vgl. www.juventus.com/juve/en/news/vidal_bbc_world_football_interview (16.06.2014)

204 Vgl. en.wikipedia.org/wiki/Giorgio_Chiellini (21.06.2014)

205 Vgl. www.spox.com/de/sport/fussball/wm/wm2014/1406/Artikel/giorgio-chiellini-portraet-italien-juventus-as-livorno-walter-mazzari-inter-studium-betriebswirtschaft-verdienstorden.html (21.06.2014)

206 Vgl. www.welt.de/sport/fussball/internationale-ligen/article114897158/Schleicher-Pirlo-Italiens-Gott-Deutschlands-Gespenst.html (21.04.2014)

207 Vgl. www.welt.de/sport/fussball/internationale-ligen/article114897158/Schleicher-Pirlo-Italiens-Gott-Deutschlands-Gespenst.html (21.04.2014)

208 Inhalte/Zitate Grund Nr. 60: Auszug aus der Autobiografie Andrea Pirlo – I Think Therefore I Play, in: www.football-italia.net/47870/pirlo-i%E2%80%99ve-never-felt-old (21.04.2014)

209 Vgl. de.fifa.com/classicfootball/players/player=44786/ (21.06.2014)

210 Vgl. de.fifa.com/confederationscup/players/player=159304/profile.html (21.06.2014)

211 Vgl. de.wikipedia.org/wiki/Gianluigi_Buffon (21.06.2014)

212 Vgl. www.goal.com/de/news/3642/editorial/2012/07/25/3263545/milos-krasic-und-juventus-turin-ein-teures-missverst%C3%A4ndnis (20.06.2014)

213 Vgl. en.wikipedia.org/wiki/Milo%C5%A1_Krasi%C4%87 (20.06.2014)

214 Vgl. de.wikipedia.org/wiki/Bidone_d%E2%80%99oro (20.06.2014)

215 Vgl. www.fourfourtwo.com/features/paul-pogba-fergies-biggest-mistake-26-years (15.06.2014)

216 Vgl. en.wikipedia.org/wiki/Paul_Pogba (15.06.2014)

217 Vgl. football-italia.net/50549/marchisio-i-was-hallucinating (15.06.2014)

218 Vgl. en.wikipedia.org/wiki/Claudio_Marchisio (15.06.2014)

219 Vgl. en.wikipedia.org/wiki/Fuerte_Apache (15.06.2014)

220 Vgl. en.wikipedia.org/wiki/Carlos_Tevez (15.06.2014)

221 Vgl. de.wikipedia.org/wiki/Sebastian_Giovinco (20.06.2014)

222 Vgl. www.goal.com/de/news/3642/editorial/2014/05/30/4848676/kwadwo-asamoah-so-gef%C3%A4hrlich-ist-ghanas-wm-hoffnung (22.06.2014)

223 www.welt.de/sport/fussball/wm-2014/ article129209550/Ghanas-Asamoah-Bei-uns-will-nie-jemand-ins-Tor.html (22.06.2014)

224 Vgl. de.wikipedia.org/wiki/Kwadwo_ Asamoah (22.06.2014)

225 Vgl. it.wikipedia.org/wiki/Sette_sorelle (12.06.2014)

226 Vgl. www.nzz.ch/aktuell/startseite/ article9IQ0V-1.238030 (12.06.2014)

227 Vgl. www.goal.com/de/news/956/ europa-league/2014/05/30/4849684/ einspruch-abgelehnt-keine-europa-league-lizenz-f%C3%BCr-parma (12.06.2014)

228 Vgl. www.zeit.de/online/2009/30/turin-filmmuseum (11.06.2014)

229 Vgl. ebd.

230 Vgl. Juventus Museum, Turin, Italien

231 Vgl. ebd.

232 Vgl. ebd.

233 Vgl. ebd.

234 Vgl. de.wikipedia.org/wiki/Aeneis (11.06.2014)

235 Vgl. Juventus Museum, Turin, Italien

236 Vgl. ebd.

237 Vgl. www.mopo.de/fussball/-mailand-oder-madrid-----andi-moeller-bestreitet-sein-beruehmtes-italien-zitat,5067054,21956166.html (28.06.2014)

238 Vgl. de.wikipedia.org/wiki/Andreas_ M%C3%B6ller (28.06.2014)

239 Vgl. de.wikipedia.org/wiki/Fu% C3%9Fballgott (28.06.2014)

240 Vgl. www.juventus.com/juve/en/club/ Trofei/Scudetti/ (26.06.2014)

241 Vgl. de.uefa.com/uefaeuropaleague/ news/newsid=2067355.html (26.06.2014)

242 Vgl. m.uefa.com/news/2067304/ (26.06.2014)

243 Vgl. www.transfermarkt.co.uk/ juventus-fc-ac-fiorentina/index/spiel-bericht/2215543 (26.06.2014)

244 Vgl. en.wikipedia.org/wiki/List_of_ Juventus_F.C._records_and_statistics (19.06.2014)

245 Vgl. Juventus Museum, Turin, Italien

246 Vgl. de.wikipedia.org/wiki/Giancarlo_ Corradini (19.06.2014)

247 Vgl. Vereinsmuseum Juventus Turin, Turin, Italien

248 Vgl. de.fifa.com/classicfootball/clubs/ rivalries/newsid=1380672/index.html (22.06.2014)

249 Vgl. www.goal.com/de/news/3642/ editorial/2012/11/03/3497658/ die-geschichte-des-b%C3%B6sen-blutes-zwischen-juventus-und-inter (22.06.2014)

250 Vgl. en.wikipedia.org/wiki/ Derby_d%27Italia#F.C._ Internazionale_Milano_biggest_wins (22.06.2014)

251 Vgl. de.wikipedia.org/wiki/Ewige_ Tabelle_der_Serie_A (22.06.2014)

252 Vgl. www.fifa.com/classicfootball/ clubs/rivalries/newsid=1943793/index. html (21.06.2014)

253 Vgl. de.uefa.com/uefachampions league/news/ewsid=327103.html (21.06.2014)

254 Vgl. de.wikipedia.org/wiki/Bistecca_ alla_fiorentina (22.06.2014)

255 Vgl. www.spox.com/de/sport/

fussball/international/1403/Artikel/ blitzlichter-aus-europa-neymar-asier- illarramendi-stier-uwe-roesler-wigan- samuel-etoo-juventus-florenz-inzaghi. html (22.06.2014)

256 Vgl. de.uefa.com/uefaeuropaleague/ news/newsid=2067355.html (22.06.2014)

257 Vgl. www.gazzetta.it/Calcio/ Serie-A/Juventus/09-03-2014/ juventus-fiorentina-1-0-tweet- sfotto-buona-fiorentina-pranzo- web-si-scatena-80200991709.shtml (22.06.2014)

258 Vgl. www.goal.com/en-india/news/139/ italy/2009/07/31/1414234/fiorentinas- marco-marchionni-undergoes-anti- juventus-ritual (22.06.2014)

259 Vgl. www.kas.de/wf/de/71.7619/ (23.06.2014)

260 Vgl. sportnet.at/home/fussball/inter- national/706316/Juves-heisser-Tanz-in- Neapel (23.06.2014)

261 Vgl. de.wikipedia.org/wiki/Serie_A#. E2.80.9EEwige.E2.80.9C_Tabelle_der_ Serie_A (23.06.2014)

262 Vgl. www.juventus.com/juve/en/club/ juventus+in+breve (22.04.2014)

263 Vgl. www.fifa.com/classicfootball/ clubs/rivalries/newsid=924118/index. html (22.04.2014)

264 Vgl. en.wikipedia.org/wiki/A_Tale_of_ Two_Cities (22.04.2014)

265 Vgl. de.wikipedia.org/wiki/Derby_ della_Mole (22.04.2014)

266 Vgl. de.wikipedia.org/wiki/Mole_ Antonelliana (22.04.2014)

267 Vgl. de.wikipedia.org/wiki/ Fu%C3%9Fballderbys_in_Italien (24.06.2014)

268 Vgl. de.wikipedia.org/wiki/Antonio_ Di_Natale (12.06.2014)

269 Vgl. www.goal.com/en/news/10/ italy/2013/06/10/4038038/di-natale- i-turned-down-juventus-because-i- wanted-to-make (12.06.2014)

270 Inhalte/Zitate Grund Nr. 84: Aus- zug aus der Autobiografie Andrea Pirlo – I Think Therefore I Play, in: www.football-italia.net/47952/ %E2%80%98gattuso-will-always-catch- you%E2%80%99 (21.04.2014)

271 Vgl. https://www.youtube.com/ watch?v=hb6AjZCpPn4 (07.04.2014)

272 Vgl. https://www.youtube.com/ watch?v=5jFuVLFln0A (07.04.2014)

273 Vgl. https://www.youtube.com/ watch?v=skKBB0jA7y8 (07.06.2014)

274 Vgl. de.wikipedia.org/wiki/Adrian_ Mutu (23.06.2014)

275 Vgl. www.spox.com/de/sport/ fussball/international/italien/1310/ News/juventus-muss-chelsea- rekordentschaedigung-zahlen-adrian- mutu-transfer-livorno-21-millionen- euro-kokainkonsums.html (23.06. 2014)

276 Vgl. kurier.at/sport/fussball/im-streit- um-mutus-strafe-ist-kein-ende-in- sicht/33.810.157 (23.06.2014)

277 Vgl. www.goal.com/de/news/954/ europa/2013/11/02/4376208/juventus- und-livorno-mit-einspruch-gegen- entsch%C3%A4digung-f%C3%BCr (23.06.2014)

278 Vgl. www.football-italia.net/40728/

mutu-agent-juve-blame (23.06.2014)
279 Vgl. sportbild.bild.de/fussball/
international/international/
transfer-chaos-des-jahres-der-fall-
vucinic-guarin-34333656.sport.html
(23.06.2014)
280 Vgl. www.football-italia.net/44194/
inter-mistreated-vucinic-and-guarin
(23.06.2014)
281 Vgl. www.football-italia.net/44143/
report-thohir-ends-vucinic-guarin-
deal (23.06.2014)
282 Vgl. www.fourfourtwo.com/news/juve-
will-embrace-vucinic-barzagli-insists
(23.06.2014)
283 Vgl. m.spox.com/de/sport/fussball/
championsleague/1304/Artikel/
fc-bayern-muenchen-juventus-turin-
viertelfinale-vorschaugeschichte-
antonio-conte-edoardo-agnelli-serie-
a-calcio.html?itwdist=1226083 (24.06.
2014)
284 Vgl. de.wikipedia.org/wiki/
Juventus_Turin#Manipulations-
skandal_2005.2F2006 (24.06.2014)
285 Vgl. en.wikipedia.org/wiki/Calciopoli
(24.06.2014)
286 Vgl. www.n-tv.de/sport/Christoph-
Daum-Chronologie-der-Ereignisse-
article135264.html (12.06.2014)
287 Vgl. www.football-italia.net/45104/
della-valle-elkann-row-erupts (12.06.
2014)
288 Vgl. www.football-italia.net/45104/
della-valle-elkann-row-erupts
(12.06.2014)
289 Vgl. www.sportal.de/juventus-turin-
demontiert-as-rom-und-feindbild-
zdenek-zeman-1-2012092923529500000
(17.06.2014)
290 Vgl. www.zeit.de/news/artikel/
2007/06/01/104617.xml (17.06.2014)
291 Vgl. www.badische-zeitung.de/f-
international/forscher-untermauern-
doping-vorwuerfe-gegen-juventus-
turin--72338151.html (17.06.2014)
292 Vgl. www.stern.de/sport/fussball/
juventus-turin-die-mutter-aller-
dopingschlachten-532856.html
293 Vgl. de.wikipedia.org/wiki/Franz_
Beckenbauer#Soziales_Engagement
(16.06.2014)
294 Vgl. https://www.youtube.com/watch?v
=EPDIwlUxbzo (16.06.2014)
295 Vgl. https://www.youtube.com/watch?v
=Djt4DMyHZrM (16.06.2014)
296 Vgl. www.worldfootball.net/entry/
_77085_juventus-spieler-singen/
(16.06.2014)
297 Vgl. www.gazzetta.it/Calcio/Squadre/
Juventus/20-10-2012/bonucci-
aggredito-reagisce-pugno-rapinatore-
che-scappa-912961418231.shtml
(22.06.2014)
298 Vgl. de.wikipedia.org/wiki/Leonardo_
Bonucci (22.06.2014)
299 Vgl. de.wikipedia.org/wiki/Holly-
wood_Walk_of_Fame (01.06.2014)
300 Vgl. www.juventus.com/juve/en/
news/2010/7/news_newseventi_343e
1cfe994148db90a767232cb1490a.asp
(01.06.2014)
301 Vgl. de.wikipedia.org/wiki/
Katastrophe_von_Heysel
302 Vgl. Juventus Museum, Italien, Turin
303 Vgl. www.juventus.com/juve/en/

club/Juventus+in+breve/04-Le+ultime+stagioni (01.06.2014)
304 Vgl. www.independent.co.uk/sport/football/european/tragedy-at-juventus-as-two-trainees-drown-428716.html (01.06.2014)
305 Vgl. www.juventus.com/wps/portal/juve/en/news-gallery/ale_riky_eng/ (01.06.2014)
306 Vgl. de.wikipedia.org/wiki/Gianluca_Pessotto (17.06.2014)
307 Vgl. www.smh.com.au/news/world-cup-2006/pessotto-was-stressed-and-depressed/2006/06/29/1151174275572.html (17.06.2014)
308 Vgl. www.faz.net/aktuell/sport/fussball-wm-2006/von-spiel-zu-spiel/gedrueckte-stimmung-drama-um-pessotto-stoert-italiens-vorbereitung-1331822.html (17.06.2014)
309 Vgl. Rückseite Juventus Membership Card
310 Vgl. de.uefa.com/memberassociations/association=sco/news/newsid=2107993.html (05.06.2014)
311 Vgl. Vereinsmuseum Juventus Turin, Turin, Italien & en.wikipedia.org/wiki/List_of_Juventus_F.C._records_and_statistics#Individual_recognitions (05.06.2014)
312 Vgl. de.wikipedia.org/wiki/Catenaccio (18.06.2014)
313 Vgl. thinkfootball.co.uk/archives/6966 (18.06.2014)
314 Vgl. www.juventus.com/juve/en/club/Juventus+in+breve/03-La+Juve+in+cima+al+mondo (18.06.2014)
315 Vgl. de.wikipedia.org/wiki/Juventus_Turin#Entwicklungen_1990.E2.80.932006 (18.06.2014)
316 Vgl. en.wikipedia.org/wiki/Juventus_F.C.#Club_statistics_and_records (08.06.2014) und Juventus Museum, Turin, Italien
317 Vgl. en.wikipedia.org/wiki/Juventus_F.C._and_the_Italian_national_football_team (08.06.2014) und Juventus Museum, Turin, Italien
318 Vgl. en.wikipedia.org/wiki/Juventus_F.C._and_the_Italian_national_football_team (08.06.2014) und Juventus Museum, Turin, Italien
319 Vgl. en.wikipedia.org/wiki/Juventus_F.C._and_the_Italian_national_football_team (08.06.2014) und Juventus Museum, Turin, Italien
320 Vgl. en.wikipedia.org/wiki/Juventus_F.C. (16.06.2014)
321 Vgl. www.jeeppress-europe.at/press/article/401 (16.06.2014)
322 Vgl. Juventus Museum, Turin, Italien
323 Vgl. https://www.nsw.liberal.org.au/news/state-news/italian-giants-juventus-coming-sydney (16.06.2014)
324 Vgl. www.juventus.com/juve/en/news/29dic2011_indonesia (16.06.2014)
325 Vgl. de.wikipedia.org/wiki/Serie_A (12.06.2014 um 8:00)
326 Vgl. www.sportlexikon.com/index.php?id=fussball-ita-serie-a (12.06.2014)
327 Vgl. de.wikipedia.org/wiki/Ballon_d%E2%80%99Or#Vereine (18.06.2014)
328 Vgl. https://groups.google.com/forum/#!topic/de.rec.sport.fussball/eMcAMvaWa5g (19.06.2014)

329 Vgl. www.spiegel.de/sport/fussball/fanfreundschaften-die-liebe-kommt-die-liebe-geht-a-575641.html (19.06.2014)

330 Vgl. www.austriansoccerboard.at/index.php/topic/66664-fanfreundschaften/ (19.06.2014)

331 Vgl. www.faszination-fankurve.de/index.php?folder=sites&site=news_detail&news_id=2461 (19.06.2014)

332 Vgl. www.ultras.ws/post648971.html (19.06.2014)

333 Vgl. Juventus Museum, Turin, Italien

334 Vgl. www.coopzeitung.ch/5143069 (19.06.2014)

335 Vgl. de.wikipedia.org/wiki/Paul_Arnold_Walty (19.06.2014)

336 Vgl. de.wikipedia.org/wiki/Juventus_Turin#Ehemalige_Spieler (19.06.2014)

337 Vgl. Juventus Museum, Turin, Italien

338 Vgl. Gisler Omar: Das große Buch der Fußball-Rekorde: Superlative, Kuriositäten, Sensationen; 2013, München, Stiebner Verlag, S. 270

339 Vgl. www.faz.net/aktuell/sport/champions-league-nebuloeses-spiel-mit-juventus-und-leverkusen-139148.html (17.03.2014)

340 Vgl. www.football-italia.net/45192/agnelli-follow-juventus-example (17.03.2014)

341 Vgl. www.juventus.com/juve/en/club/Juventus+in+breve/04-Le+ultime+stagioni

342 Vgl. en.wikipedia.org/wiki/S.L._Benfica#Support (07.06.2014)

343 Vgl. www.el-sevillista.com/ (07.06.2014)

344 Vgl. de.wikipedia.org/wiki/La_Masia (09.06.2014)

345 Vgl. de.wikipedia.org/wiki/Ajax_Amsterdam (09.06.2014)

346 Vgl. en.wikipedia.org/wiki/Juventus_F.C._Youth_Sector (27.04.2014)

347 Vgl. www.jssgermany.de/juventus-football-club/ (09.06.2014)

348 Vgl. it.wikipedia.org/wiki/Dante_Berretti (27.04.2014)

349 Vgl. en.wikipedia.org/wiki/Juventus_F.C._Youth_Sector (27.04.2014)

350 Vgl. en.wikipedia.org/wiki/Juventus_F.C._Youth_Sector (27.04.2014)

351 Vgl. de.wikipedia.org/wiki/Andrea_Agnelli (06.06.2014)

352 Vgl. www.football-italia.net/49961/%E2%80%98three-years-bring-juve-closer%E2%80%99 (06.06.2014)

      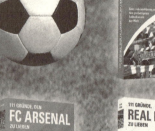  

SCHWARZKOPF & SCHWARZKOPF

Das neue Fußball-Programm

www.zwoelftermann.de

SCHWARZKOPF & SCHWARZKOPF

111 GRÜNDE, ITALIEN ZU LIEBEN

EINE HUMORVOLLE LIEBESERKLÄRUNG AN BELLA ITALIA,
DIE DEN LESER IN DAS GEHEIMNIS DER ITALIENISCHEN LEBENSKUNST EINWEIHT

111 GRÜNDE, ITALIEN ZU LIEBEN
EINE LIEBESERKLÄRUNG AN DIE KUNST ZU LEBEN
Von Beate Giacovelli
256 Seiten, Taschenbuch
ISBN 978-3-86265-129-0 | Preis 9,95 €

Die Autorin Beate Giacovelli, die seit vielen Jahren in ihrer Wahlheimat, der Lombardei, lebt, führt 111 Gründe an, warum man Italien einfach lieben muss. In amüsanten, erfrischenden Geschichten stellt sie Land und Leute mit all ihren charmanten Eigenheiten vor und lädt auf eine faszinierende Reise durch »Bella Italia« ein. Das Buch enthält außerdem einen Genießer-Grundwortschatz und einen »Gestikulier-Guide«.

»Wer immer noch keinen Grund findet, nach Italien zu fahren, hier findet er gleich 111. Ein Buch zum Einlesen und Einstimmen in dieses Land, wo die Zitronen blühn.«
Radio Berlin 88,8

»Lebensart auf Italienisch. Beate Giacovelli zeigt: Italiener sprühen vor Lebenslust und sind einfach besser drauf.«
für mich (Österreich)

WWW.SCHWARZKOPF-SCHWARZKOPF.DE

SCHWARZKOPF & SCHWARZKOPF

111 GRÜNDE, BIER ZU LIEBEN

DAS PRICKELNDE NACHSCHLAGEWERK FÜR BIERTRINKER, -BRAUER UND -LIEBHABER,
DIE SCHON IMMER WISSEN WOLLTEN, WO IHR LIEBLINGSGETRÄNK HERKOMMT

111 GRÜNDE, BIER ZU LIEBEN
DAS BUCH GEGEN DEN DURST
Von Marc Halupczok
ca. 288 Seiten, Taschenbuch
ISBN 978-3-86265-399-7 | Preis 9,95 €

111 GRÜNDE, BIER ZU LIEBEN beleuchtet die Geschichte des Bieres, taucht tief in die Braukessel kleiner und großer Brauereien ab, spioniert hinter den Theken der letzten originalen Eckkneipen dieser Nation, jagt dem Freibier nach, wirft sich todesmutig in den Glaubenskampf zwischen Anhängern von grünen und braunen Flaschen, wartet in überfüllten Biergärten ewig auf seine Bestellung, klärt endgültig, ob das »Pupasch« etwas Unanständiges ist, und nascht am Treber ausländischer Braumanufakturen.

Denn ein Glas mit frisch gezapftem Bier ist mehr als nur ein Getränk, es ist eine Lebenseinstellung, ein Mythos (Nein, hier ist ausdrücklich nicht die griechische Biermarke gleichen Namens gemeint!), Freizeitbegleiter, Motivator, Belohnung und im schlimmsten Fall bester Freund. Und wer würde das alles je von einem Kelch Weißwein behaupten?

WWW.SCHWARZKOPF-SCHWARZKOPF.DE

DER AUTOR

ROMAN MANDELC wurde 1984 im österreichischen Villach geboren und hat seine Promotion im Fach Medienkommunikation erlangt. Der gelernte Publizist war/ist in unterschiedlichen Branchen tätig, dazu zählen Print/TV-Journalismus, Marketing, Organisationskommunikation, Übersetzung, Lektorat, Buchhaltung und Studienassistenz. Neben seiner langjährigen Leidenschaft für Juventus Turin verbringt er viel Zeit mit Videospielen, Filmen und dem Bereisen der faszinierendsten Fußballstadien dieser Welt. Zusammen mit seiner Lebensgefährtin Caterina Arrighi wohnt und arbeitet er in einem gemeinsamen Haus, das unter der Regentschaft der beiden Hauskatzen Pax und Beatrix steht.

Roman Mandelc
111 GRÜNDE, JUVENTUS TURIN ZU LIEBEN
*Eine Liebeserklärung an den
großartigsten Fußballverein der Welt*
ISBN 978-3-86265-425-3

ZWÖLFTER MANN – Das Programm für Fußballfans von Schwarzkopf & Schwarzkopf | © Schwarzkopf & Schwarzkopf Verlag GmbH, Berlin 2014 | 1. Auflage Oktober 2014 | Alle Rechte vorbehalten. Dieses Werk ist urheberrechtlich geschützt. Jede Verwendung, die über den Rahmen des Zitatrechtes bei korrekter und vollständiger Quellenangabe hinausgeht, ist honorarpflichtig und bedarf der schriftlichen Genehmigung des Verlages. | Illustrationen im Innenteil: © Christos Georghiou/www.shutterstock.com

KATALOG
Wir senden Ihnen gern kostenlos unseren Katalog.
Schwarzkopf & Schwarzkopf Verlag GmbH
Kastanienallee 32, 10435 Berlin
Telefon: 030 – 44 33 63 00
Fax: 030 – 44 33 63 044

INTERNET | E-MAIL
www.zwoelftermann.de
info@schwarzkopf-schwarzkopf.de